prometeo libros

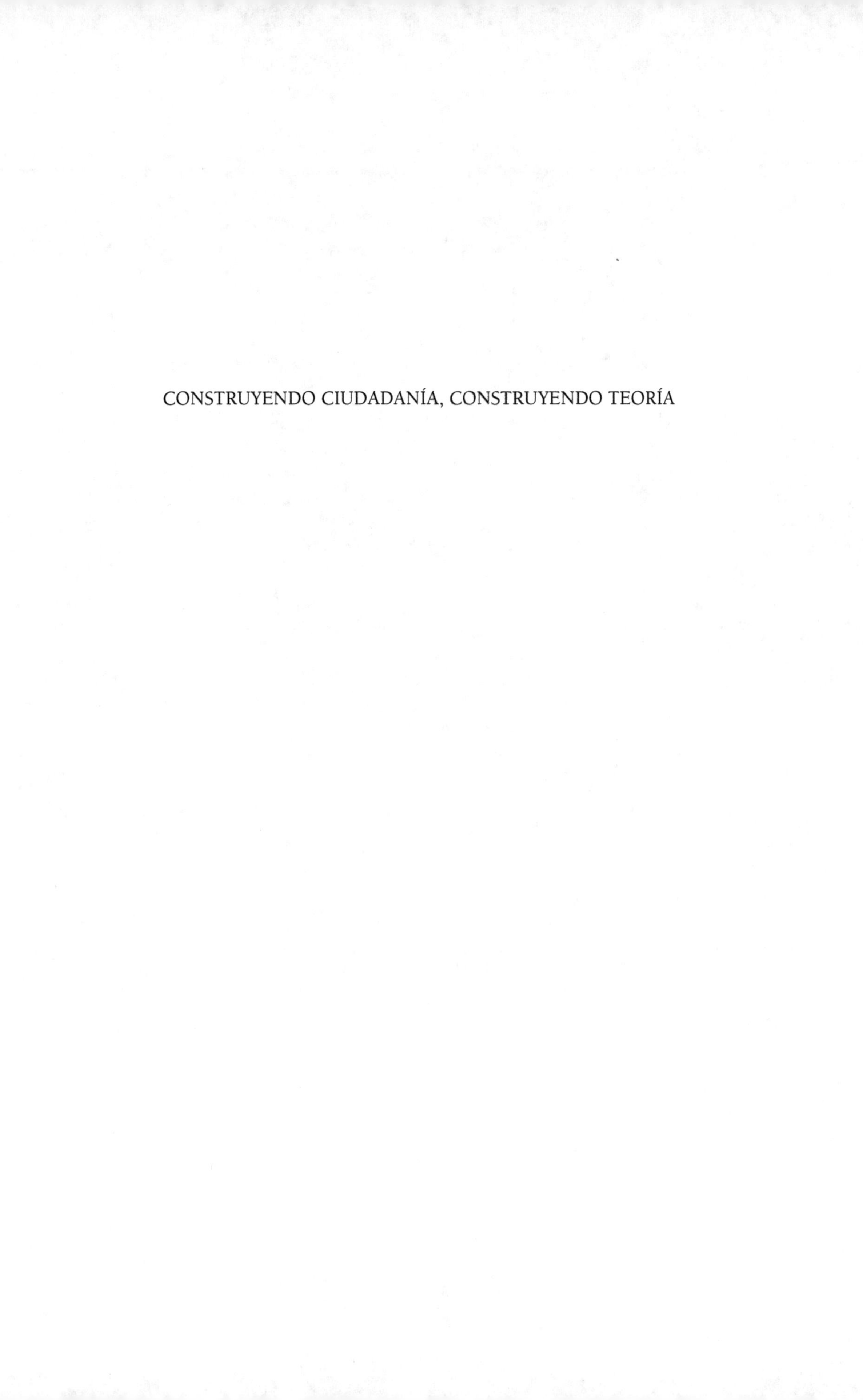

CONSTRUYENDO CIUDADANÍA, CONSTRUYENDO TEORÍA

Francisco Delich - Juan Russo

Construyendo ciudadanía, construyendo teoría

prometeo
libros

A Francisco Delich, in memorian

Índice

Prólogo

La ciudadanía es indicador y a la vez resultado de cuál es la tela de la democracia. Tela que se construye no por principios abstractos de un orden jurídico sino por la historia de las tensiones entre actores, recursos y reglas de inclusión de un orden político dado. Por ello un análisis de la ciudadanía es un discurso anclado en circunstancias concretas, como también lo es un discurso sobre el Estado, la nación o la democracia. La idea de repensar teóricamente a la ciudadanía desde países de América Latina está en la génesis de esta publicación. Este libro comenzó a ser imaginado en modo conjunto con Francisco Delich, a partir del exitoso (por la comunidad de pensamiento que logró entre los participantes) Seminario que Francisco impartió sobre "Repensar América Latina" en la División de ciencias sociales y humanidades del Campus León, de la Universidad de Guanajuato en agosto de 2011. Pero comenzamos a divisarlo como un idea realizable a partir de proyectos de investigación que avanzamos desde 2013: Francisco sobre la provincia de Buenos Aires, y en mi caso sobre ciudadanía en México, con perspectiva comparada. Desde entonces y a partir de estancias en el Centro de estudios avanzados de la Universidad Nacional de Córdoba, y del sostenido y prolífico diálogo con colegas de México, Argentina e Italia, se avanzó sobre temas a veces estrictamente teóricos y a veces fuertemente anclados en realidades concretas. En todos los casos, se trata de resultados de investigación sistemática.

Francisco estaba invitado a impartir una conferencia en México sobre El sujeto de la democracia: l@s ciudadan@s, un tema que como siempre mencionaba, está lleno de complejidades y advertencias. Esa conferencia no pudo concretarse, pero quiero imaginar que algunas de las ideas están presentes en el capítulo suyo que presentamos. Por ultimo agradezco los aportes de los colegas participantes y al Conacyt por el apoyo para estudiar la ciudadanía y la calidad democrática.

Juan Russo

Capítulo 1
Ciudadanía y democracia, puntos de partida

Juan Russo

Desde que T. H. Marshall pronunciara sus célebres conferencias sobre ciudadanía en el marco de *The Marshall Lectures* en Cambridge, en 1949, (publicadas en el clásico *Citizenship and Social Class* en 1950, trad. Esp. 1998) han ocurrido profundos cambios *en* los contextos y *sobre* los actores de la política. Sea en términos de complejidad, esto es en el aumento de dimensiones de la ciudadanía (civil, política y social consideradas por Marshall); así como por las nuevas incertidumbres de la política contemporánea), como en la localización territorial de los derechos y deberes, sea en la relación de la ciudadanía (como principio tendiente a la igualdad) con el mercado o el sistema político-cultural, generadores de desigualdades.

Después de varias décadas, el análisis de Marshall sobre el desarrollo de la ciudadanía en la historia inglesa, conserva vigencia en múltiples aspectos (Bottomore 1992) y constituye una buena guía para contrastar otras realidades[1]. Sin embargo, el trabajo está estrictamente acotado al análisis de la vida política inglesa, y a la relación entre ciudadanía y clase social. Es por ello un trabajo con contenidos limitados. En la actualidad, la construcción de la ciudadanía sigue múltiples itinerarios (que, por cierto, van más allá de los horizontes planteados por el sociólogo inglés), tantos como los recorridos particulares en la construcción de las democracias. ¿Cuáles son los principales *recorridos* que la ciudadanía sigue en

[1] Como lo muestran los ensayos de Guillermo O'Donnell (1997, 2007) en el análisis de casos latinoamericanos. Ver también Jorge Dandler, *Pueblos indígenas e imperio de la ley en América Latina* (pp. 121-159).

México, y cuáles en América Latina? Una experiencia común une la vasta y heterogénea realidad latinoamericana: la experiencia colonial. ¿Qué impacto tiene sobre el desarrollo y garantía de derechos, la construcción de Estados originariamente subalternos?

En este proyecto se parte del presupuesto de que una buena democracia implica un amplio reconocimiento de la identidad de su *comunidad política* que, por supuesto, puede consistir en poblaciones culturalmente diversas. En países como México, fundados sobre identidades con una larga historia civilizatoria; la inclusión que importa, se refiere no sólo de comunidades culturales (etnias, lenguas, religiones diferentes) plurales, sino de admitirlas como naciones diversas.

¿Qué factores hacen de la ciudadanía una moneda de poco valor en México, y en gran parte de América Latina? He aquí el problema eje del presente trabajo. ¿Qué costos tiene sobre la democracia que una parte importante de la comunidad nacional sea relegada a un segundo orden? Se habla aquí sobre ciudadanía cultural (Requejo 2002, Otayek 2000, Kymlicka 2003). La premisa es que, el reconocimiento de la nación (o de naciones) es condición fundamental de la buena democracia. La razón es sencilla: el primer paso en la soberanía de una comunidad política, consiste en el reconocimiento, por parte del Estado, de su identidad, histórica y cultural. Se explorará el conjunto de procesos sociopolíticos que contribuyen a los deficientes derechos de reconocimiento cultural y que están en la base de las dificultades para la construcción ciudadana en México. Las dificultades de reconocimiento cultural no entrañan sólo problemas sociales, sino también políticos e institucionales relevantes. Entre estos últimos, el *problema de la desvinculación* (Russo 2010), y de su correlato con la escasa participación política.

América Latina (México es un caso relevante en el conjunto), ha avanzado de modo importante (aunque muy defectuosa) en la construcción de la ciudadanía política[2], pero en otras esferas (cultural, civil y social) aún se está lejos del afianzamiento de derechos ciudadanos efectivos. La democracia política se expandió progresivamente desde los años 80 en

---

[2] Me refiero fundamentalmente a la dimensión electoral. Pues en términos de la posibilidad de organizaciones políticas, sigue siendo deficitaria, como lo muestra la experiencia de las Crac (Coordinadora regional de autoridades comunitarias), y de los derechos a formar organizaciones por parte de las comunidades mesoamericanas en México. Por otra parte, las políticas clientelares de los gobiernos provinciales, dificultan la posibilidad de organización de la oposición, como también los usos políticos de la justicia para limitar los recursos de las oposiciones.

toda la región; sin embargo, el ciudadano pleno de derechos, tarda en llegar. En verdad, la democracia es una maquinaria esforzada en procesar tensiones y, cuando tienen éxito sus ideales, en producir ciudadanía. Un esfuerzo hacia el siempre ampliable y contradictorio proceso de la igualdad efectiva de derechos y de obligaciones, para más (y nuevas categorías) de miembros de la comunidad política.

Como ha resumido Angelo Panebianco (1999:7-8): "la ciudadanía es un principio que define la pertenencia a la comunidad en términos de derechos y obligaciones: el derecho de participación en las decisiones de la comunidad, la obligación de observar sus leyes". Sin embargo, la ciudadanía no es sólo un resultado, es ante todo *un proceso político social* hacia la inclusión (en una comunidad) y la igualdad (por pertenecer a esa comunidad). Un proceso por cierto reversible, y que implica tensiones entre dinámicas de inclusión/exclusión y de igualdad/desigualdades.

Puntos de partida

A fin de avanzar en el conocimiento de las razones de la existencia y el ejercicio de tipos de ciudadanías tan dispares en las sociedades democráticas, cabe recordar la distinción entre constitución del Estado y constitución del centro político. Pues no es del primero sino del segundo de donde se derivan los orígenes, reforzadores e incentivos de un tipo de ciudadanía. El aporte, a mi juicio también útil (como punto de partida) para el análisis de sistemas de América Latina, proviene del clásico trabajo de Badie y Birnbaum (1979) donde se distingue, a propósito de una crítica a Stein Rokkan, entre la formación del Estado y la formación del centro político. En tal sentido, sugieren prestar atención a la formación histórica del centro político. Así, en Europa se puede pensar en dos modelos: 1. *El Estado dirige a la sociedad* (*State- led Society*), donde el Estado tiene predominio sobre la sociedad. Así, en Francia el estado dirige a la sociedad civil según sus propios valores (meritocrático y laico). Gran aparato militar, un Estado potente y hegemónico en relación a la sociedad civil. El objetivo del juego político es llegar al Estado y se espera que los principales cambios sean promovidos desde el Estado; y el modelo en el que 2. *la sociedad civil dirige al Estado* (*Society-led State*), es decir donde el centro político es la sociedad civil y predomina sobre el Estado. Es el caso de Gran Bretaña, donde diversos segmentos de la sociedad expresan sus aspiraciones sin la tutela estatal. Aquí, la política es una actividad social, como otras, y la influencia está basada en los valores no en la conquista del Estado. La política se resuelve más en la negociación directa entre las partes sociales que en las relaciones con el Estado.

En la misma dirección, Giovanna Zincone (1989) destaca la importancia de la secuencialidad histórica de procesos políticos como la participación (asociada con movilización y concesión de derechos políticos), y la redistribución (asociada fundamentalmente con la creación y extensión de servicios sociales). Existen así, dos tipos de procesos: a) *la secuencia participación-redistribución* donde se ejerce una estrategia de integración indirecta, y definida a partir de la contratación con las organizaciones sociales, la creación de instancias en las que las oposiciones están representadas y el consenso, a partir de la extensión gradual del sufragio y de la instrucción, con organizaciones sociales. Por otra parte, b)*la secuencia redistribución-participación,* con una estrategia general de integración directa. Supone la represión de organizaciones de oposición, la concentración de decisiones en organismos sustraídos a elites consideradas desleales y el propósito de lograr directamente el consenso de masa, tanto a través de la extensión abrupta del sufragio como a través de la gestión estatal de la seguridad social y de la educación.

Estas diferentes alternativas constituyen la base de dos sistemas políticos polares: a) el *modelo societal*, donde la sociedad se proyecta sobre el Estado, y b) el *modelo estatalista*, donde el Estado controla a la sociedad civil. Las distinciones teóricas mencionadas son puntos de partida fundamentales para el análisis de la construcción ciudadana en América Latina. Pues, la ciudadanía no es, a pesar de su formalización jurídica y de su actual universalización, un rasgo abstracto de las democracias. Por el contrario, constituyen un conjunto efectivo de derechos-deberes que se ejercen en modo muy variado y siempre en relación con un tipo de democracia así como con la calidad de la democracia instaurada. Factores como la distribución de recursos económicos y políticos, el tipo de competitividad o de colusión política, la tradición societal/estatalista de un sistema político, los tipos de liderazgo predominantes en la cultura política, las prácticas clientelares/institucionales, la existencia de tradiciones liberales o corporativas son de gran peso a la hora de constituirse un tipo de ciudadanía durante los procesos de democratización. Así, distribuciones asimétricas de los recursos y, fundamentalmente, una concentración muy importante de recursos económicos, junto a la marginación de amplios grupos sociales en los mercados, producen relaciones de poder poco limitadas en la práctica por los derechos jurídicos. El monopolio de la representación por parte de un partido en los gobiernos nacionales o provinciales convierte a la competencia en un ritual que bloquea el mecanismo de acción entre gobierno-rendición de cuentas-voto. La escasa o nula autonomía de los actores individuales y colectivos del apoyo-sanción estatal así como la dependencia para obtener bienes de supervivencia, disminuyen la posibilidad de contestación y por ende, de desarrollo pluralista de los actores políticos. El predominio de liderazgos poco institucionales o directamente contra-institucionales implica que los derechos-deberes ciudadanos operan como cláusulas ad-hoc a la voluntad del líder. La penetración y estabilización de prácticas de sometimiento clientelar dejan poco espacio a la contestabilidad y anulan las posibilidades de control por parte de los ciudadanos a sus gobiernos. La existencia de fuertes corporaciones sociales y económicas en contextos institucionales débiles bloquea la posibilidad de renovación y el surgimiento de actores democráticos alternativos. Cualquiera de estas situaciones afecta y desequilibra el sistema de derechos- deberes.

Siguiendo las tipologías mencionadas (Badie y Burnbaum, y Zincone), las sociedades latinoamericanas poseen un mayor acercamiento al proceso en el cual el Estado dirige a la sociedad, y por ende la estructuración de órdenes políticos estatalistas. Ello implica una tendencia predominante a la integración manipulatoria, con una debilidad de los actores representativos de la política de masa. A ello debe agregarse el comportamiento de los grupos de interés que, en la lógica del modelo estatalista, ven al Estado como una bolsa de recursos y al resto de la sociedad como una oportunidad para maximizar sus beneficios. La consecuencia en estos casos es la existencia de una doble manipulación, la primera proveniente de las propias elites políticas que ocupan posiciones en el Estado, y la segunda, de elites económicas con fácil acceso y fuerte influencia sobre el Estado.

¿Cuáles han sido las principales rutas históricas de construcción ciudadana en México y en América Latina? ¿Cuánto se ha disociado la nación (como comunidad de pertenencia) del Estado (como órgano jerárquico de control)? ¿Cuáles son las principales condiciones políticas que refuerzan la desigualdad en México, y cuáles actúan a favor de la igualdad ciudadana? ¿Cómo ha evolucionado la ciudadanía con la democratización política, es decir, cuánto el advenimiento de la democracia (con la alternancia) ha hecho la diferencia en derechos ciudadanos? ¿En qué condiciones nación/es y Estado garantizan derechos ciudadanos, y en cuáles omiten esas garantías? ¿Cómo las comunidades nacionales construyen un sistema de garantías, y cuándo son vulnerables? ¿Cómo se construyen consensos político-sociales para mantener una cultura tolerante con profundas desigualdades sociales? ¿Cuál es el peso de las herencias históricas, sobre el mantenimiento y legitimación de desigualdades sociales y políticas? He aquí cuestiones que fueron planteadas en el origen de esta investigación y que están presentes desde distintas dimensiones por el conjunto de los investigadores.

¿Se han modificado los patrones de construcción de ciudadanía en la época contemporánea? En parte hay cambios que implican la ampliación de esferas ciudadanas. Hoy los movimientos políticos no tratan sólo reivindicaciones asociadas con los tipos de ciudadanía elencados por Marshall (civil, política y social), también suponen reivindicaciones vinculadas al reconocimiento de identidades culturales asociadas con el género, identidades étnicas y migración, es decir, ciudadanías multiculturales. El principio de igualdad ciudadana atraviesa y conecta las esferas de lo público y privado, de lo objetivo y subjetivo, así como las dimensiones económicas y políticas. Los derechos laborales de las mujeres implican simultáneamente una lucha por la igualdad de salario tanto como de reconocimiento cultural. Del mismo modo, el reconocimiento de etnias y naciones diferentes, implica demandas de ciudadanía política como de ciudadanía cultural en términos de relativa autonomía institucional siguiendo sus propias tradiciones.

La complejidad política actual descansa también en los nuevos nexos entre ciudadanía y Estados naciones. Los procesos de globalización, en verdad un complejo heterogéneo de fenómenos, se desarrollan en tres direcciones que impactan sobre la ciudadanía: la regionalización territorial (en lo político- económico), la liberalización de demandas locales (en lo político y cultural), y la total planetarización (hoy sólo en el mundo financiero, y con avances en el peso de organismos internacionales). Se trata de dinámicas que impactan sobre los Estados naciones y la ciudada-nía tal como se conocieron, desde el siglo XV en Europa, y desde el siglo XIX en América Latina. En cualquiera de las tres direcciones en que se desarrollen, estos procesos tienden a un debilitamiento de la soberanía de los Estados, expresados en una mayor autonomía cuando no en una verdadera reconfiguración de las relaciones entre nación (es) y Estado. Como ocurre en México, la memoria siempre regresa, y las instituciones vuelven con memoria mesoamericana, como se advierte en las formas de organización que las comunidades han encontrado en Michoacán o en Guerrero para resolver emergencias, frente a las aberraciones del narcotráfico, y de la colusión con actores estatales. Otros hechos de envergadura hacen del matrimonio secular entre estado y nación/es, una relación progresivamente insegura. Entre ellos, la existencia de desafíos internacionales, como el narcotráfico, o ambientales como los relacionados con la contaminación y el calentamiento global, y la necesidad de contar con estrategias que superan a los estados naciones, considerados individualmente. También el mayor peso de organismos internacionales de justicia, y de tratados sobre derechos humanos, permiten hoy mayores presiones de la comunidad internacional sobre Estados que violan derechos reconocidos por las democracias contemporáneas. En la misma línea de soberanías democráticas globales, la sociedad civil se ha internacionalizado con movimientos sociales que contestan políticas consideradas discriminatorias y que no contribuyen al desarrollo de mayores y mejores oportunidades para el conjunto de la población. Así, han sido regulares las movilizaciones contra la Organización Mundial del Comercio o, más recientemente, la propagación de movilizaciones de *indignados* en diversos países del mundo, donde Brasil fue el ejemplo más reciente, y que sirvió de facilitador para el golpe institucional contra la presidente Roussef.

El análisis de la ciudadanía requiere hoy una nueva perspectiva que incluya la complejidad y nuevas tensiones. Como ha señalado Delich (sic):

> En un planeta de dobles y triples ciudadanías donde esta se disocia del Estado-nación, donde la identidad del ciudadano se confunde con el actor social, donde las migraciones inducen a compartir ciudadanía pero mantener identidades familiares, donde el mundo digital conecta de otra manera, "la ciudadanía" merece un tratamiento intenso, interdisciinario y sobre todo contemporáneo.

Así, resulta de gran impacto el uso de las nuevas tecnologías de la información con fines políticos por parte de segmentos amplios de jóvenes, como se evidenció de modo inédito en la elección del 2012, en México, con el movimiento *Yo soy 132*, o los de los jóvenes que contribuyeron al debilitamiento y crisis de regímenes autoritarios en los países árabes. Pero el impacto de las nuevas tecnologías no es un lecho de rosas para la expansión de la participación ciudadana. Pues implican también, la posibilidad de ampliar el control sobre los ciudadanos. Internet implica un control importante de Estados Unidos sobre el ciber espacio, como lo muestran las recientes filtraciones de acciones de control sobre la información y actividad de los usuarios de la red. En gran medida, entrar en la red es pisar territorio estadounidense. ¿Implica entonces la existencia de un Estado virtual y un crecimiento de la centralización mundial del país del norte?

De este modo, la ciudadanía se abre espacio en escenarios y tendencias contradictorias a favor de la extraterritorialidad y nuevas formas de control sobre la participación.

En Sud América, al MERCOSUR, creado en 1991, se agregó la UNASUR (2011), organismo con una membresía más amplia y con fines políticos de mayor envergadura, que apunta a construir una ciudadanía sudamericana. El liderazgo de las presidencias populistas de Chávez y Kirchner, implicaron un reforzamiento de la democracia centrada en la soberanía popular, por sobre la construcción institucional de respeto de las minorías y de reglas equitativas de competición política. Así, se sancionó severamente al gobierno de Franco excluyéndolo del Mercosur hasta la realización de elecciones (llevadas a cabo en el pasado mes de abril), por el golpe del Congreso contra el presidente Lugo en 2012, pero se toleró la posición de violencia y censura contra la oposición, del actual presidente Maduro en Venezuela.

Cuando ocurrieron los hechos de la (denominada con optimismo) primavera árabe, la ola expansiva de la democracia, parecía avanzar indetenible, como un *nuevo fantasma que recorre el mundo*. La razón de la democracia, justificada por el respeto a los derechos humanos y a los derechos civiles y políticos, (y también justificada como el orden político que mejor sustenta los desarrollos de la modernización sociocultural) ha avanzado como un hecho inédito en la historia. Sin embargo, este optimismo debe ser matizado cuando se miran con mayor detenimiento los diversos casos. El deterioro político en el sur de Europa, en particular en Grecia y España, así como el surgimiento de populismos en América Latina (como en Venezuela y Argentina) muestran que la democracia no es un barco en piloto automático, sino que requiere de la atención, la lucidez y de los esfuerzos persistentes de sus ciudadanos para no sucumbir a desviaciones populistas.

Respecto de América Latina, hay un reposicionamiento político y económico positivo de la región en el mundo. Como lo ha documentado

Francisco Delich (2000), en la segunda mitad del siglo XX, la región se alfabetizó, urbanizó plenamente y la democracia política llegó a todos sus rincones. Países como Brasil o México ocupan posiciones de envergadura, ocupando la séptima y decimo cuarta posición mundial en PBI. Junto con Argentina integran el grupo de los 20, y sus líderes políticos negocian, de modo más simétrico que lo que hicieron históricamente, con Estados Unidos y países de Europa. Fortalecer los lazos con otras potencias emergentes, en particular Brasil y Argentina, con el mercado chino, ha permitido a estos países crecer económicamente evitando el impacto de la recesión de los países del norte de Occidente. Los países latinoamericanos han ingresado en una nueva etapa en la construcción del orden político. Más allá de las particularidades de cada caso, siguen rutas diferenciadas en torno a tres ejes: a.izquierda/derecha, b.énfasis en la soberanía nacional, y c.sesgos autoritarios/democracia. En cuanto al primero, Argentina, Uruguay, Brasil, Ecuador, Venezuela y Bolivia, se destacaron en el periodo populista por sus políticas sociales a favor de los sectores más vulnerables (amas de casa, jubilados, poblaciones originarias, desocupados), por otra parte países como Chile y México poseen niveles de desigualdad demasiado elevados y poco compatibles con la posición internacional que ocupan en crecimiento económico, y en el caso mexicano, como potencia emergente. Este último país tiene 60% de pobres y es una contraevidencia de la teoría del derrame, que propone primero acumulación y después aumento de la equidad social. En el caso chileno, las demandas sobre la democratización de la educación pública con acceso de masas, son un reclamo que choca con un sistema heredado de la época de Pinochet. Hasta el momento, los recientes gobiernos de centro derecha han mostrado poca sensibilidad con políticas tendientes a lograr mayor igualdad socioeconómica.

Respecto del segundo eje relacionado con el énfasis en la soberanía nacional, se aglutinan particularmente los gobiernos de Argentina, Venezuela, y Bolivia, caracterizados por expropiaciones, nacionalizaciones, y conflictos diplomáticos frecuentes en particular con Estados Unidos y países de Europa. Este énfasis, moviliza el apoyo masivo de la población hacia sus gobiernos.

En el último eje, de democracia/sesgos autoritarios, hay dos grupos diferenciados de países: Chile, Uruguay, y crecientemente Brasil, respetuosos de los controles institucionales y sociales, como la Justicia y los medios de comunicación de masas. Por otra parte, los gobiernos populistas de Venezuela, Argentina y Ecuador cuestionaron y avanzaron sobre la prensa tradicional, y en los primeros dos países, se construyeron alianzas con actores económicos vinculados con el gobierno para propiciar medios oficialistas de información. En la misma dirección, ha habido en Venezuela y Argentina, la voluntad de cambiar las reglas de juego, con éxito en Venezuela, y con dificultades crecientes en Argentina. Los populismos de Venezuela y Argentina se enfrentaron con grandes poderes, reivindicaron sectores sociales generalmente desplazados, y hubo una defensa enfática en la soberanía del Estado. Y esto generó simpatías en sectores de izquierda y a favor de la democracia social de masas. Pero al mismo tiempo hubo sesgos autoritarios, caracterizados por la enorme personalización de la política y el rechazo a los controles institucionales sobre las acciones de gobierno. Para un demócrata hay dificultades en apoyar tales gobiernos. El mismo demócrata que apoya políticas favorables a sectores vulnerables de la población, toma distancia y rechaza la opacidad de la administración, y la intolerancia y el clima intimidatorio dominante. En términos de la democracia, los costos mayores de los populismos de Venezuela y Argentina, han consistido en atentar contra la formación de un sistema de partidos de convivencia democrático. En parte por fomentar un clima de polarización ideológica en la sociedad, por otra, al omitir a la oposición para encauzar políticas concertadas, así como al desacreditar cualquier alternativa política. Con ello se refuerza el sueño hegemónico en democracias con ciudadanías disminuidas. Así, la calidad de la democracia en los países latinoamericanos dista de ubicarse en los niveles altos. En países como México, Argentina y Venezuela, el Estado de derecho muestra abundantes falencias. En México, el Estado no ofrece garantías de seguridad a sus ciudadanos, como lo muestran las practicamente inexistentes investigaciones policiales, sobre las más de sesenta mil víctimas de violencia del narcotráfico en el sexenio del presidente Calderón. En Argentina, las denuncias frecuentes sobre la corrupción de los gobiernos kirchneristas, terminan generalmente en saco roto. La democracia entendida como orden que propicia la igualdad y la libertad, y el fortalecimiento de los derechos ciudadanos es, en la mayoría de los casos de América Latina, un anhelo y un proyecto por cumplir.

Capítulo 2

Ciudadanía, soberanía acotada y desterritorialización

Francisco Delich

Me propongo contribuir a una revisión del concepto de *ciudadanía* a partir de una doble comprobación: la relativa utilidad de los paradigmas elaborados a partir de grandes generalizaciones deductivas comprobada desde los años sesenta[1] del siglo pasado y de las transformaciones contemporáneas de las estructuras sociales y de la acción histórica.[2]

El concepto de *soberanía del Estado* acuñado por Bodin en el siglo XVII ("disposición absoluta y exclusiva sobre un territorio")[3] acompañó el surgimiento del capitalismo un siglo antes en Europa y (expandido a las Américas durante más de tres siglos de dominación) asociado al concepto de Nación[4] a partir de la revolución francesa.

El concepto de soberanía absoluta elaborado entonces puso fin –paz de Wesfalia mediante- al carácter patrimonial del poder del príncipe y abrió

[1] Cf. Juan Francisco Marsal (1977) Marsal intentó refutar A Alvin Gouldner (1970) que había mostrado los límites del pensamiento de T. Parsons, por entonces la figura –y la obra– más relevante de la sociología norteamericana. Marsal sostenía que la crisis de la sociología occidental a la que aludía no era tal, sino que involucraba a la sociología norteamericana. En cualquier caso, ambos textos indican con claridad la discusión abierta en torno a las grandes teorías a comienzos de los años setenta.

[2] Cf. Eric Hobswaum (1998) intenta una síntesis de transformaciones sociales a lo largo del siglo que comentamos más abajo.

[3] Cf. Bodin (1583) texto abreviado. La definición de Bodin es usual en relación a la soberanía absoluta aunque en general no se cite la fuente.

[4] Cf. Chabod (1987) un texto muy bien documentado para rastrear el concepto de Nación.

la perspectiva de convertir a los súbditos en ciudadanos. La modernidad, la secularización terminaron con las meta garantías divinas del poder y consolidaron la relación impersonal con el territorio.

Mi hipótesis sostiene que presenciamos en Occidente, una tendencia, hacia el fin de la vigencia de la soberanía absoluta. He abundado en las razones de su consistente acotamiento (Delich 2002). Agrego ahora una hipótesis complementaria: la relativa autonomía del territorio en relación a la exclusividad como atributo del concepto de soberanía.

Estrictamente, el acotamiento del carácter *absoluto* implica la posibilidad de un territorio sometido a una o varias jurisdicciones de poder. Utilizaré como referencia empírica una reciente investigación sobre Buenos Aires, considerada como Megalópolis.[5] Ambos fenómenos se implican conceptual e históricamente.

[5] La investigación inciada durante el año 2013 prosigue con un análisis comparativo con Sao Paulo, México DF y New York; las conclusiones sin embargo solo remiten a Buenos Aires.

El concepto de ciudadanía es teórica y prácticamente indisoluble de una teoría y práctica del Estado moderno. Pero no exclusivamente. Sugiero entonces revisar el concepto de ciudadanía a partir de esta doble comprobación histórica que, se refuerza en la Megalópolis, considerada como fenómeno civilizatorio.

I-El concepto de ciudadanía

Desde que A.T. Marshall inmediatamente después de la segunda guerra mundial sostuvo que la ciudadanía –conceptualmente– incluía una dimensión civil inicialmente, política luego y finalmente social, reflexionando a partir de la historia inglesa de los últimos tres siglos los estudios sobre ciudadanía tuvieron un alcance mayor y cualitativamente complejo.

Con razón Murillo de Carvalho en su clásico estudio sobre la ciudadanía en Brasil (2009) escribió "inicio a discussao dizendo que o fenómeno da cidadania é complexo e historicamene definido" (2009:8) como ha ocurrido con otros tantos fenómenos una propuesta inicial atractiva –la ampliación del concepto de ciudadanía– aunque fuese en forma bastante difusa teóricamente se convirtió –a fuerza de repeticiones– rápidamente en un paradigma.

La complejidad se extendió en proporción directa a la ampliación de los espacios teóricos y prácticos del concepto mismo.

Fue también el punto de partida de Panebianco (1989) que analizando el debate metodológico en las ciencias sociales señala con razón las diferencia en la agenda conceptual entre los años sesenta y setenta del siglo pasado con los debates de fin de siglo inaugurados los años noventa y prosiguen renovándose en la actualidad.

Cuando históricamente se comprobó que la enunciación de los derechos civiles sin acceso a mecanismos de poder eran insuficientes, se establecieron derechos políticos y acceso al parlamento; cuando el ejercicio de la ciudadanía política fue insuficiente para alcanzar niveles de equidad se reconoció la ciudadanía social y se abrió el espacio de legitimidad de los movimientos sociales Sin embargo la ampliación de los

La ciudadanía, es una construcción histórica que obedece a esta dia-

derechos no concluyó ni ocluyó las interpelaciones que desde la sociedad civil se mantenían e incrementaban.

En Marshall, al incorporar la dimensión civil al concepto de ciudadanía, se encuentran respuestas parciales al dilema de Rousseau (¿libertad o igualdad?). Reactualizó la cuestión con claridad Ralph Dahrendorf, sociólogo mayor de la sociedad industrial y presidente de la London School por entonces, en un breve ensayo "la cuadratura del círculo" difundido en 2000, donde reflexionaba sobre la distancia establecida por Rousseau entre la igualdad política y la igualdad social: la cuadratura del círculo marcaba –a su juicio– la imposibilidad de equiparar la libertad (política) y la igualdad (social).

La hipótesis de Dahrendorf –una visión pesimista si no escéptica de la ciudadanía– se sitúa en un nivel de abstracción tal que compromete su historicidad o la afirma según se lea: es la imposibilidad abstracta de lograr –en teoría– la convivencia de libertad e igualdad o bien admitir que en condiciones históricas precisas es imposible –como la cuadratura del círculo– reunir ambos términos.

En cualquier caso si la propuesta de Marshall no resolvía la cuestión al menos mostraba un camino: una redefinición de la ciudadanía permitiría una ampliación de sus antiguos límites.

Si por entonces la ampliación del espacio de la ciudadanía se correspondía con el momento en que la libertad se imponía en Europa tras la derrota del nazismo y el comienzo casi inmediato de los "gloriosos sesenta", abría las puertas a sustanciales mejoras en los niveles de vida y equidad social, el medio siglo posterior invita a instalar la cuestión –a la inversa– en el marco de la globalización que está afirmando las asimetrías sociales.

Lo señaló recientemente en un texto pleno de sugerencias, Anthony Giddens (1999) enumerando alguno de los modos en que la mutación planetaria afecta nuestra vida cotidiana y reconsiderando teorías (como la teoría la modernización de presencia tan fuerte en el siglo pasado) y prácticas político-institucionales (como la democracia) que implícitamente interpelan el concepto de ciudadanía como se verá enseguida.

*

No obstante, una mirada histórica más ajustada que se desplace desde Europa a la periferia, podría demostrar que en los países colonizados que lograron su independencia –como los nuestros el siglo XIX– luego de intensas sublevaciones y guerras civiles, el ejercicio de la ciudadanía que acompañó la independencia política fue acotado: el poder criollo emergente marginó a los pueblos indígenas vencidos y diezmados por los conquistadores: les reconoció formalmente la ciudadanía política pero no así su ejercicio. La inexistencia de ciudadanía civil los condenó a la exclusión.

Era, para los pueblos originarios una ciudadanía acotada, en el espacio de estados de soberanía absoluta.

Pero en el desafío al concepto de usual de ciudadanía fue desafiado a lo largo del siglo XX por las reivindicaciones identitarias de los pueblos originarios, particularmente en los países andinos.

En la medida en que reafirmaban su identidad nacional, se apartaban de la identificación con el Estado-Nación mestizo establecido por la República y en consecuencia, asumían una ciudadanía formal carente de identidad subjetiva. La reciente creación del Estado Plurinacional en Bolivia reúne la ciudadanía en él, admitiendo la doble identidad (Mayorga 2014:137). Una extensa discusión de la cuestión para Ecuador léctica difusa de reivindicaciones sociales y elaboraciones conceptuales que establecen momentos de la conciencia histórica. La recuperación de las experiencias históricas de las periferias africanas latino americanas

---

puede leerse en Simón Pachano (2003) y por supuesto en México, muy intensamente en Bonfil Batalla (1987).

*

Con una mirada más reciente, las grandes luchas africanas por la independencia después de la segunda guerra mundial, no afirmaron la ciudadanía en los nuevos estados soberanos sino más bien la restringieron (cuando no la desconocieron completamente) tal como he sostenido en un ensayo reciente sobre "la primavera árabe" y su evolución en Egipto (Delich 2013).

Una fuerte inconsistencia entre el concepto de ciudadanía y el uso de la misma en estos países y situaciones debería inducir a sospechar de la inocencia del concepto de ciudadanía. ¿La observación del uso de la ciudadanía en el espacio del estado nación forma parte de una revisita al concepto mismo? Es probable. Estas inconsistencias no son formales, son complejas, no se encuentran en los textos constitucionales, sino entre los textos de papel y el uso social de los mismos.

Las prácticas sociales y económicas corporativas en las repúblicas incipientes, la consiguiente acumulación de poder en las "minorías consistentes" cómo llamó Norbert Lechner a las viejas y nuevas oligarquías redujeron el ejercicio de la ciudadanía: no solamente el derecho al voto universal fue reconocido hasta bien avanzado el siglo XIX y el voto de las mujeres hasta mediados del siglo XX para recordar ejemplos, sino que las restricciones prácticas derivadas del ejercicio extra normativo lo limitaban más aún.

Esta reducción práctica, histórica (singular) de la ciudadanía no releva *exclusivamente* del poder ni sus efectos terminan *necesaria e inmediatamente* con la cesación de las restricciones, cuando ésta ocurre. La cultura política consolidada por prácticas abusivas de poder contribuye a distorsionar o disminuir *subjetivamente* el uso de la ciudadanía.

La cultura política de América Latina fue intensamente moldeada por el verticalismo religioso y el autoritarismo colonial, por las formas de paternalismo, caudillismo y populismo, en la subsiguiente época republicana. La cultura política es la materia prima del uso de la ciudadanía y las prácticas sociales establecen los momentos y estilos de su construcción.

Sociedades marcadas por fenómenos como la pobreza, la exclusión y marginalidad (a los que nos referimos en la última parte del texto) que han alentado las prácticas políticas del clientelismo y rebajado la calidad del ejercicio de la ciudadanía, dependencia de liderazgos conectados con mafias o con el poder político local; alienación partidaria; carácter divertente de la televisión de masas; parecen indicadores de una cultura ciudadana de bajo nivel (Landi 1987 :40) y una desarticulación del sentido común (Landi1987:49).

El análisis de la cultura política es tan decisivo para reflexionar acerca del uso de la ciudadanía porque opera como mediación entre los textos constitucionales y las prácticas. Tanto más homogéneo, tanto menor la distancia entre la norma y el uso, tanto mayor es el grado de integración política regular. El derecho se transforma en acto y el acto convierte al actor, reivindicando a la ciudadanía como práctica en el nuevo contexto planetario.

para incorporarlas a un debate conceptual acerca de la ciudadanía no solamente no es irrelevante sino que merece centralidad.

Consideremos brevemente dos momentos históricos de América Latina que sugieren distintos usos de la ciudadanía. En los años treinta del siglo XX, cuando la crisis financiera de 1929 originada en los EEUU asoló toda la región: hubiera mostrado Estados precarios, Naciones en proceso de consolidación identitaria, sociedades civiles afectadas por la crisis de sectores de exportación primaria, migraciones a las ciudades, esbozo de sociedades industriales. Sociedades sin Estado podía decir Alain Touraine o con poco Estado y mucho gobierno para escribirlo con más precisión. Un péndulo institucional entre momentos de legitimidad política-golpes de estado-legitimidad recuperada hasta comienzos de la década de los ochenta.

Un segundo momento cuando el péndulo se detuvo a comienzos de la década del ochenta (sobre todo con el final de la guerra fría) ofreció un paisaje de legitimidad política en el marco de las democracias recuperadas.

Restablecida la democracia, la vigencia de las instituciones republicanas no implica necesariamente una conversión del uso de la ciudadanía, porque la recuperación de la democracia abre otro curso de acción y de uso real de la ciudadanía, se ofrece como marco de acción pero también como límite.

Las dictaduras demenciales de los años setenta en ambos continentes despertaron la conciencia adormecidas de los países centrales que decidieron reclamar por la vigencia de los derechos humanos. Pero fueron las movilizaciones sociales locales intensas las que promovieron el reconocimiento de los derechos humanos.

Los derechos humanos irrumpieron como un valor universal, capaz de traspasar los límites de la soberanía absoluta del Estado- nación y de sus respectivos territorios, configurando una nueva jurisdicción extraterritorial, encaminando a occidente hacia un nuevo concepto de ciudadanía, la ciudadanía de los derechos humanos.

Las reivindicación de los derechos humanos por encima de los límites territoriales y jurídicos del Estado Nación implican la vigencia de un valor social y jurídico propiamente universal.[6]

---

[6] La reforma Constitucional argentina de 1994 estableció la supremacía de la legislación y tribunales internacionales en materia de derechos humanos. En el transcurso de los debates fue explícita la cesión de soberanía nacional.

Para examinar esta auténtica revolución conceptual y para establecer un puente teórico que permita recorrer experimental e históricamente las ciudadanías como práctica en el nuevo contexto planetario, me permitiré desplazar el eje analítico de los institutos (en lenguaje estrictamente jurídico) a los usos sociales de las instituciones (en lenguaje estrictamente sociológico) es decir establecer un nivel discursivo en torno a las prácticas sociales, a los hábitos (o habitus en lenguaje de Bourdieu) más próximos de la cultura política que del análisis constitucional de los juristas y del análisis a –histórico. Un discurso más próximo de la semiosis que de la semiología.

En este artículo sugiero que las mega ciudades superan fronteras físicas y establecen un campo de totalidad social, para escribirlo como Marcel Mauss (b) que se corresponden con una nueva división del trabajo social en el interior del capitalismo (c) una forma de desterritorialización (d) nuevas interpelaciones de la sociedad civil derivadas de la nueva relación morfológica (e) sincretismo cultural global (f) reivindicación de la subjetividad y (g) nuevas formas de construcción del sujeto ciudadano.

II Una revisitación conceptual

(a) Una mirada histórico-conceptual

La "globalización" se ha convertido en el "Key Word" de nuestro tiempo, capaz de resumir la causalidad, la dimensión y la evolución de los fenómenos sociales en todo el planeta. Y en esta extraordinaria cobertura, también ocultar o desplazar la consideración de fenómenos específicos que sin duda vinculados a la globalización, los anteceden y eventualmente conducen o inducen, configuran la gran corriente histórica mundial.[7]

Entre estos fenómenos sociales de alcance planetario, rescato una contribución de Hobsbawm (1998)por sus raíces propiamente sociales (y sociológicas) (1998) Allí señala: "El cambio social más drástico y de mayor alcance de la segunda mitad del siglo, es la muerte del campesinado". La afirmación es correcta, en el largo plazo histórico y describe el cambio de escenario y actores operado a fines del siglo y en curso en las primeras décadas del siglo XXI.

[7] Cf.Aldo Ferrer (1999) en particular capítulo XVII acerca de las redes.

Permite una mayor comprensión de la naturaleza de las sociedades pos industriales (a falta de una mejor definición) contemporáneas. Los ejemplos emblemáticos se encuentran en Asia, donde alrededor de quinientos millones de chinos fueron transferidos al sector urbano, la India y otros países que se encuentran en pleno proceso de urbanización.

En América latina hemos analizado (2006) este proceso que ha convertido, con escasas excepciones en países urbanos a toda la región, y desplazado a los actores campesinos del escenario nacional e instalado a las clases subalternas urbanas en su lugar.

El cambio cultural gigantesco a nivel del modo de producción se acompañó de un cambio cultural no menos estratégico para nuestro análisis: la expansión de los niveles educativos formales, la reducción del analfabetismo.

El acceso a la lectura, que se incrementó en cantidad y calidad a medida que la educación incluía mayores sectores de la población, la expansión de la escolaridad secundaria en los años sesenta y universitaria en la década siguiente puso al alcance los ciudadanos opciones de uso real de la ciudadanía.

Las cifras son elocuentes en América Latina más allá de las discusiones acerca de su calidad, el analfabetismo funcional, los rendimientos: en el largo plazo histórico considerado son importantes (el voto) sobre la discusión en la escuela de Frankfurt.[8]

El cambio de posición social de la mujer –en Occidente– señalado por Hobsbawm (1998:318) como una de las más significativas de las transformaciones del siglo XX, con raíces en los cambios del modo de producción después de la segunda guerra mundial y efectos decisivos en el uso de la ciudadanía: el reconocimiento del derecho al voto entre los que incluimos la ampliación del uso de la ciudadanía. Volveremos sobre el impacto de estos cambios en la última sección.

Estas mutaciones en la composición social tienen una incidencia directa sobre las prácticas de la ciudadanía, sobre el uso de sus derechos y sobre la configuración de nuevas reivindicaciones civiles. La emergencia de sociedades alfabetizadas aun en niveles modestos, el mayor espacio social de las mujeres y como veremos la mega urbanización tienen una incidencia inmediata al menos en el mediano plazo en la práctica ciudadana.

*

[8] La discusión acerca de la relación entre educación y conciencias del proletariado fue muy intensa en los primeros años treinta del siglo pasado, en particular sostenida por Horkheimer contra la intepretación de Luckacs.

La desaparición de los imperios coloniales fue una consecuencia directa –inicialmente– de la primera guerra mundial (Alemania y Turquía) completada después de la segunda (Francia, Gran Bretaña, Holanda, Bélgica, Japón).

> Emergieron dos potencias imperiales, con rasgos parecidos a las formas anteriores (Hobsbawm:1998:213) pero también con diferencias sustanciales en lo aquí intentamos señalar: la relación con la soberanía y el territorio. Ni la soberanía ni el territorio eran condiciones de posibilidad para la expansión y el dominio de las nuevas configuraciones imperiales: el control de los centros financieros, el dominio de la innovación tecnológica, la exclusividad de la posesión del armamento atómico y finalmente la hegemonía cultural.
>
> La atribución de la ciudadanía no fue generalizada sino casualmente ligada al territorio de origen y convertida en un bien precioso de una clase de sus habitantes dentro y fuera del Estado-Nación.[9]

La desaparición de los imperios coloniales eran la continuidad de la relación soberanía absoluta-territorio en el sentido antiguo que señalamos y la emergencia de soberanías acotadas-compartidas como en la emergencia de fenómenos políticos territoriales como la Unión Europea.

La reconsideración de la relación soberanía territorio en los sistemas políticos confederales (Suiza) o Federales (Estados Unidos, Canadá, Alemania) y el cambio de situación de la relación Estado-Nación, se altera institucionalmente por su carácter federal.

La identificación Estado-nación proviene del uso porque sus orígenes y evolución institucionales no dejan lugar a dudas (Delich 2002). Sin embargo la conversión práctica de la relación en las nuevas configuraciones no parece afectar ni el concepto ni la práctica de la ciudadanía.

Una vez más, es preciso abandonar la exclusiva visión normativa institucional de la ciudadanía para ligarla no solamente a su práctica sino a la práctica del Estado y separar con claridad la subjetividad que la identidad nacional aporta de la subjetividad-respuesta a la acción del estado, la identidad que llamaré " patriótica" (subjetiva) para diferenciar de la identidad "nacional-estatal (objetiva).

Más aún: la confusión práctica en América Latina entre Estado y Gobierno, acarrea una incesante confusión. Fortalecida por el discurso neo

---

[9] Existen nutridos ejemplos: los kelpers de las Islas Malvinas hasta 1982, los ilegales en los Estados Unidos.

liberal y neo conservador, los partidarios del estado Mínimo demonizan al Estado sin consideración a sus administradores circunstanciales. Y los partidarios de la identidad del estado con el gobierno avanzan sobre las instituciones republicanas sin miramientos.

Y la confusión se incrementa cuando dos instituciones tan diferentes y distintas como la República y la Democracia se asimilan como provenientes del mismo corpus teórico y ligadas históricamente (Delich 2008)

El ejercicio de la ciudadanía se amplía o restringe en relación a estas precisiones acerca de la soberanía territorial, de los sistemas políticos, de la reconsideración conceptual de las referencias y marcos de acción.

Teóricamente los parámetros de la ciudadanía desbordan el cuadro de la soberanía absoluta y del territorio, del Estado-Nación y de la República-Democracia: se inscriben entre los derechos humanos, parte del derecho a la identidad.

(b) una particular división el trabajo

Aunque el modo de producción capitalista es planetariamente hegemónico, conviene tener presente la observación de Emanuel Wallerstein, uno de los más lúcidos analistas en la consideración del fenómeno en el largo plazo histórico.

Tras señalar los límites de los enfoques usuales en el análisis del capitalismo (los llamados lógicos deductivos que imaginan una esencia del capitalismo y de los empiristas que consideran el capitalismo superado sin advertir la presencia y vigencia de sus parámetros) señala Wallerstein (2014:7):

> Lo que me parece urgente, la tarea a que he consagrado la totalidad de mi obre reciente, es ver el capitalismo como un sistema histórico, a lo largo de toda su historia y en su realidad concreta y única. Me he fijado, por tanto, la tarea de describir esta realidad, de delinear con precisión lo que siempre ha estado cambiando y lo que nunca ha cambiado (de tal forma que podríamos denominar la realidad entera bajo un solo nombre).

Entre las variedades del capitalismo debe incluirse la relación con el mercado que he analizado (Delich 2002 y Delich 2013) y sobre todo la aparición de un modo particular de mercado capitalista conocido como "Mercado Informal" que tiene pertinencia en el examen de un tipo de capitalismo difundido en América Latina.

Estrictamente, el fenómeno fue difundido en Italia tras la segunda guerra mundial y (conocido como "economía sotto sommersa") tempranamente estudiada por Victor Tokman en América latina; se ligó a dos fenómenos intensos y ligados entre sí (Delich 2015): la urbanización y la inmigración intrarregional. La actividad económica informal no se define en relación al mercado sino en relación al Estado.

Es un fenómeno que alcanza alrededor del 30% de la población económicamente activa en la Argentina (2014) y alrededor del 60% en Perú).[10]

Uno de sus principales efectos sociales se configura en torno a la precariedad del empleo; la ausencia de normas aplicables limita el uso de los derechos ciudadanos no solamente referidos al empleo sino también a los derechos civiles.

La actividad informal (comercial e industrial) se rige por la lógica del mercado (costo-beneficio) pero no tiene la lógica de su relación compensatoria con el estado; no sigue la lógica de la exclusión (mercado) ni inclusión (Estado). En ambos casos sin respetar las normas establecidas para la actividad.

La definición de la economía informal no tiene relación con la economía sino con la política, en relación al Estad-Nación: es su a -legalidad o ilegalidad la que define su espacio y acción. Si aquí se introduce la situación de los informales obedece a una doble razón: la importancia de la actividad en la megalópolis y su impacto en el uso de la ciudadanía.

Esta ilegalidad trae aparejada entre otras consecuencias, una limitación en el ejercicio y los derechos de la ciudadanía, entre otros el derecho al retiro jubilatorio, créditos oficiales para viviendas, actividades financieras y comerciales, dependiendo de las delegaciones.

Una plena ciudadanía electoral se acompaña de una sub ciudadanía que encuentra un cauce adecuado a sus interpelaciones en el ejercicio de la ciudadanía civil como veremos enseguida y en la construcción del sujeto político.

---

[10] Es una actividad generalizada en las ciudades latinoamericanas con distinta magnitud. Pero interesa comprobar su especificidad en la Megalópolis y su efecto en la construcción del sujeto político.

(c) La desteritorialización

La más perfecta expresión de la llamada globalización la entrega el sistema financiero internacional: está activo las 24 horas y los 365 días del año, en todo el planeta sin restricciones de soberanías y territorios, operando legal o ilegalmente (en paraísos fiscales). Una red de redes policéntrica fina y en constante alerta.

No es un fenómeno aislado. El concepto de desterritorialización se utilizó en un momento como sinónimo de desconcentración (territorial) de las industrias tanto en términos nacionales como globales, durante los años setenta del siglo pasado; mientras que se afirmaban las tendencias a la internacionalización y la globalización del capitalismo financiero superaba tecnológicamente los límites territoriales, el capitalismo industrial trasladaba físicamente sus plantas fabriles a territorios extra nacionales, eventualmente sometido a legislaciones extranjeras pero sin pérdida de su control.

El capitalismo financiero –sus mercados– logró generar legislaciones y jurisdicciones específicas alejadas de toda soberanía territorial. En el capitalismo industrial del siglo XX, el territorio y la sociedad nacional y de clases, establecían condiciones de posibilidad para el avance de la acumulación de capital. En el siglo XXI el capitalismo –en general– tiende a desprender de cualquier dependencia territorial. El significado de esta desterritorialización ha sido analizado también en términos psicoanalíticos: Deleuze y Guatari mostraron variantes de desterritorialización (y reterritorialización) en relación al capitalismo.[11] El rol y los espacios de la ciudadanía nacional se reducen a medida que la desterritorializacion avanza. Las jurisdicciones financieras internacionales que superan en eficacia la soberanía de los estados, recortan el uso de la ciudadanía reducida a los estados nacionales. Pero se acrecienta si se incorpora la dimensión universal de los derechos humanos.

La legislación y el poder jurisdiccional de otras estados (individuales o asociados) rige sobre un territorio soberano por consentimiento [12]. Pro-

---

[11] Cf. Littel (2009) En un ensayo sobre el "territorio fascista" mencionan estos estudios.

[12] La reforma constitucional argentina de 1994 estableció que en materia de derechos humanos prevalecen los tratados internacionales que los garantizan sobre la legislación nacional.

duce una nítida separación entre el derecho, el territorio y la ciudadanía, compartida en este caso con otra (u otras) ciudadanías.

Sin embargo, esta desterritorialización no altera la identidad subjetiva de la ciudadanía con el territorio, asociado a la Nación más que al Estado, más identificada con el concepto de patria que con el ciudadano imaginario, definido por la Constitución política.

La distancia conceptual –y práctica– crecientemente pronunciada entre el Estado y la Nación, implica también la existencia de ciudadanías compartidas (generales, como el derecho al voto en las organizaciones internacionales pluri-estados como en los parlamentos de la Unión Europea o el Mercosur) o individuales en los casos de doble ciudadanía.

III -Megalópolis [13]

Es una inmensa aglomeración humana en movimiento. Una mega convivencia compleja de diez (o veinte) millones de personas en un espacio físico reducido de apenas un centenar de kilómetros cuadrados. Lazos sociales sólidos y pasajeros, históricos y casuales. Una frontera lábil, invisible y presente, hacia adentro y hacia afuera.

La historia de la humanidad es la historia de los asentamientos sedentarios y la historia de las civilizaciones se confunde con las formas primarias urbanas, como se sostiene con razón en el Estudio Crítico de la Historia (2002) que patrocinado por la Unesco coordinó Helio Jaguaribe; pero la mega ciudad es un punto de ruptura en la cronología. O si se prefiere avanza hacia otra forma civilizatoria. Las mega articulaciones territoriales anuncian una civilización planetaria distinta a todas las conocidas hasta ahora. Algunos la designan como "ciudades globales" ¿pero se trata solamente de poblaciones y territorios?

No. La demografía describe el impacto del incremento de la población y la morfología describe su distribución en el espacio, sin embargo entre ambas no alcanzan a explicar la lógica que incide en su evolución.

Los asentamientos humanos no se multiplican y reúnen casualmente en el capitalismo. El impulso proviene de modos de producción socio-económicos asociados con revoluciones tecnológicas y revoluciones culturales.

---

[13] Esta sección recoge parcialmente el texto de un capítulo del libro en edición Megalópolis-Vida Cotidiana y Política en Buenos Aires (2015).

La revolución industrial que la humanidad reconoce durante los dos últimos siglos convirtió la ciudad en un centro productivo y reproductivo donde el orden social se adaptó al orden productivo, cuya mayor expresión fue la fábrica. Reemplazó la antigua unidad socio productiva campesina por una unidad de consumo desplazando de paso el orden patriarcal que lo fundaba.

Pero cuando el orden social se desprendió del orden industrial en Buenos Aires, la urbe tenía una dinámica que registra una lógica que proviene de su propia configuración. Aunque el modelo industrial de Buenos Aires no alcanzó a configurar una sociedad propiamente industrial, se configura luego, a fines de los años ochenta del siglo pasado una sociedad pos industrial.

Una de las manifestaciones más decisivas del cambio de modelo social fue la reducción del efectivo obrero industrial (Delich 1986) y la expansión de la economía informal y de los trabajadores informales que hemos analizado más arriba. Pero son aspectos parciales, significativos de la transformación pero que apenas inducen la mirada hacia una totalidad inexplorada.

En este orden social en construcción, en movimiento, la estratificación social se altera en el nuevo contexto mega urbano. Vivimos otra sociedad: la sociedad de servicios, la sociedad de la información, la sociedad de la comunicación, la sociedad de las redes. De ninguna de estas sociedades conocemos aún su lógica: son solamente descripciones de momentos, miradas no siempre consistentes. Pero comprobamos la emergencia de una mega sociedad distinta.

¿El espacio tiene su propia dinámica o es una presencia pasiva frente a la sociedad civil y al mercado? ¿Un topos que escribe una historia donde se superponen otras lógicas de apropiación y desapropiación, lógicas mercantiles y lógicas morales? El tiempo y el espacio histórico son siempre consistentes?

No. La morfología social describe y sustenta las relaciones sociales que señalé. La sociedad no es si no sus relaciones –como lo vieron Marx y Max Weber en la tradición alemana, Adam Smith y Adam Ferguson entre los sajones– Pablo González Casanova y Gino Germani en América Latina. Es el punto de partida de la sociología que presentamos.

En las sociedades, la evolución de la cantidad de población hacia la calidad de sus relaciones es tanto como la evolución de lo simple a lo complejo, de la artesanía a la industria, de la naturaleza a la razón, de la improvisación a lo organización. El cambio de escala en el tamaño de los asentamientos humanos induce a una reflexión ordenada en un paradigma diferente.

La originalidad de la Megalópolis

El primer dato de la megalópolis es entonces la cantidad de población que reúne en espacios reducidos (en el 1% del territorio argentino el 39 % de la población) es su condición de posibilidad pero no revela su lógica, es su apariencia pero apenas el comienzo de explicación. El formidable análisis que Martinez Estrada ofreció en" Radiografía de la Pampa" primero y "la Cabeza de Goliat" luego, dan cuenta de este fenómeno de híper concentración espacial de la población en la década del cuarenta del siglo pasado.

El segundo dato es el movimiento la absorción de las fronteras, el tercero su capacidad sincrética, el cuarto, la ruptura de los rituales y el quinto, la instalación de una cultura de la transgresión.[14]

Sin embargo, esta asimetría regional poco nos dice acerca de la propia ciudad con nostalgias aristocráticas, consciente de su centralidad política y cultural, reservadas para elites del saber y del dinero, capaz de establecer límites invisibles de territorialidad. Eso fue también Buenos Aires hacia 1930.Y menos aún de sus suburbios, de su periferia que disimuladamente ocuparon espacios no siempre vacíos.

Asediada primero, envuelta luego por la frontera, Buenos Aires consolida su identidad de un siglo y simultáneamente se ofrece como escenario de mutación urbana.

Su lógica proviene del movimiento sin fin entre dimensiones autónomas que establecen el campo general de acción. No hay reposo ni quietud en la mega: movimiento a toda hora y en todo lugar.

Tenía razón la vieja sociología funcionalista cuando apuntaba como un atributo de la sociedad moderna la institucionalización del cambio. Pero tampoco la teoría de modernización que la contenía, alcanza para explicar la lógica de la mega urbe. Ambas son análisis unidimensionales que conducen naturalmente hacia una sociología relacional.

[14] No podemos por razones de espacio, sino solamente enunciar la originalidad de la Mega ciudad. El desarrollo completo se encuentra en *Megalópolis Vida Cotidiana y Política en Buenos Aires,* de próxima publicación.

Sasha Saskhen se pregunta si estas clases de ciudades generan discursos políticos, si sus capacidades generan opciones de poder y de construcción de la historia, ejercicios diferentes de ciudadanía. Insiste: ¿éste discurso es un elemento fundante en las teorías sobre la democracia y la política? Tal vez no lo suficiente para un giro radical en la construcción discursiva pero suficiente para su consideración en una agenda de innovaciones.

En una exploración sin pretensiones de cientificidad, coloquial, sospecha que las ciudades, estas ciudades globales de calles globales, generan opciones de sociabilidad y acción social, de acción política que surgen de sus raíces urbanas; el discurso se construye en el movimiento, en el encuentro callejero, en la superposición humana de las horas pico y en el abandono de los espacios rituales.

SS sospecha que el propio concepto de ciudadanía merece ser redefinido: la *citizenship* se reduce a la *citiness*. Un paso atrás de la ciudadanía estatal, un paso delante de la ciudadanía civil.

Y con razón también sospecha que este nuevo fenómeno urbano se desprende –por definición– de lo nacional: paradojalmente el fenómeno local se liga a una red planetaria, mundial, por encima del estado-nación, por encima del mercado local, por encima de la sociedad civil. Se autoconstruye desde el propio movimiento urbano.

La Megalópolis construye un discurso político, un discurso social y como veremos, también un discurso estético que envuelve y desenvuelve su dinámica. Y establece las condiciones de posibilidad para el surgimiento de nuevos espacios políticos y nuevos actores.

Para reconocer sus parámetros sugiero –a partir de una primera exploración empírica y una consecuente exploración teórica, algunas pistas para abordar este complejo momento en la evolución de la ciudadanía.

*

El burgo y la ciudad burguesa que sucedieron una década de siglos después hizo del territorio una identidad a la vez social y política. Pero las metrópolis del siglo XIX y XX se alejaron culturalmente de su territorio para orientarse hacia la cultura universal. Permanecieron atadas al Estado-Nación sin embargo y a una racionalidad aportada por la modernidad. Mantuvieron la " polis" como identidad ideal, imaginaria, político-cultural como modelo ideal de convivencia ciudadana en Occidente.

El máximo esplendor de la ciudad burguesa y también su radical transformación operaron en los siglos XIX y XX con la paulatina invasión y hegemonía de la sociedad industrial que lentamente desplazó a las sociedades campesinas hasta casi erradicarlas del planeta como tales, como hemos visto.

La megalópolis, cómo he indicado (Megalópolis 2015), se construye históricamente cuando la sociedad industrial comienza a desparecer en el horizonte arrastrando la sociedad de clases que la conformaba en el capitalismo decimonónico. Su dinámica y su energía provienen de sus fronteras.

La Megalópolis absorbe las fronteras, definidas como un espacio social-territorial que establece identidades dinámicas, mutantes, transgresoras, innovadoras, adaptando las instituciones a sus necesidades más o menos inmediatas.

Para escribirlo como Merton: se produce una ruptura entre los objetivos (reconocimiento de identidades) y los medios institucionales disponibles. La frontera genera una cultura de la innovación y de la transgresión.

En este proceso de absorción-fusión, las identidades de origen son a la vez reconocidas y subordinadas, impulsadas a convivencias sincréticas y conflictivas, que no necesariamente encuentran contención en la identidad nacional o en la identidad ciudadana.

Producto de intensas migraciones, la frontera se expande compartiendo y disolviendo identidades. Y compartiendo subjetivamente ciudadanías tanto como las identidades colectivas en la sociedad civil. Y la ciudadanía política se desprende del Estado para asentarse en la ciudadanía ejercitada en un territorio apropiado, definido por la emergencia de la nueva sociedad.

La cultura de la frontera permeable al sincretismo y a la transgresión innovadora, avanzó más rápidamente sobre la apropiación de la ciudadanía civil que de la ciudadanía política, reducida en la práctica a la ciudadanía electora disponible con la consolidación de la democracia.

La sociedad de frontera es una sociedad emergente obligada a generar normas adecuadas a su propio movimiento y circunstancias singulares. Algunas importadas de su origen, otras adaptadas a las circunstancias, originales las menos pero igualmente significativas.

La frontera crea su propia legalidad y establece sus criterios de legitimidad. Señalo dos: la difusión de la economía informal que luego se inserta y difunde en la Megalópolis. Y el ejercicio de la ciudadanía civil que opera sobre la ciudadanía política, la condiciona y activa.

A diferencia de la ciudadanía política limitada en las democracias al uso electoral, al uso administrativo público o judicial, la ciudadanía civil tiene un horizonte abierto y una práctica necesariamente activa.

El uso de la ciudadanía civil activa incluye las formas de protesta urbana (que incluyen el uso del espacio público) y se instala en el umbral de la protesta política, convocando a ciudadanos y no ciudadanos strictu senso a la movilización por sus reivindicaciones. Los ciudadanos de la periferia y de la frontera protestan en el espacio público de la Megalópolis aunque sus reclamos específicos ni sus métodos, ni sus convocatorias son homologables.

La ocupación ilegal de las calles de la Megalópolis (como las prácticas piqueteras) constituyen probablemente un ejemplo significativo de la cultura de frontera. La diferencia de las prácticas piqueteras con las movilizaciones obreras clásicas de las fábricas localizadas en la frontera se encuentran en la composición de los actores: las movilizaciones obreras se nuclean en la fábrica y sus actores, los piquetes son vecinales y familiares.El Estado es tanto más permeable a esas prácticas cuanto más grande es el tamaño de la urbe, es tanto más difícil de controlar la totalidad de la sociedad.

IV -La construcción del sujeto ciudadano

Hemos abordado la problemática de la crisis del concepto y las teorías del sujeto histórico en una obra colectiva [15] y en particular, en relación a la reconsideración de la subjetividad en las sociedades contemporáneas.

La caducidad de los determinismos en la acción previsible (metafísica) del sujeto histórico, lo dejó sin sustento teórico y la mutación de la sociedad pos industrial sin espació histórico. En este contexto discursivo, tan propio del siglo XIX prolongado en el siglo siguiente, la megalópolis incita una reconsideración de la ciudadanía.

El sujeto ciudadano –su construcción– ¿ocupan el lugar del sujeto histórico? No necesariamente. La construcción del sujeto ciudadano es la construcción de una voluntad política que no parte de una identidad (como el sujeto histórico) sino del reconocimiento de un campo de acción,

[15] Cf. Francisco Delich (coordinador) (2014) *Muerte del sujeto y emergencia de la subjetividad-Comunicarte*. Córdoba, Argentina.

donde se disputa poder, donde se establecen objetivos y opositores, se elaboran proyectos estratégicos y tácticos. La voluntad política es siempre voluntad de empoderamiento.

La emergencia de los movimientos sociales autónomos (del estado, de la nación de los mercados) no coinciden necesariamente en el espacio ni el tiempo con la construcción de la ciudadanía porque a veces la niega en su vigencia aunque estableciendo espacios y escenarios de acción colectiva, constituyéndose en interpelantes del Estado y de la propia sociedad, se aproxima, la envuelve, la convoca y eventualmente enriquece.

El estudio de los movimientos sociales que desde los años setenta y ochenta del siglo pasado se generalizaron (en la medida que las interpretaciones de la lucha de clases disminuían su amplitud práctica y explicativa) se asociaban a las mutaciones urbanas que fueron siempre pertinentes para el análisis de sus orientaciones. La megalópolis establece otro espacio simbólico para los movimientos sociales.

Estamos en presencia de un fenómeno nuevo, que supera la propia matriz urbana y este espacio interpela la ciudadanía. Megalópolis es una urbe cuya identidad se encuentra en la red global implícita de la que obtiene energía social. Mientras absorbe periferia, fortalece su inclusión en la red planetaria. El escenario en movimiento no solamente no es neutro sino que recrea y repone actores sociales y políticos; actores de la periferia que el nuevo escenario muta: roles y actitudes que redefinen su identidad.

Estos actores que formaban parte del coro periférico se incorporan como interpelantes en un escenario que era su centro de referencia y dejó de serlo, pero en el que tampoco encuentran el lugar apropiado. El movimiento que arrastra la inclusión es simultáneamente un movimiento de tensión. La estratificación social establecida en tiempos del centro-periferia es envuelto tanto en la desarticulación como en la re-articulación. Estrictamente, es una masa plebeya como la denomina FHCardozo, más apropiadamente una configuración de las clases subalternas movilizadas que reúnen antiguas categorías de pobres, marginales o excluidos. Es una masa movilizada y políticamente disponible que encuentra en la calle un espacio de identidad y acción política.

La calle es un espacio público [16] y un bien público cuyo control asegura el alcance de un bien simbólico que liga el movimiento al orden, el camino

[16] Cf. Marina de la Torre (S-F) que señala con razón la necesidad de revisar conceptualmente la relación público-privado.

del empoderamiento. Es un signo de la existencia de un "nosotros" que protesta y simultáneamente se integra como un actor social que establece reglas compatibles con el orden que transgrede.

La estratificación social muta en el movimiento horizontal (morfológico) y vertical (ascendente-descendente en términos de clases sociales y status) y establece escenarios de acción social y política. No son pobres, marginales o excluidos insertados en un escenario hostil, sino masa disponible en acción, en movimiento, que encuentra en la calle no solamente un espacio de reunión sino una discursividad.

Son actores no estructurados pero portadores de identidad (de nueva identidad plebeya) que se definen negativamente en relación al Estado y a la ciudadanía política porque no son contenidos por las distintas redes del Estado aunque sean acogidos por el gobierno. Los informales económicos configuran uno de los testimonios de situación en relación a la orientación del Estado.

No es un proyecto político el que define su identidad como en el caso de la clase obrera industrial o un proyecto social y político reactivo como la movilización campesina. La identidad se define en la relación con el espacio, más específicamente con la calle. Un derecho civil conquistado en la frontera y reconocido en el espacio físico y simbólico de la mega ciudad.

La práctica de la movilización en la calle es el reverso de la movilización digital, la que separa en las Megalópolis. Las clases medias se convocan en la red. Las clases subalternas se convocan en la calle. Y una opción nada sutil en términos de valores las diferencias: las subalternas prefieren la fraternidad a la libertad y aún a la igualdad porque el concepto de fraternidad las reúne.[17]

La antigua tradición de la Polis emerge en las calles: se ocupan para mostrar, visibilizar, deliberar (para el concepto de Polis cf. Jaeger 110).

*

El estudio de los movimientos sociales atrajo nuevas metodologías de investigación (Touraine 1982).[18]

---

[17] Cf. Debray (2009) quien sostiene que durante los doscientos años posteriores a la revolución francesa, la modernidad ha privilegiado la libertad y la igualdad por encima de la fraternidad.

[18] Aunque discutibles los aportes del equipo, intentaron organizar un marco de comprensión para el estudio de los fenómenos sociales. Edgar Morin hizo un aporte estratégico señalando la complejidad de la acción social. (Cf. La Methode).

Pero estas perspectivas no se articularon, no se consideraron *mediadoras* de articulación política, autónomas en relación al uso de la ciudadanía, entre otras razones porque su acción desborda las organizaciones (partidos) políticas.

Ni tampoco se vincularon al nuevo espacio social generado por la Megalópolis. El concepto de ciudadanía y su ejercicio en Megalópolis adquiere el perfil innovador del impulso de frontera, agitando derechos civiles (eventualmente derechos humanos) es decir, derechos universales, desterritorializados.

La megalópolis no es un escenario neutro, sino activo como hemos visto, en movimiento, a veces salvaje, donde la estructura en construcción es frágil en reacción a la intensidad de la introducción de nuevos actores y acciones, donde la objetividad parece ceder a la subjetividad.

En este contexto, de avance (y retroceso) de la frontera aparecen los nuevos derechos civiles o de género (femenino), sexuales (travestis, homosexuales) étnicos y culturales (usos simbólicos), que carecen de legalidad local pero asumen universalidad política, universalidad genérica y apuntan a ser reconocidos como tales. La centralidad no se encuentra en las interpelaciones sino en el estilo de la acción y organización transgresora.

Estas reivindicaciones particulares-universales trascienden la territorialidad del antiguo estado de soberanía absoluta y se instalan en la inter estatalidad: pueden ser instalados en jurisdicciones ajenas ejerciendo una proto ciudadanía universal.

El origen de estos derechos se encuentra en el reconocimiento de derechos sobre el propio cuerpo y el uso del mismo (el derecho a la ligadura de trompas en las mujeres y a la vasectomía en los varones), al aborto, en las mujeres, a la muerte digna, a prácticas culturales como el uso de drogas, a la subjetividad (el derecho al olvido). El cuerpo en la frontera es un signifcante, es una identidad que contiene otras identidades pero que expresa una situación tanto como promete una acción.

Todas estas reivindicaciones y otras encuentran espacio social en la desterritorialización de la ciudadanía y favorable en la mega ciudad: pueden convivir y afirmarse en proporción directa a la heterogeneidad y convivencia de valores.

Buenos Aires, marzo de 2015

Bibliografía

ARMONY, Ariel, (2011). "Derechos sociotecnológicos y ciudadanía", incluido en Cheresky (comp.) *Ciudadanía y legitimidad democrática en América Latina*. Buenos Aires, Prometeo - Clacso.

BODIN, Jean, (1583), edición abreviada. *Les six livres de la Republique*. París, Livres de Poche.

BONFIL BATALLA, Guillermo, (1987). *México profundo*. México, Grijalbo.

CARVALHO MURILO DE, José, (2009). Cidadanía no Brasil. O longo Caminho *Civilizao*. México (DF), Brasileira Río.

CARDOZO, Fernando H., (2013). *Pensadores que inventaron o Brasil*. Sao Paulo, Compania das letras.

CHABOD, Federico, (1987). *La idea Nación*. México, Fondo de Cultura Económica.

DEBRAY, Regis, (2009). *Le momento fraternité*. París, Gallimard.

DELA TORRE, María Inés (S-F). *Espacio público y colectivo social*. Revista Nova Scientia.

DELICH, Francisco, (1986). *Metáforas de la sociedad argentina*. Buenos Aires, Sudamericana.

DELICH, Francisco, (2013). *A look at the egyptian democratic transition from a Latin American perspective*. Buenos Aires, inédito.

ESCALANTE GONZALBO, Fernando, (1992). *Ciudadanos Imaginarios*. El Colegio de México.

FERRER, Aldo, (1999). *Historia de la globalización - La revolución industrial y el segundo orden mundial*. México, Fondo de Cultura Económica.

JAEGER, Werner, (1933). *Paideia*. México, Fondo de Cultura Económica.

LANDI, Oscae, (1987). "La trama cultural de la política", incluido en Lechner, *Cultura Política y democratización*, Santiago de Chile, Clacso-Flacso.

GIDDENS, Antony, (1999). *Un mundo desbocado*. Madrid, Taurus.

GOULDNER, Alvin (1970). *La crisis de la sociología occidental*. Buenos Aires, Amorrrtu.

HOBSBAWM, Eric, (1998). *Historia del siglo XX*. Buenos Aires, Crítica.

LITTEL, Jonathan, (2009). *Lo seco y lo húmedo. Una breve incursión en territorio fascista*, Barcelona, RBA libros.

MARSAL Juan F., (1977). *La crisis de la sociología norteamericana*. Barcelona, Península.

MAYORGA, Fernando (2014). *Incertidumbres Tácticas. Ensayos sobre democracia, populismo y ciudadanía.* La Paz, Plural.

PACHANO, Simon (comp.) (2003). *Ciudadanía e identidad.* Ecuador, Quito.

PINTO, Alvaro y FLISFLISCH, Ángel, (2011). *El Estado de Ciudadanía. Transformaciones, logros y desafíos del Estado en América Latina en el siglo XXI.* Sudamericana, PNUD, Caecid, Ministerio de la Cooperación España.

ROSECRANCE, Richard, (1996). *The rise of the virtual state: Territory becames passe Foregein Affairs.* July-August.

SASSEN, Saskia ( ). *¿Hablan las ciudades?* Incluido en A. Hernandez y otros, México, arnique.

TOURAINE, Alain, (1982). *Mouvements sociaux d´aujourd hui acteurs et analystes.* Paris, Economie et Humanisme.

VECA, Salvatore, (1990). *Cittadinanza. Riflessioni filsofiche sull´idea di emanzipazione.* Milano, Feltrinelli.

Capítulo 3

Subciudadanías y democracia racista en México

Juan Russo

En este trabajo hablaré de subciudadanías. Es un calificativo que apela al déficit de derechos en América Latina. La subciudadanía es un tipo de ciudadanía incompleta que ocurre cuando los derechos se expanden en sólo un área del sistema político y dejan de ser efectivos en otras áreas. Así ocurre frecuentemente después de la tercera ola de democratización, en países con Estado de derecho de poca efectividad, y expansión de derechos políticos. Pero fundamentalmente esta incompletitud puede deberse a que el reconocimiento de los derechos proviene sólo de una sola parte (del Estado o de la comunidad, no de ambos) del sistema político. Me ocuparé aquí fundamentalmente de este segundo tipo de subciudadanía (con déficits de reconocimiento estatal o comunitario). A la ciudadanía garantizada por el Estado pero con problemas de reconocimiento de la sociedad civil la llamo *subciudadanía societal*. A la ciudadanía reconocida por una comunidad de pares o por actores de la sociedad civil pero con déficits de reconocimiento por parte del Estado la denomino *subciudadanía estatalista*. En ambos casos, la ciudadanía es percibida y sentida por los actores individuales como una desventaja (relativa al ejercicio de otros actores), como discriminación (del Estado o de la sociedad general). Ejemplo de *subciudadanía societal* es el de los jóvenes afrodescendientes de Francia, que en 2015 produjeron un movimiento de quema de coches en rebeldía por la falta de integración social y subjetiva, a pesar de poseer garantías por parte del Estado de un tratamiento jurídico igualitario. Por su parte, un ejemplo de *subciudadanía estatalista* es el de las comunidades mesoamericanas en Guatemala o en México, donde el Estado no efectiviza la igualdad ante la ley de las comunidades, sino que este reconocimiento proviene de las propias comunidades. Esto puede representarse del siguiente modo[1]:

Fig. 1. Tipos de sub ciudadanía

	Sub-ciudadanía societal	Ciudadanías efectivas (con candados)
Integración		
del Estado	No ciudadanía	Sub-ciudadanías estatal
	Integración social	

La subciudadanía encuentra un terreno fértil cuando la nación y la comunidad política no se identifican. La calidad de las relaciones entre ciudadanía y comunidad de pertenencia es crucial para el establecimiento de los derechos. Al mismo tiempo, si hay déficit de funcionamiento en el Estado de derecho o con escasa eficacia o efectividad, entonces esto se traduce en déficits de ciudadanía. La evolución positiva de los derechos ciudadanos está asociada a tres condiciones sociopolíticas:

- Instituciones estatales que garantizan neutralidad en el cumplimiento de la ley y de las garantías ciudadanas;
- Redes sociales de solidaridad y confianza social que se traducen en organizaciones sociales, y políticas promotoras y defensoras de la ampliación de derechos; y
- Sentido subjetivo generalizado de pertenencia a una comunidad nacional.

Cada uno de estos aspectos ha sido tratado por separado abundantemente en la ciencia social (Putnam 1993, Stabili 2016) y constituyen potenciadores fundamentales tanto para una evolución positiva de los derechos ciudadanos, como para analizar las dificultades de su ejercicio y desarrollo. En tal sentido, el desarrollo de los derechos responde a factores anclados tanto en el sistema político como en el sistema social:

[1] Para el desarrollo de esta figura, ver Russo 2017.

- Factores institucionales y específicamente, la existencia de burocracias autónomas en el Poder Judicial.
- Factores socioculturales relacionados con la integración y organización de los grupos sociales.
- Factores psicosociales relativos al sentido de identificación y pertenencia comunitaria, así como el sentido de derecho subjetivo, y de percepciones y sentimientos y evaluaciones, relativos a asegurar y hacer valer derechos propios.

En la literatura sobre ciudadanía ha predominado un enfoque estatalista, que ubica en el centro del discurso, la relación Estado-ciudadanos. Es decir, se ha dado gran importancia a instituciones con capacidades de coerción, extracción de recursos, asignación de derechos y en general, imposición de obligaciones a los ciudadanos. Ciertamente la ciudadanía es una relación normada jurídicamente por el Estado, y privilegiar las funciones y dinámicas del Estado, encuentra una sólida justificación. Sin embargo, una perspectiva que enfatice sólo las relaciones Estado-ciudadanos es *restrictiva*, por cuanto la ciudadanía no es sólo un vínculo objetivo entre personas e instituciones estatales. Es también un *vínculo de carácter simbólico-afectivo* entre individuos, identidades colectivas y nación. Y ello involucra directamente la calidad del orden político que se construye, pues este no sólo es un orden político estatal, sino que su calidad depende también de dimensiones relacionadas con la comunidad política. La construcción de la buena democracia depende, no sólo del Estado de derecho (que es su garante), sino de la *fortaleza de la/s nación/es*, es decir, de la existencia de una/varias comunidad/es, *cuyos miembros se sienten identificados y reconocidos entre sí*. Esta identidad deriva de la experiencia de compartir tradiciones y un pasado, y también obligaciones morales a partir de esa pertenencia originaria (Panebianco 1999).

Las ciudadanías reales resultan así un trípode entre Estado, sociedad y subjetividades, y ello tiene dinámicas propias y contextualizadas[2]. Las

---

[2]   Como he mostrado en Russo 2017, hay al menos dos tipos de factores que contribuyen positivamente a la existencia de ciudadanías efectivas: a. *Los candados socio-estatales, es decir los compromisos entre sociedad y Estado*, y que dan lugar a un *Estado garante* regido por dos propiedades fundamentales: a. *neutralidad*, que supone ejercer la autoridad por igual para el conjunto de los ciudadanos, y se pone a prueba cuando se propone el *cumplimiento de los deberes* de los actores con mayor poder económico, político y social, y también el *aseguramiento de los derechos* para quienes poseen menor poder en la sociedad civil; *efectividad*, que permite que se supere la

diferencias de dinámicas entre ese trípode en Europa con América Latina, ha conducido no pocas veces a ver de modo erróneo el desarrollo de la ciudadanía en la región. Así, la construcción del Estado en Europa se desarrolla entre los siglos XIII y XIV (Della Porta 2010) y se caracteriza por una progresiva centralización del poder que implica: a.*Territorialidad del dominio*, con la sumisión de los señores feudales al Estado, la pérdida del poder temporal de la Iglesia, el surgimiento del poder del soberano, el nacimiento de los confines políticos, y la revolución como mayor centralización del dominio; b. reconocimiento del Estado como *monopolio de la fuerza legítima*, única entidad para usar la fuerza y mantener el orden interno, pues se reconoce la legitimidad del mando, no tanto por el miedo al castigo sino porque la legitimación del soberano se deriva de la existencia de leyes que regulan el uso de la fuerza; y c. *impersonalidad del poder*, con el desarrollo de una burocracia pública, que el Estado ha podido remunerar con la introducción de las tasas consentidas por el desarrollo de la economía monetaria. Si ahora vemos el caso de México, el desarrollo del Estado ocurre en el siglo XIX, con limitantes estructurales para lograr la integración cultural, y donde las prácticas patrimonialistas han sido abundantes. Como en gran parte de América Latina, el poder ha sido personalizado y el Estado de derecho ha estado prácticamente ausente. El impacto de este tipo de Estado sobre los derechos ciudadanos ha sido negativo para segmentos de la sociedad.

Esquemáticamente la relación entre tipos de Estado y distribución de derechos en México ha seguido la siguiente ruta:
- Estado colonial, pocos derechos de la Corona a comunidades originarias y a comunidades de criollos;

---

retórica del marco puramente legal, y consiste en el cumplimiento de un conjunto de decisiones imperativas sobre la comunidad política; y b.*los candados individual-comunitarios, definidos por los compromisos entre actor y comunidad*; es decir, c. *un sistema de expectativas,* donde cada actor prevé por parte de la sociedad el reconocimiento de los derechos de los otros. Cada actor *sabe* que los demás son ciudadanos protegidos por derechos, y al mismo tiempo que sus obligaciones son inalterables por posiciones o recursos que pueda ocasionalmente poseer. Ello incluye tanto a actores horizontales (individuos o actores colectivos de la sociedad civil) como a actores verticales (individuos o estructuras del Estado), es decir ubicados en posiciones de jerarquía. Por último, una relación de integración del actor en la comunidad, es decir d. *un sistema de pertenencia*, cada ciudadano se siente sujeto de derechos y miembro de una comunidad nacional; es decir, se percibe como un miembro igualitario.

- Estado oligárquico post independencia, con ciudadanía de los criollos y subciudadanías estatales de las comunidades originarias;
- Estado de Industrialización por sustitución de importaciones (ISI)- régimen político populista, régimen económico desarrollista y subciudadanías por negación de comunidades originarias;
- Estado post ISI, régimen neoliberal, y subciudadanías por negación de comunidades originarias.

Los procesos de construcción de la ciudadanía en América Latina son muy diferentes a aquellos ocurridos en Europa debido por una parte al proceso de construcción del Estado y por otra, a los procesos de industrialización vividos en cada contexto. Construcción del estado y proceso de industrialización se realimentaron produciendo actores y procesos políticos específicos, que dieron como resultado el populismo en Argentina, Brasil y México, y que implicó procesos de: a. estatalismo, b. escasa autonomía de la sociedad civil y c. manipulación política de las élites sobre las instituciones. Las subciudadanías han sido así la realidad dominante en los sistemas políticos latinoamericanos, y en cada país han estado vinculadas con circunstancias específicas.

A la luz de lo anterior, me interesa analizar una fuente relevante de subciudadanía en México: la convivencia de democracia política con un orden de discriminación racista. El racismo ha sido estudiado en México como objeto antropológico, en distintas manifestaciones y períodos (Bonfil Batalla 1994, Castellano Guerrero 2000) y con designaciones diferentes. Por otra parte hay muy buenos trabajos sobre democracia, pero interesa aquí poner en relación ambos términos; más precisamente me interesa analizar el modo en que conviven un orden político democrático como productor de derechos ciudadanos con un orden com discriminación informal racista, que produce subciudadanía. Cuando hablo de democracia racista, me refiero a un orden político democrático con *racismo sistémico*, es decir, racismo institucionalizado; un orden político estable y aceptado (tácita o explícitamente) por el conjunto de la sociedad y reforzado por las prácticas estatales. Por lo tanto, la idea de democracia racista supone la conjunción de dos aspectos: por una parte la existencia de democracia política, con elecciones correctas, universales y periódicas; libertad de expresión y competencia partidista, por otra; una situación institucionalizada de discriminación basada en el fenotipo y su cultura.

Las democracias racistas pueden serlo de modo explícito, con normas jurídicas que regulan la segregación (el orden sudafricano de Apartheid) o por el contrario, de modo tácito y tratarse de un orden político en el que la discriminación racial es negada (el caso mexicano). Hablaré de democracia racista como un tipo de democracia con segmentación cultural en el que los segmentos con menor poder son marginados o establecidos como estratos inferiores que, si es reconocida, posee un orden jurídico que reglamenta la segregación; o que, si no es reconocida, se establece de facto como un orden dual con supra-ciudadanos, que están "más allá de los deberes del Estado" y un segundo orden con subciudadanos, con derechos efectivos por debajo de los establecidos por la ley. En el primer caso (explícito) hay racismo por segregación, en el segundo (tácito) hay racismo por asimilación. Segregación y asimilación pueden ser así dos caras de la misma moneda, dos mecanismos sociopolíticos que contribuyen a la producción y mantenimiento del racismo sistémico. Un claro indicador de esto es cuando un conjunto de variables socioeconómicas y culturales actúan a manera de racimo, a favor de ciertos actores y en contra de otros. Es decir, el ingreso, la educación, la ocupación (por mencionar sólo tres variables clásicas de la estratificación) actúan en conjunto. Se ha mencionado (Stanley, J. y Stein, B. 1971) que ello constituye una situación de "casta" y hunde sus raíces en el proceso de colonización. Así

> (...) la herencia social colonial de América Latina no fue simplemente una rígida estructura de una aristocracia de riqueza, ingresos y poder en el ápice de una amplia pirámide y, en su base, una masa de gente empobrecida, marginal, impotente y subordinada.....la tragedia de la herencia colonial fue una estructura social estratificada además por color y fisonomía, por lo que los antropólogos denominan fenotipo: una masa de élite de blancos o casi blancos y una masa de gente de color... (Stanley, J. y Stein, B. 1971, p. 57).

También en la distribución territorial de la renta se advierte la discriminación sistémica. Si se parte del coeficiente de Gini nacional para la determinación de la concentración del ingreso, se advierte que en los extremos de esa media se encuentran Estados con predominio racial diverso (comunidades mesoamericanas vs sociedades mestizas y de criollos). Como se ha señalado:

En el año 2000, México contaba con un coeficiente de Gini del ingreso corriente monetario de 0.5938; sin embargo, las disparidades entre las entidades federativas del país muestran rangos mayores de desigualdad. De esta manera, Chiapas es la entidad federativa con la mayor concentración de la renta (… es decir) un índice de Gini de 0.7011, por lo que no es nada raro ubicar a esta entidad encabezando la lista de los indicadores de marginación del país. En el otro extremo, Aguascalientes era el Estado con la mejor distribución con un Gini de 0.4909. Para poder comprender la magnitud de la inequidad en Chiapas, basta mencionar que cerca de dos terceras partes del ingreso monetario de este estado (..recaen en el..) 10% de los hogares más ricos, mientras que 30% de los hogares más pobres apenas rebasa el 1% del ingreso. En cambio, 10% de los hogares más ricos de Aguascalientes sólo concentra un poco más de una tercera parte de la riqueza del Estado (Tuirán Gutiérrez 2013, p. 7).

Si nos concentramos en las zonas llamadas *indígenas,* la discriminación sistémica queda al desnudo:

> (...) los 803 municipios indígenas tienen un Gini de 0.6762, y sólo el estado de Chiapas tiene una desigualdad más alta. Además, si se compara el ingreso de 50% de los hogares en zonas indígenas más pobres y el 10% de los hogares en regiones indígenas con mayores ingresos, la diferencia era de más de ocho veces. Por otro lado, los hogares indígenas del decil X concentraban casi 60% de los ingresos monetarios, en cambio, los deciles I y II no llegaban a 1%, teniendo una brecha que era de 231 veces más (cuadro 4). (Ibidem, p. 8)

Esta desigualdad ha sido también interpretada por algunos prestigiosos estudiosos mexicanos como una situación de *colonialismo interno*[3] (González Casanova 1963; Stavenhagen 1963):

> Estos fenómenos, el marginalismo o la no participación en el crecimiento del país, la sociedad dual o plural, la heterogeneidad cultural, económica y política que divide al país en dos o más mundos con características distintas, se encuentran esencialmente ligados entre sí y ligados a su vez con un fenómeno mucho más profundo que es el colonialismo interno, o el dominio y explotación de unos grupos culturales por otros." (González Casanova 1965, p. 89).

[3] Término acuñado por C. Wright Mills 1963.

En verdad, la tesis del colonialismo interno en México no contradice la tesis del México racista. Aunque González Casanova atribuya más al clasismo y a "problemas culturales" y no al racismo, la discriminación hacia las comunidades originarias, en verdad el racismo está omnipresente, y en este caso es nuevamente omitido. Además el racismo no se manifiesta sólo respecto de las comunidades reconocidas como "indígenas", sino en particular en la amplia gama de mestizos, en donde se ponen práctica los imperativos racistas que forman parte de "las ideologías de la superioridad", las "actitudes raciales" sustentadas por mestizos, así como la "aceptación de la inferioridad asignada", el "ocultamiento del origen" y la "ladinización" asumidos por los indígenas en las regiones étnicas del sudeste (De la Fuente 1965; Aguirre Beltrán 1973, y Villa Rojas 1990)…" (Castellanos 1994, p.105) La asimilación racista va más allá de una situación de colonialismo interno, y "los mecanismos legales para propiciar la integración del indio en la nación son también una forma de inferiorizar y cuestionar la diferencia". (ibídem, p.105) El indígena se oculta para perderse y fundirse en el Otro civilizado. La negación del lugar de origen es una estrategia o una voluntad de dejar de ser miembro del grupo minoritario privado de su identidad. (Ibidem, p. 117).

Además de las prácticas sociales

> (…) el racismo en nuestra sociedad se encuentra incrustado en las leyes, en las estructuras institucionales, y en las formas en que operan las instituciones. El racismo se encuentra en el corazón de las decisiones de política que afectan a las minorías, y entre ellas a los indígenas. El racismo se deriva de la imposibilidad subjetiva de separar pobreza económica de pobreza cultural. El racismo naturalizado no acepta que pueda haber personas o grupos económicamente pobres y culturalmente ricos. Convencidos como están los racistas, de la superioridad de su cultura, consideran que pertenecer a una cultura marginal constituye un impedimento a la participación en la sociedad y en los beneficios de su desarrollo. En un país como México, donde la ideología del mestizaje ha conducido a que no pueda diferenciarse a un indígena de un mestizo por características fenotípicas como el color de la piel; los mestizos esperan que los indígenas decidan hacerse mestizos. Ser mestizo es una característica cultural, no física (Schmelkes, 2009).

El racismo es sistémico, es decir "no es una mera aparición marginal o un accidente en la historia de México, sino todo lo contrario, se trata de un fenómeno omnipresente, constante e inevitable, que marca una continuidad entre los modos racistas de percibir a las "razas indias", propias de las élites porfirianas y de las naciones/revolucionarias. Ello se manifiesta a través de una política de exterminio o asimilación (etnocidio) de la diferencia, propone proyectos para colonizar el país con europeos, y estigmatiza a los considerados anormales, quienes por serlo debían sufrir la expulsión de la sociedad, o la asimilación en el molde de la cultura nacional "mestiza" (Gómez Izquierdo 2005, p. 121).

¿De qué modo esta situación de racismo sistémico afecta la democracia? ¿Cuánto afecta la idea misma de democracia? Si pensamos en democracia política, es claro que México cumple con los requerimientos de un orden donde existe el pluralismo de opciones, un nivel razonable de competitividad, elecciones relativamente limpias, regulares y universales, y un clima de tolerancia del gobierno a la oposición y respeto del veredicto electoral. En tal sentido, hay una democracia política procedimental. Cuando avanzamos en la evaluación de la democracia mexicana, entonces el problema del racismo sistémico y sus consecuencias socioculturales y políticas cobran sentido. En primer lugar, hay en el México contemporáneo una situación y comportamiento sociológico del tipo Casta. El problema de las castas cobra relevancia cuando se habla de ciudadanía y de la calidad de la democracia. Así, a la hora de considerar aspectos incluidos en los estudios sobre calidad democrática procedimentales como *imperio de la Ley* (Maravall 1996), *rendición de cuentas* (Schedler 1999, Maravall 2001, O'Donnell 1998, Bobbio 1986, 1988, 1990 1996), *responsividad*, y *participación* política (Pizzorno 1966, Russo 2010), o aspectos sustantivos como igualdad de género (Lijphart 2000), democracia y la ciudadanía implican un ingrediente clave que es la participación política.

La participación sólo puede tener lugar cuando hay una disociación entre la posición social de un actor y el logro que ese actor obtiene. Como ha señalado Alessandro Pizzorno (1966), la participación política tuvo lugar a partir del cese de asociación automática entre posición social y económica y posiciones políticas, es decir dejó de existir la posición política como reflejo de la posición social. Al mismo tiempo la posición política comenzó a ser resultado de estrategias y recursos colectivos (no sólo económicos) sino organizativos y por lo tanto la acción participativa comenzó a tener sentido. En una democracia racista, por el contrario, las castas son enclaves *congelados (o rígidos)* de un conjunto de características étnicas, sociales, económicas, y políticas. El *factor casta* en casos como los Estados del sur de México, se muestra de modo muy desnudo, fundamentalmente por la fuerte correspondencia entre la dimensión étnica y la dimensión socioeconómica. Por ello es legítimo cuestionarse acerca de si la tolerancia de las élites con la pobreza que existe en México (60%), implica un proyecto de dualidad ciudadana: la supraciudadanía y la subciudadanía.

La democracia racista por asimilación, con subciudadanías como actores de masa, implica además de déficits de participación, también costos en términos de legitimidad de la democracia, déficits de aplicación de la ley, y por lo tanto del Estado de derecho. Pero sustancialmente este conjunto de elementos refleja una base deficitaria en términos de constitución de la nación. Si la nación es una comunidad de iguales y de reconocimiento de esa igualdad básica por parte de todos los nacidos y pertenecientes a la comunidad, entonces en México el reconocimiento de esa igualdad es un problema de larga data. La falta de reconocimiento deriva por una parte, en un discurso oficial que afirma que se debe tender a la homogeneidad, que se debe tender a hacer un México cada vez más homogéneo; un proyecto que está en la cabeza de las élites, un proyecto que no existía en la época colonial, sino después de la independencia (Bonfill Batalla 1994). Un proyecto de élite que resulta en proponerse el orden y la sumisión de una parte vasta de la población. El México que tiende a la homogeneidad y por lo tanto a la negación (y sanción) de las diferencias. Por otra parte en la sociedad lo que se refleja es el auto desprecio, en particular en aquellos actores que proponen incorporarse al "país mestizo". El mestizaje supone dejar de hablar de los orígenes (en México no se habla de los orígenes).

Un aspecto que requiere atención, por cuanto refuerza la existencia de la subciudadanía, es la impunidad de acciones ilegales. Los delitos de discriminación no se castigan, e incluso hay escasos registros. La población sabe que no funcionan y por lo tanto las denuncias no se realizan, por lo que la impunidad y el círculo de arbitrariedad en las decisiones de quienes detentan cargos, o tienen poder, crece y se refuerza. Así, los índices de discriminación en términos de cifras negras es muy alta (72% de la población no denuncia delitos) y la cantidad de denuncias que se realizan en la justicia es muy pequeña. En los registros quienes denuncian discriminación no son mesoamericanos, sino pertenecientes a grupos afrodescendientes, y a otros grupos que son calificados como "no determinados".

¿Qué hacer frente a la democracia racista por asimilación en México? Los politólogos generalmente no decimos qué hacer, por el contrario, nuestra labor consiste en analizar, clasificar, distinguir y designar hechos del mundo con categorías que a nuestro criterio, reflejan fielmente el mundo de la política. No obstante ello, me permitiré hacer algunas aseveraciones que tienen un sentido general pero al mismo tiempo práctico. El problema de la democracia racista de México requiere de arreglos que afectan a la propia estructura y funcionamiento del Estado. Y ello porque el régimen político está fuertemente asociado con el Estado, con la constitución del Estado y con la necesaria incorporación de los grupos excluidos en el reconocimiento del Estado. Una solución que debe explorarse es el diseño que Arend Lijphart (1969) ha llamado *democracia consociativa*. Existen países que cuentan con estos arreglos institucionales que permiten la incorporación protagónica de élites y comunidades con diferencias étnicas, lingüísticas y religiosas. ¿Cuánto el pluralismo cultural incide sobre los rezagos de la democracia? ¿Cuánto incide sobre la calidad de la democracia? La primera cuestión planteada es políticamente elemental: cómo constituir un orden político común. La segunda cuestión es cómo constituir un orden democrático. La tercera es cómo constituir un orden político de buena democracia. Son tres cuestiones relacionadas. La existencia de diversas comunidades en un mismo Estado puede ser relativamente compensada en los recursos de las distintas comunidades, o por el contrario, las comunidades pueden tener relaciones descompensadas, con recursos políticos culturales muy dispares. En el primer caso, las comunidades tienen capacidad de presión y de extorsión sobre los gobiernos, impulsándolos a un reconocimiento pleno de derechos. El resultado puede ser exitoso e implica la construcción efectiva de las *democracias consociativas*, que tienen como ejemplos paradigmáticos los casos de Holanda y Bélgica. Dos condiciones pueden resumir esta especie democrática: la primera es la existencia de liderazgos dispuesta al consenso, la segunda es el acatamiento por parte de la población de los acuerdos alcanzados por los líderes. Si alguna de estas condiciones no se cumple entonces la interculturalidad deviene conflictiva y muy costosa para el conjunto. El caso de la ex Yugoslavia constituye uno de los fracasos más rotundos en donde la interculturalidad sirvió de base a conflictos sanguinarios. Tanto la escasa disposición de los líderes a acordar, como el no acatamiento de grupos de la población que se establecían en francotiradores, cada vez que había acercamiento entre las elites, hicieron de ese país un orden político imposible.

Más allá de cual sea la resolución específica en términos del modelo institucional es claro que en México los problemas de la ciudadanía (y la existencia de subciudadanías) requieren no sólo de estrategias para mejorar la democracia política, sino que se requiere de un giro en la perspectiva del Estado, que permita la incorporación efectiva de todos los ciudadanos, esto es; que garantice el reconocimiento y la incorporación de diversas comunidades culturales. Pues la democracia es racista porque hay un Estado que funciona como Estado racista. Democracia racista porque se excluye de la agenda los problemas de igualdad étnica, y porque la selección de la clase dirigente (social, económica y política) está étnicamente diferenciada. Estado racista porque las medidas coercitivassobre cuestiones étnicas están orientadas a imponer la homogeneidad. Hay desautorización y punición sobre formas autóctonas de organización.

Un problema práctico que emerge para la constitución de una democracia plural es la gran variedad de grupos étnicos en México. Ello puede requerir una democracia consociativa en distintos niveles: municipal, estatal y federal Es el modo de evitar la paradoja de reforzar la existencia de un problema, negándolo. Cuando se afirma que estamos ante un México mestizo, en realidad se está negando la segmentación que existe en el interior del país. Por el contrario, hay que explicitar la diferenciación basada fundamentalmente en elementos étnicos. Hay que revisar la democracia racista en México, y esto supone ir más allá del reconocimiento que se hizo en la Constitución Federal, de un México pluricultural, para apostar por instituciones que garanticen el reconocimiento de las diversas comunidades y naciones. En términos políticos se puede pensar en instituciones que otorguen una discriminación positiva, como ocurre con otros colectivos en la sociedad (mujeres) y que coadyuven al equilibrio de los diferentes grupos étnicos en México. Por supuesto, esto implicará avanzar hacia una democracia de mayor calidad, y significa pasar de una democracia racista a una democracia plural. Sin esta preocupación y objetivo, la democracia mexicana seguirá siendo una democracia segmentada, con subciudadanías y una población negada por sus élites políticas, económicas y sociales.

Bibliografía

Bonfil Batalla, G. (1987). *México profundo una civilización negada*, México, Grijalbo

Bobbio, N. (1988). "Dalla priorità dei doveri alla priorità dei diritti", *Mondoperaio*, 41, 3, Roma, pp. 57-60.

Bobbio, N. (1986) "Democrazia e conoscenza" en Norberto Bobbio, *Teoría Generale della política,* Turin, Einaudi, pp. 339-352.

Bobbio, N. (1986). "Democrazia e segreto" en Norberto Bobbio, *Teoría Generale della política* Turin, Einaudi, pp. 352-369.

Bobbio, N. (1996). *El futuro de la democracia*, México, Fondo de Cultura Económica.

Castellanos, A. (1994). "Asimilación y diferenciación en México", *Estudios sociológicos* XII: 34.

Castellanos Guerrero, A. (2000). Antropología y racismo en México. *Desacatos*, (4), 53-79.

Gómez Izquierdo, J. J. (2005), "Racismo y nacionalismo en el discurso de las élites mexicanas", en Juan José Gómez Izquierdo (comp) *Los caminos del racismo en México*, México, Plaza y Valdés.

González Casanova, P. (1965). *La democracia en México*, México, Editorial Era.

González Casanova, P. (1963). "Sociedad plural, colonialismo interno y desarrollo en América Latina". *Revista del Centro Latinoamericano de Ciencias Sociales*, México, Año VI, N° 3, julio-septiembre, pp. 15-32.

Lijphart, A. (1969) "Consociational democracy". *World politics*, 21(02), pp. 207-225.

Lijphart, A. (2000), *Modelos de democracia*, Ariel, Barcelona.

Maravall, J. M. (1996). *Accountability and Manipulation*, Estudio/Working Paper 1996/92.

Maravall, J. M. (2001). *The Rule of Law as a Political Weapon*, Estudio/Working Paper 2001/160.

Morlino, L. (2003), *Democrazie e democratizzazioni*, Bologna, Il Mulino.

O'Donnell G. (1998), "Accountability Horizontal", Buenos Aires, *Agora* 8, pp.5-34.

Pizzorno, A. (1966). "Introduzione allo studio della partecipazione política" *Quaderni di sociologia*, 15(3-4), pp.235-287.

Russo, J. (Coord.) (2010). *Calidad democrática, formación ciudadana y participación electoral*, IFE-CONACYT, México.

Russo, J. (2017), Ciudadanía y subciudadanías, la teoría de los candados, Rivista Societá, mutamento e política, vol. 8, n. 15, pp. 407-422.

Schedler, A. (1999). "Conceptualizing Accountability", en *The Self-Restraining State: Power and Accountability in New Democracies*, eds. Andreas Schedler, Larry Diamond y Marc F. Plattner (Boulder y Londres: Lynne Rienner Publishers), pp. 13-28.

Schmelkes del Valle, S. (2009). "Interculturalidad, democracia y formación valorial en México", *Revista electrónica de investigación educativa versión Online* ISSN 1607-4041 REDIE vol.11 no.2 Ensenada nov. 2009.

Stein, S.y Stein, B. (1971). *La herencia colonial de América Latina*, México, Siglo XXI.

Stavenhagen, R. (1963). "Clases, colonialismo y aculturación. Ensayo sobre un sistema de relaciones interétnicas en Mesoamérica", en América Latina, Revista del Centro Latinoamericano de Investigaciones en Ciencias Sociales, año VI, núm. 4, octubre- diciembre, 1963, Brasil, pp. 63-104.

Tuirán Gutiérrez, Rodolfo (1963). *La distribución del ingreso monetario en México* http://archivo.estepais.com/inicio/historicos/142/2_Economia_Ladistribucion_Tuirán, 2013.

Wright Mills, Charles, "The Problem of Industrial Development" en Irving L. Horowitz. (Editor) *Power, Politics and People*, New York, Oxford, pp.154-163.

Capítulo 4

La ciudadanía de los afrodescendientes ante el racismo institucional

Eduardo Luis Espinosa

Introducción

En este ensayo indagamos en la problemática del racismo institucional, un racismo silencioso y sin actores aparentes, que ha lesionado los
derechos de la ciudadanía de los afrodescendientes en América Latina.
Exploramos la manera en que ese tipo de racismo mantiene mecanismos
simbólicos, y construcciones sociales y culturales en las que quedan
atrapados los movimientos nacionalistas y de cultura popular que tanto
empuje han dado al crecimiento de la actividad ciudadana de nuestros
países. En el ambiente creado por esos movimientos, el Estado busca la
unidad de la ciudadanía con diferentes recursos simbólicos, uno de ellos
la ideología del mestizaje[1], que, de un modo u otro, introduce al racismo
a zonas de silencio y hasta llega a hacer invisibles a los afrodescendientes.
Como otra alternativa, esa ideología coloca a los afrodescendientes ante
la única posibilidad de una mitigada ciudadanía cultural, con el conco-

[1] Con este término tomado de Bonfil (2000), nosotros distinguimos la ideología del
mestizaje, del fenómeno propiamente dicho del mestizaje como cruzamiento biológico
y cultural de personas de dispares procedencias ancestrales. Téngase en cuenta a los
ancestros biogeográficos como un marcador de raza que nosotros jerarquizamos con
respecto a otros (fenotipo, apariencia física, cultura, región y nación) que de igual
modo usa la gente para hacer circular el clasificatorio concepto de raza (Al respecto,
en alguna medida partimos de Wade et al, 2014).

mitante escamoteo de derechos políticos y sociales, con la postergación de antiguas necesidades de derechos civiles.[2]

El colmo del trabajo disruptivo del racismo institucional está en que hace desaparecer esa doble conciencia del afrodescendiente[3] de ser a la vez el ciudadano y el actor negro; el poblador natural de la nación y el descendiente del traslado de africanos a América; el súbdito libre, y el sucesor de esclavos y sirvientes; el nativo del país y el hombre de la diáspora africana. Por encima de las declaraciones oficiales, los vívidos mecanismos negadores del tipo de racismo al que nos referimos, tienen una lógica de las prácticas que obvia (omite) en las conductas el hecho de que el ciudadano negro no proviene de las poblaciones que entraron por su voluntad a la historia de nuestras sociedades nacionales, ni a ellas ingresó por las cúspides donde se podía perfilar alguna ciudadanía.

Hablamos de un racismo que a la ciudadanía del afrodescendiente la disuelve en la insignificancia. La sustrae de agencia propia y de problemas específicos. Llega a negar que el negro exista, que la discriminación sea un problema complejo. Acota la difusión de esa circunstancia de desigualdad. Siempre cree que ya se ha superado todo el silencio en torno a la desventaja, a la falta de derechos en que ha quedado colocado aquel que proviene de africanos, aquel cuyos antepasados empezaron a hacer sociedad sin derechos civiles para ellos mismos, sin saber acaso qué eran los derechos civiles, entre la ignominia de la vida del esclavo y la degradación de la condición de casta de los libertos.

Hay un efluvio del sentido entre los ciudadanos que deja un mensaje tranquilizante sobre el racismo. Tanto un logos entretejido por la *red extensa* que nos informa como las declaraciones de las políticas culturales oficiales, difunden el mensaje del fin de los llamados problemas de los negros. Se trata de la resonancia del fin del racismo, del fin de la invisibilidad de los afrodescendientes, o del fin de la orientación prejuiciada de las conductas. Se declara ese fin, porque se propaga que las instituciones oficiales: el Estado, la ley, los activistas reconocidos, los políticos, los académicos, los especialistas culturales, tienen el asunto bajo un control completo. Como si todos ellos en unos pocos años hubiesen acabado con fenómenos que tienen más de quinientos años de colonialismo. Como

---

[2] Hablamos de estos derechos en el mismo sentido que Marshall y Bottomore (1998).
[3] La idea de doble conciencia que procede de Du Bois (1989).

si la eliminación de la discriminación fuese asunto de unos cuantos por encima de la sociedad.

El racismo institucional o racismo sin actores nos indica un tipo de rechazo que no se da de una persona a otra. No parece tener un objetivo. Mucho menos se le puede reconocer como algo deliberado, y quizá no se le asocie con una falta hacia la diferencia. Esa tendencia de discriminación racial no se verifica de forma abierta, pero sí se hace evidente que hay un imperativo de la sociedad que coloca en una posición de desigualdad al racializado, sujeto a quien en los hechos podríamos identificar aunque no haya explícita enunciación al respecto, y una amplia masa de personas no alcance a interpretar un por qué de lo inequitativo de la situación. Se reproduce como una especie de cultura del sentido común, de una desigualdad que se ha vuelto natural, que indica al discriminado cuál es su lugar y quizá su desventaja insuperable; que los coloca ante la realidad donde aparecen perpetradores de discretas acciones de rechazo a las que nadie les da mucha importancia y que transcurren en la completa informalidad. Mientras un gran coro social, donde se incluye al racializado, niega que exista el racismo.[4]

El concepto de racismo institucional fue planteado por Stokely Carmichel y Charles Hamilton (1967) en medio de la efervescencia de la lucha por los derechos civiles de los afronorteamericanos. Muchos años después, ese concepto fue muy bien esbozado por Michel Wieviorka (1992, 2009); pero de un modo u otro, conectado o no con su formulación original, ha sido empleado por una variedad de autores.

> El problema radica en el funcionamiento mismo de la sociedad, de la cual el racismo constituye una propiedad estructural, inscrita en los mecanismos rutinarios que aseguran la dominación y minimización de los negros, sin que nadie necesite teorizarlos o trate de justificarlos mediante la ciencia. El racismo se presenta, por tanto, como un sistema generalizado de discriminaciones que se alimentan o se informa una a otras: existe un círculo vicioso (…) que asegura la reproducción casi automática de la discriminación de los negros en la vivienda, en la escuela o en el mercado de trabajo (Wieviorka, 2009: 37).

El concepto de racismo institucional nos parece fecundo para la indagación académica, por las dudas que suscita; por las incertidumbres

---

[4] Un cuadro tal como el que nos sintetiza Telles (2006: 150-152), cuando nos explica cómo funciona el racismo en Brasil.

en que nos coloca. Por lo que su formulación primaria nos motiva a conocer. Por su posible desarrollo teórico desde la síntesis de investigaciones anteriores. Es un concepto que hay que forjarlo y darle limpidez exploratoria a partir de las interrogantes que nos causa, no de las certezas o aplicaciones explicativas que nos podría facilitar. Más bien porque requiere que, desde experiencias diversas de investigación, se le lancen preguntas motivantes para pasar a nuevos conocimientos sobre el prejuicio y la discriminación –en tanto dos formas elementales del racismo[5]– que pueden quedar soterradas en el resultado de acciones que parecen no responder a ninguna intención, a ninguna voluntad. Así, tan ninguno es el racismo institucional como el letrado de derechos humanos o el directivo institucional que ningunean una queja de racismo o una observación especializada al respecto.

A- Pregunta al racismo institucional

Nos planteamos un cuestionamiento de los tantos que se le pueden hacer a la teoría del racismo sin actores: ¿Será posible demarcar un estado de cosas en la sociedad que propicie la dispersión discriminatoria por el hacer cotidiano de los sujetos y la institucionalidad?

Al responder a nuestro interrogante, nos limitamos a esclarecer zonas desatendidas por la ciudadanía en los debates sociales o en materia de derechos, en especial de aquellos derechos que implican a la prevención y erradicación de la discriminación. Creemos que la academia puede contribuir a iluminar zonas que son problemáticas para diversos sectores ciudadanos o que no han sido asumidas en la complejidad que ellas tienen. Una de las fundamentales asertividades de este trabajo se ubica en la indicación del desarrollo del conocimiento de la ciudadanía afrodescendiente por parte de la academia, para beneficiar a otros sectores de la ciudadanía, en su fluir de actividades por la sociedad civil y en sus interacciones con los poderes del Estado.

Tomamos como marco de referencia a tres países con población afrodescendiente: Colombia, Cuba, México. Son países que están siendo

---

[5] Las formas elementales del racismo son el prejuicio, la discriminación, la segregación y la violencia racial (Wieviorka, 1992: 98). Es necesario contemplar las diferencias que hay entre esas formas. A nuestros países latinoamericanos en la actualidad los caracteriza la discriminación y su base ineludible, el prejuicio. Con los cambios democráticos y los reconocimientos constitucionales de los grupos étnicos, la segregación y la violencia han llegado a un punto tendiente a la erradicación.

activamente investigados en lo que toca a su población negra, con largas tradiciones de reflexión en el asunto. En esas naciones se ha dado cuenta de la evolución de los derechos civiles, políticos, sociales y culturales de la referida población. En cada uno de esos contextos nacionales actualmente se debaten las fuerzas del racismo institucional y las tendencias a revelar los mecanismos sociales que sostienen el prejuicio racial y la desigualdad de los afrodescendientes.

A nuestra pregunta nosotros respondemos que en efecto hay un orden de cosas que propicia la extensión del racismo hacia los afrodescendientes, un orden de cosas con el que está construida la realidad social, y que distintos ciudadanos lo tienen incorporado a su modo de vida, sus tendencias y dinámicas. Es un orden inscrito en las instituciones, y que suponemos que causa –para decirlo con palabras de Banton (1983)- desventajas en la competencia interracial a los afrodescendientes. Suponemos que ese orden corresponde:

> 1ro. A un ocultamiento o negación del racismo que llega a implicar, incluso, a la simbolización de la propia ley contra la discriminación.
>
> 2do. Al desentendimiento de la problemática de los afrodescendientes a partir de los propios movimientos nacionalistas y de cultura popular,[6] donde quedan insertos sectores determinantes de la ciudadanía, donde se modela la reconfiguración de los poderes del Estado y la relación de éste con la ciudadanía.
>
> 3ro. A la conversión en evidencias, en un racismo naturalizado o desracialización (Moreno Figueroa, 2012: 17), imperceptible, de la información existente acerca de la discriminación del afrodescendiente.
>
> 4to. A limitaciones de la expansión de la ciudadanía del afrodescendiente, empezando por su reconocimiento.

Aquí la metodología empleada se basa en la síntesis del discurso histórico y antropológico sobre el asunto. De ese discurso desnudo del relato y de la exégesis, surgió nuestro cuestionamiento. Lo formulamos

---

[6] Abandonamos la prenoción del carácter totalmente progresivo de esos movimientos. Ese instinto de deslinde crítico nos viene de esos estudios del racismo, que señalan dentro de la construcción de la nación, los rejuegos de los prejuicios y las exclusiones de que han sido objeto los afrodescendientes. Pero a la vez, retomamos esos movimientos en tanto pasos históricos desde la libertad del negro hasta la ciudadanía nacional, y de ahí a la ciudadanía con sus propias problemáticas y su perfil en una ciudadanía transcultural, una ciudadanía de la diáspora africana –algo similar al planteo de Gilroy (1999).

sobre la base de la experiencia de investigación del racismo en poblaciones afrolatinoamericanas –un término tomado de Andrews (2007)- en específico en Cuba, México y Colombia, experiencia desarrollada en la literatura académica, incluidos dentro de ésta los relatos de pasajes testimoniales como los que nos ofrecen Duharte y Santos (1997). En nuestra indagación, tratamos de catalizar la información que nos ofrece la investigación histórica y el examen cultural en torno a las poblaciones de origen africano, sin hacer del ensayo un repaso de etapas y particularidades históricas comparadas entre países.

Para nuestra reflexión, partimos de la diferenciación entre ciudadanía formal y ciudadanía sustantiva. Consideramos la ciudadanía en cuanto una membrecía que en su participación en la sociedad está regulada por derechos y obligaciones, conferidos por la ley. Pero también en tanto una pertenencia y participación del sujeto por condiciones de igualdad de derechos y obligaciones en una comunidad en la que hay una distribución diferencial del poder, de los recursos, y la evidencia de una heterogeneidad cultural.

Al sintetizar la experiencia de los movimientos de la ciudadanía afrodescendiente, de eso que aquí hemos llamado la negritud, hemos contemplado etapas de esos movimientos. Ellas en su conjunto son procesos que han transcurrido con las miras de sus actores puestas en determinados derechos en cada época histórica. Nosotros aunque recogemos la experiencia general, nos referimos en lo fundamental a una etapa que en los países que tomamos por referencia cubre de los últimos 30 años para acá. Una etapa de una América Latina más de cara a los derechos humanos, con trayectorias en el conocimiento y reconocimiento de las poblaciones afro, y con articulaciones con un movimiento de la diáspora africana a escala transnacional. Es así como llegamos a hablar de una ciudadanía negra transnacional, una ciudadanía de la diáspora africana.

En esta última época, en las Américas negras, se han activado las demandas por derechos culturales de los afrodescendientes, aunque estos se han entendido de una manera mitigada. En este ensayo presentamos esa tendencia a la reivindicación suavizada, a una temperancia consustancial al racismo institucional. Porque el centro de esa temperancia es el ocultamiento del prejuicio y la discriminación, del cual dimana el desentendimiento de lo incompleto que están los derechos civiles, políticos y sociales de los afrodescendientes, y de su relativa independencia con respecto a las reivindicaciones obtenidas como resultado de los movimientos nacionalistas y de cultura popular. En estos ha jugado un papel activo la negritud; sin que por ello se haya concebido la situación específica del negro y la necesidad de que la sociedad le atribuya a él una agencia propia. Es un desentendimiento grabado en la memoria y la conducta de muchos, que cuanta reivindicación se trate del negro le parece ya cumplida o ya bastante.

B- La hipóstasis de la ley, la negación del racismo y la utopía antirracista

La existencia de la normatividad para eliminar el racismo se representa por la conciencia interpretativa como la no existencia del fenómeno discriminatorio en ambientes sociales, donde los movimientos nacionalistas y de cultura popular han generado intensos estados de solidaridad entre la ciudadanía. El racismo constituye una transgresión impensable en medio de los fervores emotivos (de *pathos* y *ethos*) que unen a la ciudadanía en una camaradería horizontal,[7] la cual es tomada como paradigma del punto más alto al que puede llegar la ciudadanía formal.[8]

La hipóstasis de la ley antirracista es un estado de conciencia colectivo que exagera (hiperboliza) la ley; pero a la vez, en ese estado de conciencia, la imagen de la existencia de la ley se representa como si fuese la ley misma. Eso es lo que propicia la intensidad de la experimentación de la camaradería horizontal, una intensidad del sentir y del carácter colectivo que se apodera de la gente. En ese brío emotivo al que llega la eficacia simbólica de la comunión entre la gente, la ley (imaginada) es una simple partícula que se añade a la persuasión de la acción reparadora y unificante de la camaradería horizontal. Ésta incorpora y sustituye imágenes como la de la ley, la reemplaza dentro de sí, la hace parte de la metonimia de una comunión que se basta a sí misma. Ella, de por sí, sin que se necesite la ley

---

[7] Los individuos no se conocen entre sí, pero en su mente vive la comunión de pertenecer a la nación, una especie de "comunidad imaginada" (Anderson, 1991: 6-7). En esa experiencia, la nación "limitada" y "soberana" es la imagen de una profunda "camaradería horizontal", pese a la explotación y la desigualdad que pueda existir. Esa imagen de la nación suprime, hace abstractas en el nivel ideológico, a las diferencias nacidas de las relaciones de dominación que se albergan en ella, así como cualquier otra diferencia.

[8] Aquí ampliamos ese tipo de operación simbólica de lo que damos en llamar la hipóstasis de la ley antirracista (Espinosa, 2013).

real, no permitiría el prejuicio racial y su manifestación. Ella es significada como la que hace las veces de la ley; no porque la reemplace, sino porque se le tiene por su expresión formalizada. Ese estado de conciencia existe en un ámbito de la negación del racismo y de las utopías antirracistas, las cuales son una paradójica y aberrante expresión de racismo.

Así la ley antirracista se constituye en una especie de formalidad, a eso queda reducido su imperio. Por la misma disminución, pasa la ciudadanía, la cual se cree con fervor, que puede ser sustituida por la militancia a un movimiento nacionalista y su adhesión a la llamada cultura popular. Se ha llegado a la representación de que en lugar de la ley habrá grandes hombres que velen por la camaradería, una especie de administradores de la solidaridad y el entusiasmo colectivo. Ellos serán –entre otras cosas- guardianes de los adeptos a la gran ola de actividad comprometida y apasionada. En medio de los enardecimientos colectivos, al racismo se lo simboliza como si fuese una ficción que la gente ha desterrado para siempre, que se sitúa en otro espacio o que le llega de lejos; cuando en verdad, en la cultura, es la mente envuelta en la intensidad y la pervivencia de las emociones solidarias la que se obstina en creer en esa supresión definitiva del racismo.

Por mucho instinto totalitario que haya en la mente interpretadora, no puede pasar por alto la existencia de la ley. Ella en tanto una disposición simbólica para expresarse y dejarse seducir por el ocultamiento racial, necesita apelar al tipo de referencia dicho en las regulaciones legales. Éstas son el suelo formal donde se puede asentar la legitimación del arrobo del consenso colectivo.

Una manera de creer en lo establecido por la ley, la costumbre o la práctica, es representarlas en el modo en que te lo imaginas con las ideas tácticas de la vida cotidiana. Eso aporta una sustancia unificada y comunicable a ese consenso colectivo. De tal suerte que si usted le pregunta a alguien de cualquier denominación racial, si le interesa conocer de la discriminación de los negros en la sociedad local donde vive, usted encontraría respuestas similares de un país a otro, de un ambiente local a otro: *i)* la ley lo dice [por lo general el enunciante no la ha leído], no hay racismo; *ii)* de eso no me preocupo, todos somos (…) iguales ante la ley; *iii)* bastante tengo con [x problemas] para ver si con los negros sucede [tal cosa]; *iv)* creo que la discriminación es con los indios; *v)* mis amigos negros no pasan por esa situación, de los otros no sé. Podría observarse cómo la gente vive con coherencia esos tipos de respuesta, y no parece colegir que pudiese existir discriminación hacia las personas por el tema somático.

Tanto la ley como la transparencia misma para pronunciarse por la existencia del racismo, no han sido formuladas en libertad, un derecho civil que aún le faltan a los afrodescendientes y a otros grupos étnicos. No se le ha formulado bajo condiciones para que los racializados encuentren una libertad real para difundir sus problemáticas del modo más amplio posible, junto con otros sectores que le acompañen. Así, la ciudadanía en general no tiene la libertad de elegir entre una variedad de orientaciones, porque solo recibe la voz de lo que ya está formulado de antemano por aquellos que desde el Estado y los *media* se ostentan como los administradores de la voluntad y el entusiasmo colectivo.

Así, las leyes antirracistas son hechas de espaldas a la ciudadanía, para cumplir con compromisos internacionales, a los que el Estado y otros sectores tienen que responder. Es formulada por administradores de la voluntad y el entusiasmo colectivo, que, por lo general, la piensan como la manera de evitar un escándalo, una situación que genere polémica o un debate que saque a flote algunas de las miserias de la nación. Es el tipo de ley que empieza a nacer de la omisión. La ley surge presa de un grillete, no estorbar a la nación con asuntos innecesarios y postergables, y no perturbar a sectores mayoritarios que desconocen la situación de los discriminados (entre esos relegados, los afrodescendientes). No despertar conflictos y deficiencias que es mejor ocultar, cuando hay para la más amplia ciudadanía asuntos más positivos e importantes. ¿Para qué entrar a temas conflictivos que por sí mismos se pueden resolver en el futuro?

Muy poco se piensa que la ley antirracista puede lesionar a la ciudadanía, sobre todo a los sectores más proclives a la racialización. Porque la ley contra la discriminación, en materia de racismo, reduce su imperio a un problema de apariencia personal, la faceta más escandalosa y reprochada en público. Esa suerte de reducción es ley que cae en el racismo institucional, le abre la puerta a las otras más variadas expresiones de la discriminación racial. Deja intacto el funcionamiento institucionalizado de la selección social racista y sus mecanismos. Coarta la libertad para poner contenciones a esa selección. A la ley no le toca ver los índices de desigualdad, exclusión, el cierre de accesos, la simbolización de la separación. Queda a contraluz de las maldades, de los tratos malsanos o exposición a tratos inequitativos. No tiene alcance para propiciar una educación, socialización, y divulgación de mayor participación y efectividad para la ciudadanía.

La hipóstasis de la ley es una simbolización que corre pareja con sus limitaciones y con la negación del racismo. Esta última es el conjunto de interpretaciones, que, por todas las formas posibles, desmiente el racismo aunque esté ante nuestros ojos. Si lo explicamos en palabras de Taguieff (1988), lleva a las aberraciones del prejuicio y la discriminación al punto de la enunciación, la argumentación y la exégesis de la no-existencia de ese fenómeno o de una utopía antirracista.[9] La significación recurre aquí a las siguientes operaciones: α) Apartar el racismo de todo contexto. β) Desnaturalizarlo. γ) Negarlo de modo total. δ) Ignorar la información al respecto del fenómeno. ε) Convertirlo en lo contrario.

α) Apartar el racismo de todo contexto: Es el constante mecanismo simbólico de traslación de todo lo relativo al racismo a otro tiempo y otro espacio: a la historia, al colonialismo, a la época pasada, a otros países, a algo que desde afuera nos atribuyen, a la globalización, al neoliberlismo…

β) Desnaturalizarlo: Se le trasmuta a otras discriminaciones (homofobia, bullying, mobbing) o a otros fenómenos sociales esquematizados –de manera inexacta- como racistas (hambre, pobreza, marginación, analfabetismo). Se deriva el racismo hacia esos fenómenos como una ecuación matemática. No hay racismo, el racismo se reduce a esos problemas. Pero el argumento no se le enuncia al revés.

γ) Se le niega de modo total. Se le reduce a la total irrelevancia, que nunca existió en nuestras sociedades latinoamericanas, por su alto grado de mestizaje. En el caso del racismo hacia el factor africano se insiste en

---

[9] "La utopía racista se concentra en la proyección abstracta de un mundo de la reconciliación, la trascendencia de los opuestos, de la resolución fraternal de los conflictos; un mundo ficticio en el horizonte de dos conjuntos de requisitos: por un lado, la desaparición de las disparidades, borrando diferencias jerarquizantes y desigualdades, para llegar en resumen a la igualdad (al ideal mundo de la igualdad formal). Por otro lado, la afirmación y defensa de las diferencias, la erección de la norma absoluta de la diferencia, es decir de la falta de igualdad (del mundo de la identidad o de la diferencia real) –porque cualquier relación diferencial en un mundo ideológico y social dado, se interpreta inmediatamente como una relación de desigualdad. El sueño inquieto de la razón antirracista parece haber dado a luz semejante monstruo. Se trata de la monstruosidad oculta en los temas igualitarios de los slogans contra el racismo, los cuales pueden ser enfocados con el sentido de formulaciones racistas. Por ejemplo, ése del tipo norteamericano de 'iguales pero separados'" (Taguieff, 1988: 47).

tres cosas: (i) en una distancia histórica y cultural con África (siempre señalada como ejemplo de pobreza); (ii) en el exotismo y el carácter distinto de la lejana afroamérica; (iii) y en un pasado precortesiano y una predominante presencia indígena.[10]

δ) Se ignora la información que se dispone al respecto del racismo, tanto por la vía erudita, como por la amplia información divulgativa al respecto. Se cree que es información venida de EE.UU. y Europa, cuando ya en la década de 1950, Brasil y Cuba generaban estudios representativos sobre el racismo. Fueron investigaciones que pusieron en entredicho la integración sin fracturas raciales de esas naciones. Al mismo tiempo dejaron claro –sobre todo en las investigaciones del proyecto de la UNESCO en Brasil-, que la cuestión del racismo no es un asunto de clases, sino más bien es un fenómeno extendido por el espacio ciudadano (Wade, 2010: 52-60).

C- Situación de una ciudadanía afrodescendiente

La situación de una ciudadanía afrodescendiente se coloca en una zona desatendida por el Estado, por la sociedad civil y también por la propia extensión de los ciudadanos. Ellos están colocados en un terreno social abonado por un conjunto de dificultades culturales e históricas de la población negra que no son de fácil comprensión por los distintos sujetos sociales, incluidos en esa distancia de entendimiento a sectores muy activos de la ciudadanía y a instituciones avezadas en el trato de la diferencia y la inequidad.

En ese campo de situaciones desatendidas hay problemas específicos de la afrodescendencia en nuestras sociedades y problemas de tipo general. En las primeras cuestiones nos vamos a detener de inmediato; en las otras, que son del ámbito extenso de nuestras sociedades nacionales, iremos dando explicaciones oportunas a lo largo de este escrito, sin que al respecto tengamos algún afán comprensivo. En esos aspectos, dejamos ver al lector deficiencias de condiciones de ejercicio de respeto e igualdad ciudadana.

[10] Sue (2013: 15-17) desarrolla una visión similar a la nuestra, que toma por centro la negación del racismo. Esa perspectiva está contenida en lo que ella llama tres pilares de la ideología posrevolucionaria en México, muy similar a las bases de la ideologización de lo étnico propagada entre la ciudadanía en otros países de América Latina. Los tres pilares a los que alude Sue son: el mestizaje, la negación del racismo y la negación de presencia africana.

Tenemos insuficiencias de entendimiento político, de entendimiento público, de la situación de los afrodescendientes en la historia y la cultura de nuestros pueblos. Es difícil llegar a ese entendimiento sin conocer las complejidades de los problemas de la situación de esos pobladores americanos. La academia es la que pudiese entrar a la intrincada condición del ciudadano de origen africano en América. Para hacerlo requiere hacer varios esfuerzos, colocarse en puntos que no son los más aceptados por la historia y la cultura más difundidas en nuestros países.

En esa empresa crítica, de modo concomitante, la generación y difusión del conocimiento tiene que entrar en una confrontación con valores y puntos de vista que están en el terreno firme de las convicciones, de las tradiciones y del saber popular. Ese conocimiento podría enfrentar a la ciudadanía con sus más elevados principios, y con sus míticos orígenes comunitarios y nacionales. No es fácil para el ciudadano escuchar que los padres de la patria son racistas; que la colectividad imaginada de la nación se ha cimentado en una imagen denigratoria del negro; que la cultura popular que reclama ídolos y modelos de vida, está cargada de prejuicios fundados en las diferencias somáticas. Despertaría el ciudadano común con el sobresalto de que él también participa en acciones racistas tan cotidianas como sus hábitos de vida.

La academia en ese esfuerzo por ampliar los horizontes del conocimiento y del discurso, tiene que hacerse a un tipo de investigación que hasta el momento poco entienden nuestras tradicionales universidades. Tiene que entrar en vínculos productivos con la difusión, con el Estado, con los órganos de derechos humanos, con las instancias y niveles de la educación. Sobre todo, la labor de investigación debería llegar a establecer puentes comunicativos y de generación de iniciativas con comunidades de la ciudadanía negra o comunidades cercanas a los afrodescendientes. No se trata aquí de la clásica investigación de campo y el consabido estudio de gabinete. Se trata de un modelo de investigación polivalente, donde el académico es a la vez orientador, facilitador de procesos y hasta mediador. Un campo múltiple de donde emerge el conocimiento de una realidad problemática, la realidad del afrodescendiente, realidad que tenemos en frente y hasta el momento no hemos comprendido, porque no hemos entendido las mediaciones que se interponen entre ellas y nosotros.

La situación problemática de los afrodescendientes en la historia y la cultura de nuestros pueblos, ésa que es desatendida por su incomprensibilidad, son desventajas que no han sido advertidas por siglos:

1. Predominantemente, la población de origen africano llega a América en un desarraigo forzoso, el cual marca todas sus desventajas, en calidad de esclavos o sirvientes. No es hasta inicios del siglo XIX que empiezan los procesos masivos de liberación de esclavos en Hispanoamérica. En virtud de las presiones internacionales de la Inglaterra industrial, por esa época se inicia la supresión del comercio de mano de obra traída del África Subsahariana. Pero ni la abolición, ni el cese de la trata, fueron procesos admitidos con plena convicción y amplio consenso entre las elites de las nacientes naciones independientes de la América hispana. Es más, a fines del siglo XIX e inicios del siglo XX –cuando ya había concluido el régimen de la esclavitud- hay entre importantes portavoces de la ciudadanía y del Estado, expresiones que traslucen desprecio hacia la población afrodescendiente: (a) la pervivencia de la idea de la necesidad del trabajo esclavo, (b) el proyecto de blanquear la población del rezago dejado por los negros, y (c) la atribución del atraso tecno-económico a la entrada de pobladores negros.

2. El afrodescendiente siempre ha estado marcado por un bajo estatus. Llegó a América catalogado por los símbolos del feudalismo, la reconquista, la guerra cristiana contra el Islam. Se lo conservó bajo el estigma de la inferioridad cultural y la denigración que le atribuía una naturaleza diabólica. Esa manera de representarlo se reforzó con un sistema de castas sociales asociadas a los colores de la piel y los rasgos físicos, a los grados de mestizaje, donde las castas inferiores eran las que más se acercaban al negro. Las castas marcaban las posibilidades socioeconómicas, de alianzas matrimoniales y de movilidad por la política que pudiese tener la persona. Igual hoy, por las tonalidades de la piel se representan en grupos que tienen o no acceso a las jerarquías, en una pigmentocracia (Telles et al., 2014).

3. Los negros, originariamente, no formaron parte de las elites regionales y nacionales, y en éstas su tardía introducción pasa por una suerte de obstáculos denigrantes, y por áreas de oportunidad muy pautadas. Esa oportunidad por lo general no se da en la posesión

privada de la tierra (salvo en contados espacios subregionales). Más bien, su magro ascenso social se verifica en los oficios, los trabajos que requieren niveles de conocimientos técnico-manuales, las artesanías y las artes, las armas, el magisterio de los niveles básicos de enseñanza, los servicios para sectores populares, el servicio doméstico, la transportación de mercancía a pie o a caballo, la política entre las clases bajas, el trabajo sexual, la posesión de inmuebles pequeños.

4. Se cree que sus problemas socioeconómicos, políticos y culturales se resuelven dentro del problema nacional, cuando el afrodescendiente tiene sus propios problemas, que no están contemplados en las agendas nacionales.

5. Se lo toma al negro como un ser carente de agencia y de una ciudadanía propia. Por lo tanto, susceptible para ser manejado o representado por otro, por su ventrílocuo.[11]

6. Se lo sustrae de su doble conciencia, como ciudadano y como negro. Se lo piensa con respecto a una integración nacionalista y de ningún modo se contempla su propia representación de los asuntos públicos. Al mismo tiempo no se percibe su movilidad táctica al definírsele en relación con distintos grupos.

7. La información y la imagen generalizada por la comunicación se constituyen sobre la base de estereotipos que desvalorizan el origen ancestral del afrodescendiente, su presentación pública, su utilidad a la sociedad y su comportamiento público (sexualizado, criminalizado, folklorizado, satanizado).[12]

8. Por la experiencia común, al negro se le quiere deslindar en espacios aparte (zonas, barrios, poblados, regiones, ciudades). Esto se traduce en una geografía cultural de una separación, que en determinados casos ha llegado a convertirse en planificación territorial. Desde el ángulo político, su representatividad se toma acotada a esos espacios separados. Por esas circunstancias, creadas en el seno de nuestras sociedades, no se entiende la pertenencia del negro al espacio de la diáspora africana, a una ciudadanía

---

[11] Aplicamos al caso de la discriminación del negro, el planteamiento de Haraway (1999).

[12] Si seguimos las ideas que se derivan de los experimentos de psicología social de Fanon (2009: 148ss) y el estudio de la biologización de los sintagmas con los que se le representa al negro (Hall, 1996: 21).

transnacional; ni se comparte la idea de que el Estado y los otros ciudadanos tomen en cuenta sus derechos fuera de la escala en la que se le ha representado de modo circunscrito.

Las desventajas que marcan a los afrodescendientes en la historia y la cultura de nuestros pueblos, los coloca en una situación problemática. A veces, poco entendida por el propio ciudadano negro, que, quizá es el primero en no concebirla. Es una ignorancia forjada en la educación y socialización recibida. Hay en América, masas de afrodescendientes, poblaciones negras enteras, que no conocen que sus antepasados más remotos provienen de África. Incluso, muchos maestros y estudiantes de todos los niveles en regiones con un alto número de afrodescendientes o no saben que esa población proviene ancestralmente de África, o no saben orientarse geográfica y culturalmente en relación con ese continente.

En la conciencia más extendida en la ciudadanía se representa la idea de que no se necesitan políticas, ni acciones en favor de derechos de los afrodescendientes. Esto se respalda en dos razonamientos socialmente difundidos, que coexisten uno y otro. Una vez que al negro se le otorgó la libertad, pasó a ser un ciudadano como otro cualquiera. A esto se liga la representación mental que se refiere al blanqueamiento del negro, a su disolución dentro de la población general de los países de América Latina, combinación contemplada como el verdadero destino para el progreso del negro. Una conciencia mestiza y nacionalista domina el panorama en el cual amplios sectores de la ciudadanía ubican los últimos dos siglos de vida social del negro en América Latina, panorama del cual deducen su futuro, como un futuro en el cual el negro está llamado a disolverse en el mestizaje. A diferencia del indígena, al negro no se le ubica con intereses propios y condición actoral propia. Al negro se le piensa en el mestizaje total. Se le concibe en el olvido de origen, ancestralidad, historia propia, de sus problemas propios, de su agencia independiente y también de una ciudadanía étnica definida.

La situación problemática de los afrodescendientes en la historia y la cultura de nuestros pueblos, se hace complicada por la desatención y el desentendimiento:

- De los sectores de la población negra que no se auto-reconocen de modo demográfico, histórico y cultural.

- De un Estado, una sociedad civil y una ciudadanía "ubicados" en la interpretación mestiza que disuelve el ser étnico del negro.
- De los movimientos nacionalistas y de cultura popular que conciben a la negritud de una manera indiferenciada, dependiente o subordinada a los llamados "grandes intereses nacionales", por los cuales la diferencia del negro debe ser sacrificada.

D- Movimientos nacionalistas y de cultura popular frente a la afrodescendencia

Cuando hablamos de movimientos nacionalistas nos estamos refiriendo a esas grandes movilizaciones ciudadanas que se han dado para jalonar la nación hacia objetivos que la transforman y la recolocan en una nueva etapa, acorde a las transformaciones internas y mundiales. Hablamos en Colombia del movimiento liberal de la década de los 30, del Bogotazo. En Cuba, del movimiento del despertar de la conciencia nacional entre los 20 y los 30; del movimiento cívico de los 50; de los movimientos ciudadanos que desatan la revolución cubana de 1959; del movimiento de institucionalización; del movimiento de la rectificación de fines 80s al presente. En México, de los movimientos que desencadena la revolución mexicana; el cardenismo de los 30 y 40; el movimiento del 68; la democratización de los 90 al presente.

Esos movimientos nacionalistas han tenido un peso importante de participaciones de ciudadanos, un empuje social que los ha hecho a ellos influyentes en toda la población de cada país. En sus flujos de movilizaciones se han obtenido derechos para la ciudadanía, a la vez que ésta ha ampliado su capacidad de participación en la vida pública.

Los movimientos dichos han dejado una estela de beneficios, y uno de los principales campos al respecto ha sido el terreno de la cultura. Han animado movimientos culturales, indispensables para el modelado del concepto que se tiene de la nación, y necesarios para llevarles a las amplias mayorías la idea de lo que representa el viraje que se está operando en la nación. Ejemplos de esos movimientos culturales son el indigenismo, influyente en México y buena parte de América Latina hasta hoy. El propio movimiento de culturas populares de México a partir de los 70. El movimiento modernista en Colombia, el movimiento indígena, los movimientos del cambio cultural en los últimos 30 años. En Cuba, el movimiento modernista y los que están relacionados a la idea del despertar de la cultura nacional, los movimientos culturales que se abren con la revolución en los años 60 al 80; los llamados nuevos movimientos culturales en coincidencia con el período especial.

Dentro de esos grandes movimientos nacionalistas y culturales ha habido una tónica común, que aquí se destaca por el tema del trabajo. Se deja fuera de reconocimiento la agencia del afrodescendiente y la particularidad de la problemática negra. Al respecto son ya clásicos los trabajos de Vison III y Vaughn (2004), para México; de Moore (1989), para Cuba; de Friedemann (1993) y de Friedemann y Arocha (1986), para Colombia. No obstante es conocido popularmente que esos movimientos han actuado en la ampliación y el sostén de los derechos de la ciudadanía; que, consecuentemente, los movimientos dichos han beneficiado a los afrodescendientes. Sin embargo no se ha podido exponer de una manera detallada y fundamentada esa incidencia positiva, tal como lo hacemos a continuación. Creemos que la literatura, incluso la de más baja calidad propagandística, ha quedado atrapada en un barbullo de frases hechas que no expresan lo que de esos movimientos es rescatable para el ciudadano afrodescendiente, quien, en cuanto es un sujeto más de la vida nacional, se ha visto favorecido por los resultados de reivindicación nacionalista y popular:

- Ha podido disfrutar una amplia red de servicios mejorados para la población; a la vez que ha gozado de las ventajas que ofrecen las tendencias al mejoramiento de los mismos, para hacerlos más accesibles física y monetariamente, para hacerlos más equipados y modernos, para ampliarlos y darles mayor calidad.
- Recibe apoyo moral en forma de impulso y muestras de solidaridad; influencia de modos de organización; llamados a la integración en los debates públicos; apoyo para la formación de movimientos de reconocimiento cultural.
- Es beneficiario de las transformaciones que esos movimientos han logrado en la sociedad civil entre sindicatos, clubes, asociaciones, partidos, muchos de los cuales se han democratizado, y con ello han dado entrada al negro entre sus integrantes y sus directivos.
- Esto ha facilitado, sin dudas, la entrada de segmentos e individuos negros al trabajo comunitario, la política, la administración pública.

- Ha encontrado más oportunidades el número de afrodescendientes en la formación de personal y en las labores de educación, la cultura y las artes.
- Ha roto las barreras de la segregación de límites señalados, de marcas de separación a la luz pública.

Sin embargo, cabe la pena preguntarse: ¿Esos movimientos nacionalistas y de cultura popular a la postre han podido interpretar las necesidades y particularidades de los afrodescendientes? ¿Han coadyuvado a que el afrodescendiente tenga una independencia actoral? ¿Los movimientos de los que hablamos han podido contener los procesos de denigración del negro en las sociedades que sin duda alguna ellos han transformado? ¿Al respecto, los poderes estatales que los mentados movimientos han instalado, han logrado la esencia de sus decretos, declaraciones y buenas voluntades para terminar con la discriminación? ¿En esa materia, el esfuerzo por dar una información de resultados positivos, puede resultar contraproducente, de signo racista?

. Las respuestas a esas preguntas no son afirmativas en estricto, en lo que toca a la independencia actoral negra y la agencia propia. La denigración no se le puede concluir por decreto, la discriminación tampoco. El Estado que da la respuesta absoluta de un fin del silencio en torno a la situación de los afrodescendientes, se compromete en el desentendimiento de la subalternización del referido grupo y en la incomprensión de la necesidad de su independencia de acción.

Esos movimientos nacionalistas y culturales no han logrado contener el déficit que los Estados tienen para sostener y ampliar derechos a la ciudadanía, en especial a los afrodescendientes. Más bien han abonado al crecimiento burocrático administrativo, centralizado y despersonalizado de una inmensa maquinaria de Estado, torpe para alternar con una ciudadanía que no puede ser etiquetada dentro de una generalidad u homogenización; que no puede ser vislumbrada para una participación pasiva y exclusivamente guiada por buenas voluntades republicanas. Ese proceso del Estado se ha vislumbrado erróneamente como el horizonte en que pudiesen empezar a resolverse las problemáticas afrodescendientes, el proceso en que las mismas pudiesen llegar a asumirse por los poderes. Para el caso afro, los movimientos referidos han descartado la mentalidad de una ciudadanía activa, que mueve los resortes de su propia agencia para colocar al Estado antes la irremisible cesión de derechos, y colaboración para el cumplimiento de los mismos y de las obligaciones recíprocas.

No obstante estos movimientos han empujado a los ciudadanos a considerar que entre los primeros reclamos están los derechos políticos de la participación y representación en el aparato de Estado. Para el caso afrodescendiente, ésa es una demanda importante, no sólo por lo que implica para la ampliación de derechos y deberes, sino porque es un punto en extremo sensible. Los Estados que han corrido parejo con los movimientos aludidos, en su interior tienen una incapacidad para trabajar con las diferencias étnicas y subirlas a su maquinaria de poder. Al parecer, ese desequilibrio no cuadra con la exaltación nacionalista y popular que esos Estados hacen del mestizaje, de las "relaciones cordiales"[13] con los distintos sectores étnicos de la ciudadanía en general, y del diálogo al que invitan a esos grupos de base ancestral. Pero, pese a las presiones que han hecho los movimientos, no han logrado que ese buen propósito de igualación culturalista se haga una primera realidad de la inclusión de los grupos étnicos en los poderes del Estado. Estos se mantienen bastante cerrados a la entrada de afrodescendientes.

E- Estado y mestizaje: ciudadanía y "relaciones cordiales" con el negro

Los movimientos de ciudadanía de afrodescendientes tienen una faceta ligada a otros movimientos y una faceta propia. Esta última es la menos identificada, y también, la que al Estado le resulta más difícil de asimilar. Algunos Estados tratan de manipular y contener esa faceta sustantiva de la participación negra. Creen de modo erróneo que ella puede conducir a una desarmonía nacional, a un fraccionamiento, a distraerse de importantes intereses. Se cree que es un movimiento ciudadano innecesario y promovido desde el exterior, que desborda el horizonte de las expectativas que se tienen de los derechos humanos. Se manifiesta que esa clase de movimientos hay que tratarlos con cuidado para que no introduzcan el odio de las razas que se señala hacia otras partes del mundo, especialmente hacia Norteamérica.

[13] Esa expresión la usamos como una ironía, porque su idea utópica y nacionalista, fue descartada por los investigadores que en Brasil indagaron sobre las diferencias raciales con la población afrodescendiente por los años 50. La trayectoria de este asunto la ilustra una variada literatura entre la cual recomiendo a Wade (2010: 16-17).

Volvemos al punto de que esta ciudadanía de la negritud no es entendida por las mayorías y por el propio Estado. De ella hasta el momento, lo más aceptado parece ser una especie de reivindicación mitigada de ciudadanía cultural. Es el punto en donde se abre la estrecha capacidad de incorporación que el Estado ha mostrado hacia los afrodescendientes. Son Estados que –como ya hemos dicho- en su génesis no emergieron de élites y jerarquías en las que estuvieran integrados los afrodescendientes, en tanto grupo y en tanto representantes de intereses propios de su procedencia étnica. Por generaciones, los sujetos individuales y los grupos que han laborado en las funciones de los poderes de esos Estados, han representado a otros sectores étnicos y raciales. Asimismo los proyectos, las políticas y las leyes de ese Estado han sido trazados sin pensar en los negros. Más bien se cree que ellos están integrados en virtud del paternalismo que los contempla como beneficiarios de los grandes movimientos nacionalistas y de cultura popular. También se los ve integrados por el enfoque de la ideología del mestizaje.

El mestizaje y el blanqueamiento son primos hermanos. Constituyen los modos de pensar la incorporación del negro a la sociedad nacional. El natural proceso de mixtura biológica de distinta procedencia, ancestralidad y rasgos físicos, se invierte para ser un proceso ideológico. Se cree que el mestizaje está llamado a que el negro se haga mestizo, mulato, lejano de su origen africano y de sus estigmas. Esto releva a los Estados de incorporar al negro y a otros racializados, sin necesidad de observar la particularidad de sus necesidades antidiscriminatorias y su agencia propia. En ocasiones al negro en ese proceso histórico, el propio nacionalismo lo invisibiliza hasta de las páginas de los tratados de la ciencia oficial que constata su existencia –como nos muestran Vinson III y Vaughn (2004: 54).

Al mestizarse, cuando el negro se hace mulato, se lo representa con la posibilidad de blanquear sus costumbres; con la imaginada perspectiva de ser y vivir como los blancos; y con la figurada opción de ser aceptado como cualquier blanco en la sociedad nacional. Quizá el mestizaje y el blanqueamiento refracten una incapacidad de incorporación de la diferencia del negro; una incapacidad de significar la profundidad de su situación relegada. Es probable que esa ideología del cruzamiento adopte la forma de un sentimiento de amenaza a un poder con estructuras establecidas, un poder que se cree contrariado por las demandas ciudadanas de beneficios igualitarios para con el negro, quien por esos siglos no ha estado en esas construcciones de poder más que pensado como un subalterno.

Los resultados de entrevista y sobre todo de observaciones y métodos de seguimiento histórico, arrojan que hay segmentos enteros de linajes que han rotado por los puestos públicos de los aparatos del Estado: ejecutivos, judiciales y legislativos. Se trata de segmentos de personas blancas. También se detectan unos pocos segmentos de mestizos en los cuales el blanqueamiento es muy notorio. A veces entre esos segmentos hay cruzamientos del tipo de alianzas matrimoniales o de amistad. Siempre se detecta una intensa camaradería. En la procedencia de esos grupos hay comunes orígenes escolares, barriales y de cliques juveniles. Se pueden apartar por conjuntos de grupos con orígenes raciales blancos similares. A veces los integrantes de esos grupos definen rutas parecidas en las que ellos están juntos en ritos de pasos escolares, de noviazgos, familiares, sociales y políticos. A lo largo de esas rutas es que se juntan los negros a algún linaje de blancos y mestizos con funciones políticas.

No obstante, lo decisivo en la construcción de los poderes del Estado no son los linajes pequeños y atomizados. Lo que resulta cardinal son esos que aquí llamamos clanes cónicos –parafraseando la expresión usada para los cacicatos o cacicazgos en la literatura antropológica clásica (Sahlins, 1972: 40ss).[14] Estos son los grupos de parientes que entran a las principales funciones públicas de una nación, dentro de las cuales tienen un tejido de relaciones de cooperación corporativas entre ellos y con otros grupos. Se trata de funciones por todos los niveles (locales, provinciales y nacionales), por entre los poderes (legislativos, ejecutivos y judiciales). Se dice lo mismo de funciones electivas o de designación, titulares o auxiliares, funcionarios o empleados, directivos o especialistas técnicos, en un nivel nacional o en niveles inferiores, en actividad directa o sólo de simples acciones externas, en órganos de los poderes del Estado o en instituciones de la sociedad civil muy influyentes dentro de la vida política nacional, informados e influyentes dentro de la nomenclatura de cargos o fuera de ellas, radicados en oficinas o con trabajo activo fuera del espacio burocrático.

Un clan cónico ocupa un amplio espacio del poder, que comparte entretejido con otros clanes cónicos y con los grupos o individuos que

---

[14] Un análisis de cacicazgo que se aproxima al que se hace aquí, es el realizado por Gutiérrez Ávila (2001) en un territorio cercano a la zona afromestiza de la Costa Chica en México.

sin ser parientes circulan por esas redes políticas y fuera de ellas. Hemos detectado en una primera instancia de aproximación metodológica, que esos grandes clanes cónicos, son de blancos, con muy baja composición de mestizos y escasísima integración de negros. La lengua (verbal, visual y gestual) del mestizaje, ampliamente usada por el Estado para con los ciudadanos, es una expresión comunicativa que con la ilusión de una mixtura superior a cualquier denominación de raza, se le toma como un vehículo comunicativo que facilita a los clanes cónicos y al resto de los segmentos que se tejen en el Estado:

> v- La posibilidad de establecer planes de mejoramiento racial congruentes con un concepto de ciudadanía formal que enfatice la homogeneidad y la igualación social (Una situación tal como la que nos analiza Urías (2007), para el caso de México).
>
> w- La capacidad para establecer alianzas con personas útiles para las funciones públicas que ellos dirigen, por roles para los que se considera que son buenos los negros:
>> i) Actividades musculares, manuales, deportivas y auxiliares.
>> ii) Ejercicio de la vigilancia, la fuerza, la sanción, la persuasión y el trabajo de cara a públicos disconformes.
>> iii) Actividades culturales basadas en el ritmo, en la corporalidad y la recuperación del folklore.
>> iv) Trabajos intensos y frente a los sectores más humildes de la ciudadanía en las bases y los niveles municipales, trabajos generalmente mal pagos y en los que se requiere tener un saber de las 'triquiñuelas' que se hacen a esos niveles tan microscópicos.
>
> x- La interacción del clan con una realidad nacional de la variedad racial.
>
> y- La articulación ideológica con los movimientos nacionalistas y de culturas populares de los que emergió el Estado, en el cual están posesionados los clanes y otros segmentos.
>
> z- El entendimiento y "la relación cordial" con los negros que circulan por entre los tejidos de los clanes cónicos o que integran grupos menores (menos monopólicos) de parientes.

La ideologización del mestizaje es una necesidad de esos Estados de clanes cónicos, clanes que están en la cabeza de un amplio aparato político administrativo. Esa enunciación del mestizaje es parte de la lengua de acercamiento, de aproximación y espíritu cooperativo con otros segmentos del poder y con amplios sectores de la ciudadanía. Contribuye a crear una sensación de igualdad, de posesión de las mismas oportunidades, de proximidad entre distintas personas. Es un factor que interviene en la edificación de una camaradería horizontal, que requiere de una impresión de "relaciones cordiales" entre las diferencias con la población negra.

En esa pigmentocracia de clanes cónicos y de pequeños grupos de blancos y mestizos a la cabeza de la jerarquía del Estado, esa idea de mezcla racial donde en realidad no la hay, es uno de los ingredientes de la camaradería horizontal, de la comunidad imaginada de la nación. No sólo porque da la idea de una "relación cordial" entre todos, y da el efecto de una cooperación amplia en la construcción del Estado y la sociedad civil por parte de la ciudadanía. También ésta descansa en esa sensación para sentirse con el derecho y las obligaciones de cooperar. A la vez que entre esos derechos y obligaciones se incluye el imperativo de la conservación de esa armonía racial subalternizada como una especie de patrimonio para que haya soberanía y paz, más aún cordialidad interracial, respeto a la diferencia, la diferencia de que cada cual esté en su jerárquico compartimento sociopolítico sin estorbar al otro. Unos arriba y otros abajo.

La ideología del mestizaje abona el campo de la aberración discriminatoria de la utopía antirracista y de la negación del racismo. Esa arraigada creencia en la posibilidad de que las diferencias no deben concurrir, ni trabajar todas a la vez. No se le cree algo que sea políticamente preferible, estratégico, patriótico, nacionalista o popular. La ideología del mestizaje ayuda que se despliegue la idea de una fusión interracial que oculte las diferencias o que las haga subsistir de una manera folklórica, sin que ellas estén en el seno de la maquinaria del Estado, sólo en una circulación muy regulada por los espacios que no ocupan los clanes cónicos y los grupos políticos de parientes blancos y mestizos. Hasta ese punto llegan las "relaciones cordiales" entre las llamadas razas, juntos pero no revueltos. Cualquier miembro de esos clanes y grupos se escandalizaría porque alguien le faltase el respeto a un negro. Pero no lo quisiera en su grupo de parientes, mucho menos en su familia y con cuidado en su trabajo.

Hasta ese punto llega el horizonte de los derechos humanos y los derechos de ciudadanía política y social. Se llega hasta el punto del llamado respeto a la diferencia; pero no se toca el problema de la desigualdad (Saldívar, 2012: 52) –viva expresión de la aberración racista de la utopía antirracista que contiene la ideología del mestizaje. En el caso de los afrodescendientes, los derechos humanos tampoco se ponen de cara al problema de las maneras subrepticias en que se ejerce la exclusión y el acceso cerrado a las oportunidades. No puede admitirse nada que lesione el *ethos* y el *pathos* de la camaradería horizontal. Los referidos derechos se convierten en parte del extenso *logos*, tan extenso como los componentes afectivos dichos:

- No se admite una ofensa racista abierta de persona a persona.
- No se admiten marcas espaciales, visuales o verbalizadas que denoten separación por cuestiones raciales.
- Se deja que por libre ocurrencia ingresen funcionarios y empleados negros en las funciones de los poderes públicos. Es lo contrario de las políticas afirmativas y los sistemas de cuotas.
- Es imposible enunciar o representar acciones de exclusión y de cierre de oportunidades. Quiere decir no se confiesa la existencia de una selección social racista. Es más, una gran masa de sujetos, obnubilados por las persuasiones de la camaradería horizontal, crean una sinergia y un consenso colectivo en el que es imposible concebir la selección dicha. Son una sinergia y un consenso en los que se propaga la negación del racismo, la utopía antirracista y la hipóstasis de la ley, para la afirmación de una ciudadanía formal, más que para el desarrollo de la capacidad de lucha por derechos de la ciudadanía sustantiva. El despliegue y la movilización ciudadana, sólo puede asimilar esa ideología de la homogenización como una táctica –como algo temporario y coyuntural.
- Se propicia un clima intelectual en el que es muy difícil contar con las libertades reales (quiere decir condiciones y estímulos) para reflexionar y expresar sobre la selección social que actúa como tendencia discriminadora dentro de la sociedad. Más bien, las condiciones se dan para lo contrario, para la amplia creación retórica con la ideología del mestizaje y los hechizos de la camaradería horizontal. Ellos son interpretados desde la negación del racismo y la hipóstasis de la ley. Ellos constituyen un mapa mental y persuasión de la existencia de uno de los puntos más altos que pudiese alcanzar la ciudadanía, dígase, la mixtura y fraternidad. Sus derechos a la educación, la cultura, y a las libertades civiles son entrenados en el sentido de la participación libre y ampliamente premiada en la producción retórica ya dicha.

F- Evidencias

Envueltas en la ideología del mestizaje y la negación del racismo, la información del racismo, las vivencias de ese fenómeno y los datos al respecto, se convierten en evidencias, en impresiones que, como nos plantea Moreno Figueroa (*ibid.*), se han naturalizado, se volvieron paisaje o escena común de la vida. Si seguimos la literatura de Bonilla-Silva (2010), nos encontramos que el asunto de las evidencias no es más que un racismo que recrea argucias sociales y culturales para justificar que no se trata de una discriminación. Esas argucias están sacadas del repertorio de la negación del racismo, de las paradojas de la utopía antirracista y de la propia hipóstasis de la ley. La ciudadanía es ampliamente entrenada para el manejo retórico de esas argucias. El Estado y la sociedad civil la disponen a ella para que disfrute de ese entrenamiento, mientras goza de sus derechos educacionales y culturales, así como en la medida en que ejerce los deberes de la vocación cívica, comunitaria y filantrópica.

Ejemplos de argucias abundan. Una en México actual, es aquella donde el educador o el funcionario declara que no hay racismo hacia los negros porque en México no hay negros. Veamos una argucia en la Cuba de hoy. El erudito declara que no hay silencio en torno al racismo porque se publica ampliamente del asunto. Pero cuando vamos a las preguntas de qué se publica, cuándo, por qué medios, quiénes tienen acceso a esa información, quiénes pueden investigar sobre el asunto y discutirlo de cara al poder totalitario. Nos encontramos que las respuestas nos dicen de una circulación limitada y elitista de los datos acerca de la discriminación. Por último, digamos una argucia en un diario colombiano del día. Un analista ve con malos ojos que a las empresas colombinas se les pida que acrediten que emplean afrodescendientes. Él cree que son suficientes las exigencias de porcentajes de ese tipo de población en la educación superior.

Esas evidencias son diversas: históricas, estadísticas, factuales y discursivas. En el caso de afrolatinoamérica, las evidencias históricas vienen de un pasado que hereda a la época poscolonial una tradición racista innegable, que el científico social puede captar desde que se acerca a tener las primeras visualizaciones de la letra y la piedra en las que descansaron los orígenes nacionales, tematizados por las elites de lo que Rama (1998) llama la "ciudad letrada". No es necesario escuchar a alguien o leer un texto especializado. El racismo está denotado en el patrimonio artístico, literario, monumental y urbano; pero al patrimonio se lo hace pasar como un hecho mestizo.

Las evidencias estadísticas se encuentran por dos caminos construidos con las simbolizaciones de la interpretación de la negativa del racismo y de la nivelación de la ideología del mestizaje. Por una parte, se borran a los racializados de los censos y los registros; se los hace invisibles en las cifras que sirven de base a las formulaciones de Estado y de la ley. Por otra parte, estén o no reconocidos los racializados en los censos nacionales, en el caso de los afrodescendientes, hay que buscar datos de relego socioeconómico y político a través de cortes por lugares de trabajo, escuelas, espacios de vida pública, municipios y barriadas. Los datos generales podrían ser engañosos.

Las evidencias factuales son aquellas que podemos recopilar en los nexos que establecen las personas en la vida ordinaria. Uno puede observar en los ámbitos multirraciales de América Hispana la situación desventajosa que ya habíamos señalado líneas arriba constituida en paisaje común para amplios sectores de la ciudadanía. Si bien hay evidencia del acceso al servicio público, los pobladores negros no son los mejores representados en los poderes judiciales y ejecutivos. Mientras, no siempre en los poderes legislativos y en los partidos políticos les es posible enfocar sus intereses como un sector de la sociedad vulnerable a la racialización.

Las oportunidades de trabajo y ascenso social de los negros son simbolizadas, sin que se declare la intención, de manera connotativa, con figuras retóricas con las que persuasivamente se les confiere calidad de opciones sucias, oscuras, calientes o conflictivas. Es interesante ver que esa simbolización llega a las interrelaciones que entre las personas nos proponen los propios libros de texto y las escuelas, unas interrelaciones que se modelan en los ejercicios educativos que se entrenan en los planteles de enseñanza básica, y en el propio ámbito de prácticas de socialización que suceden en ese nivel. Donde eso es más visible es en los juegos de roles en las actividades educativas y en la puesta de marcas de separación de los alumnos dentro de la escuela por la condición social que se le atribuye a partir de sus rasgos somáticos. Digamos un ejemplo de cada situación. El juego de papeles donde el negro es el bueno para el esfuerzo físico. La separación de los niños blancos de los negros en las actividades de juego y de trabajos escolares que van desde el interior de la escuela hasta el ámbito extraescolar controlado por los padres de familia, con o sin orientación del maestro.

Otra factualidad envuelta en las fantasías racistas es aquella que marca simbólicamente la territorialidad del negro. Al negro se le atribuye vivir en regiones caracterizadas por una violencia ancestral que se funda con la situación de criminalidad más reciente. El simbolismo convierte esa regionalización en un problema ligado a la condición del negro, en un problema sin remedio, en una característica agresiva de la raza, en un lugar que para el amplio desarrollo local o nacional es mejor tenerlo aparte.

Las evidencias discursivas son de dos tipos, las verbales y las visuales. Las evidencias discursivas de tipo verbal de inmediato asoman en la forma de términos que expresan un ordenamiento racial con significado ascendente de lo negro a lo blanco. Se supone que en las jerarquías más altas predominan los más exitosos, los blancos, donde los negros son una excepción. Esa conceptualización estimula las disposiciones de la mente a poner una escala que se asocia con la clase social, el bienestar laboral y el nivel educacional, las cuales se las contempla como altos entre los blancos en contraste con un estereotipo de pobreza negra ligada simbólicamente con la voluptuosidad corporal, la estética salvaje, las artes entre lo liberal y lo mecánico, y la lascivia sexual.

Las evidencias discursivas de tipo visual son las que más están entretejidas con el quehacer simbólico de la ciudadanía. Encontramos esas evidencias en los *media*. Al alcance de todos hay una invisibilidad de los afrodescendientes en el ámbito de la información a la que son más asiduas las audiencias latinoamericanas, esas mismas audiencias a las que recurren distintos sectores ciudadanos para crear conciencia de su situación en la sociedad civil o para llevar sus diferencias con las instancias de poder del Estado. Los mismos medios por los que los grupos de ciudadanos más activos promueven sus imágenes.

G- Ciudadanía cultural

Durante sus primeras etapas, los movimientos afrodescendientes despliegan la actividad de baja intensidad por determinados derechos, sobre todo civiles. Así, la negritud acumula vínculos políticos, aunque avanza sin relativa autonomía actoral entre los movimientos ciudadanos. Sólo desemboca a una autonomía actoral completa, cuando llega el momento de una presión internacional de derechos humanos y de democratización que le sirva de ayuda, porque implica directamente a su entorno local y nacional. Una presión así, desde siglos pasados, viene acompañada de una fuerte solidaridad de líneas de acción, proyectos y grupos afrodescendientes hermanados por la diáspora africana. Casos así los encontramos esparcidos por la historia política y cultural de la africanía de Cuba, Colombia y recientemente en México.

Las solidaridades externas con la negritud interna de un país o región no siempre son comprendidas por importantes segmentos de la ciudadanía, algunos llegan a verlos como una injerencia, como un cuerpo extraño, como una rareza, como una curiosidad, en el mejor de los casos como relaciones internacionales de amistad e intercambio cultural. Pero siempre se los ve bajo el ojo que pesquisa algo que ha penetrado el espacio nacional donde se hace la ciudadanía, en específico, el espacio en el que se forja el nacionalismo, el sentido de pertenencia a la nación y el modo de concebirla como una comunidad de vínculos y de proyectos conjuntos de la ciudadanía sustantiva.

Los respaldos dichos hacen avanzar los derechos de los afrodescendientes a un ritmo que quizá no se había logrado en largos años de cautela y espera de la negritud interna. En especial, la solidaridad proveniente de la diáspora africana viene con concepciones e ideas que refuerzan el sentido y la distinción de la cultura originaria, así como la transnacionalidad de una ciudadanía negra, de una ciudadanía de la diáspora, que existe sólo en ese movimiento transnacional, en ese desplazamiento del africano y de la cultura africana por todo el mundo a partir del saqueo que el colonialismo produjo en África, la madre genésica. Esa conciencia panafricana, por supuesto, está por donde haya al menos un signo de la africanía, incluso es una conciencia que está hasta por entre esos signos que la denigran, en la forma de contestación a los mismos y de reapropiación para recuperar la dignidad de los orígenes. Ese transnacionalismo de la ciudadanía de la diáspora y el propio carácter transcultural crean fricciones en las conciencias de los sectores ciudadanos de nación y región, que no pueden concebir que los grupos afro: (1°) tienen pertenencias que rebasan los límites locales donde siempre se les circunscribió; (2°) no se les puede concebir de modo pleno bajo el concepto de mestizaje y las ideas del blanqueamiento; (3°) despliegan identidades móviles, tácticas, de escenarios de utilerías, equidistantes, lo mismo de cualquier negritud que de cualquier blanqueamiento.

Durante el mitigado crecimiento de la ciudadanía afro en pro de determinadas reivindicaciones antirracistas, mientras dura la preparación para una fase diferente de crecimiento a partir del apoyo transnacional, la negritud local prepara el camino o consolida derechos de ciudadanía cultural afrodescendiente. Para el caso seguimos a Tamayo (2010: 40), considerando que por estos derechos entendemos:

> a) el derecho a la presencia simbólica [sin que todavía se incluya el derecho] (…) a la visibilidad contra la marginación; [y] demandas por una amplia inclusión e integración; b) el derecho a la representación digna [sin ser específicos aún en señalamientos] contra el estigma, que asegure el reconocimiento de una identidad diferente a otras; y finalmente c) el derecho a propagar una identidad [sólo en la esfera de las artes y la cultura popular sin que esto abarque] (…) el mantenimiento de estilos de vida, que reclama, contra la asimilación, una amplia autonomía política y cultural.

De varios espejismos y del ocultamiento de las evidencias se alimenta el racismo institucional. Ellos avivan la sensación de que no hay racismo, de que no tiene por qué haber una perspectiva específica de derechos y obligaciones de los afrodescendientes, que sus derechos culturales de la manera limitada en que los presentan en un momento inicial de sus actividades de reivindicación, son el horizonte del lugar de participación y responsabilidad que pueden tener en la sociedad.

Conclusiones

Al interrogante de si será posible demarcar un estado de cosas en la sociedad que propicie la dispersión discriminatoria por el hacer cotidiano de los sujetos y la institucionalidad, nosotros respondemos que sí. Se trata de un orden de cosas debido a cuatro factores:

En primer lugar, al binomio que forman la hipóstasis de la ley antidiscriminatoria y la negación del racismo, con referencia a la contención de la ciudadanía sustantiva y el despliegue enunciativo de la ciudadanía formal, en especial en el caso de los afrodescendientes.

En segundo lugar, a la colocación de las problemáticas de relego de los afrodescendientes en una zona desatendida por el Estado, la sociedad civil y diversos sectores de la ciudadanía, quienes no confieren sustancia específica a esos problemas, ni atribuyen una agencia propia a los afrodescendientes, en virtud de la ideología del mestizaje. Ambas negaciones son generadas de manera paternalista desde la entraña misma de los movimientos nacionalistas y culturales.

En tercer lugar, la conversión en evidencias (realidades ocultadas, sometidas a un ocultamiento interpretativo) de la situación discriminada de los afrodescendientes, conversión que se produce a los ojos y con la participación de sectores de la ciudadanía. Las evidencias históricas, estadísticas, factuales y discursivas (verbales y visuales) de la racialización del origen africano, son invertidas al reproducirse el añejo sentido de inferioridad de los pobladores de esa procedencia, de sus espacios y de África misma. Habitante, localidad y continente originario son colocados en una geografía cultural que, en sus símbolos, es remitida lo más lejos posible en el tiempo y el espacio.

En cuarto lugar, la aceptación de los equívocos que conlleva la manera de concebir la ciudadanía afrodescendiente sólo como una ciudadanía cultural limitada a la visibilidad, la representación formal y la expresión de la identidad a través de los medios de la cultura popular.

Bibliografía

Anderson, Benedict (1991), *Imagined Communities. Reflections on the Origin and Spread of Nacionalism*, London: Verso.

Andrews, George R. (2007), *Afro-Latinoamérica 1800-2000*, Madrid: Editorial Iberoamericana-Vervuert.

Banton, Michael (1983), *Racial and Ethnic Competition*, Cambridge: Cambridge, University Press.

Bonfil, Guillermo (2000), "Sobre la ideología del mestizaje (O cómo el Garcilaso Inca anunció, sin saberlo, muchas de nuestras desgracias)", en José Manuel Valenzuela Arce, Coordinador, *Decadencia y auge de las identidades. Cultura nacional, identidad cultural y modernización*, Tijuana-México: El Colegio de la Frontera Norte-Plaza y Valdés.

Bonilla-Silva, Eduardo (2010), *Racism without Racists. Color-Blind Racism and the Persistence of Racial Inequality in the United States*, Lanham-Plymouth: Rowman and Littlefield.

Carmichael, Stokely y Charles Hamilton (1967), *Black Power: the Politics of Liberation in America*, Nueva York: Vintage Books.

Du Bois, W. E. B. (1989) *The Souls of Black Folk*, Nueva York: Bantam.

Duharte, Rafael y Elsa Santos (1997), *El fantasma de la esclavitud. Prejuicios raciales en Cuba y América Latina*, Bonn: Pahl-Rugenstein.

Espinosa, Eduardo (2013), "La invisibilidad del racismo y la hipóstasis de la ley antirracista", en Juan Russo, compilador, *Guerrero indómito*, México: Juan Pablos/ Centro de Estudios Sociales y de Opinión Pública de la H. Cámara de Diputados, pp. 369-398.

Fanon Frantz. (2009), *Piel negra, máscaras blancas*, Madrid: Ediciones Akal.

Friedemann, Nina de (1993), "Negros en Colombia: identidad e invisibilidad", en Guillermo Bonfill, compilador, *Hacia nuevo modelo de relaciones interculturales*, México: Consejo Nacional para la Cultura y las Artes, pp. 134-146.

Friedemann, Nina de y Jaime Arocha (1986), *De sol a sol: génesis, transformación y presencia de los negros en Colombia*, Bogotá: Planeta.

Gilroy, Paul (1999), *The Black Atlantic. Modernity and Double Consciousness*, Cambridge: Harvard University Press.

Gutiérrez, Miguel Ángel (2001), *Déspotas y caciques, una antropología política de los amuzgos de Guerrero*, Chilpancingo, México: Universidad Autónoma de Guerrero.

Hall, Stuart (1996) "The After-Life of Frantz Fanon: Why Fanon? Why Now? Why Black Skin, White Mask?", en A. Read, compilador, *The Fact of Blackness: Frantz Fanon and Visual Representation*, Londres: Institute of Contemporary Arts and International Visual Arts, pp. 19-36.

Haraway, Donna (1999), "Las promesas de los monstruos: una política regeneradora para otros inapropiados/bles". En *Política y sociedad*, No. 30, pp. 121-164.

Marshall, T. H. y Tom Bottomore (1998), *Ciudadanía y clase social*, Buenos Aires: Losada.

Moore, Carlos (1988), *Castro, the Blacks and Africa*. California: UCLA.

Moreno Figueroa, Mónica (2012), "Yo nunca he tenido necesidad de nombrarme: reconociendo el racismo y el mestizaje en México", en Alicia Castellanos Guerrero y Gisela Landázuri Benítez, compiladoras, en *Racismo y otras formas de intolerancia de Norte a Sur en América Latina*, México: Juan Pablos Editor y UAM-X. pp. 15-48.

Rama, Ángel (1998), *La ciudad letrada*, Montevideo, Uruguay: Arca.

Sahlins Marshall (1972), *Las sociedades tribales*. Barcelona: Labor.

Saldívar, Emiko (2012), "Racismo en México: apuntes críticos sobre etnicidad y diferencias culturales", en Alicia Castellanos Guerrero y Gisela Landázuri Benítez, compiladoras, en *Racismo y otras formas de intolerancia de Norte a Sur en América Latina*, México: Juan Pablos Editor y UAM-X, pp.49-76.

Sue, Christina A. (2013), *Land of the Cosmic Race. Race Mixture, Racism, and Blackness in Mexico*, Nueva York: Oxford University Press.

Taguieff, Pierre-André (1988), *La force du préjugé. Essai sur le racisme et ses doublés*. Paris: La Découverte.

Tamayo, Sergio (2010), *Crítica de la ciudadanía*. México: Siglo Veintiuno-UAM, Azcapotzalco.

Telles, Edward (2006), *Race in Another America: The Significance of Skin Color in Brazil*. Princeton: Princeton University Press.

Telles, Edward, et al. (2014), *Pigmentocracies: Ethnicity, Race, and Color in Latin America*, Chapell Hill: The University of North Carolina Press.

Urías Horcasitas, Beatriz (2007), *Historias secretas del racismo en México (1920-1950)*. México: Tusquets.

Vinson III, Ben y Bobby Vaughn (2004), *Afroméxico. El pulso de la población negra en México: una historia recomendada, olvidada y vuelta a recordar*. México: CIDE-FCE.

Wade, Peter (2010), *Race and Ethnicity in Latin America*, Londres/ Nueva York: Pluto Press.

Wade, Peter, et al. (2014), *Mestizo Genomics. Race Mixture, Nation,and Science in Latin America*, Durham y Londres: Duke University Press.

Wieviorka, Michel (1992), *El espacio del racismo*. Barcelona: Paidós.

Wieviorka, Michel (2009), *El racismo: una introducción*. Barcelona: Gedisa.

Capítulo 5
Género y ciudadanía

Lic. Laura F. Ávila

Introduccion

En este artículo se plantea reflexionar acerca de la existencia de múltiples organizaciones sociales, que cooperan y participan para impulsar el desarrollo comunitario y social de San Juan, Argentina, administrándose y gestionándose con "una marca de género." La participación e involucramiento en la comunidad se da a través de nuevas organizaciones sociales de género, para satisfacer formas de producción de bienes sociales y simbólicos que garantizan derechos y "ciudadanía".

La relación entre "ciudadanía y género" se plantea a partir de *la complejidad del concepto de ciudadanía,* del papel del Estado y de las organizaciones sociales que actúan en consecuencia para garantizar dicho ejercicio. En nuestro caso particular, la provincia de San Juan, el papel del Estado obstaculiza la incorporación de la legislación nacional vigente para implementar garantías constitucionales en materia de derechos humanos. El recorte presupuestario del Estado Nacional (2016) en políticas sociales con perspectiva de género/s, condicionan la escasas erogaciones al cumplimiento de la "Ley Nacional Contra La Violencia de Género N°26485/09, garante indiscutible de ciudadanía. Sin embargo la provincia de San Juan, no cumple con las leyes de nuestra Constitución Nacional en materia de violencia de género, y se trabaja con la "Ley Provincial de Violencia Familiar N°7943/08, retaceando información y capacitación a los encargados de impartir justicia, y desafectando recursos materiales para atender y proteger a las víctimas de la violencia de género.

Por otra parte se rescata como novedoso en San Juan, la multiplicidad de organizaciones sociales que han surgido en los últimos años, sobre todo a partir del XXVIII Encuentro Nacional de Mujeres que se realizó en la provincia en el año 2013, las cuales se pueden tipificar en a) *organizaciones femeninas insertas en partidos políticos como Las Pochas; El Movimiento de Mujeres Sanjuaninas; Mujeres al Frente; El Barro, b) Organizaciones sociales de la diferencia sexual como La Joroba; el LGTB; Equalis, y c) Organizaciones feministas como Las Martinas; La Joroba; Socorristas en red; Las Hilarias; Ammar; El Foro No a la trata; Tarjeta Roja.*

Estas organizaciones femeninas y feministas, de manera diversa aportan a la promoción de derechos ciudadanos en sentido amplio, impulsando alianzas transversales entre los colectivos de mujeres, que en forma inestable y en el marco de un proceso muy difícil y crítico, van ampliando el movimiento de mujeres, con más organizaciones feministas, con más mujeres de los partidos políticos, de la academia, del aparato del Estado y de los sectores populares.

Ciudadania

En el Siglo XIX la ciudadanía se caracterizó por ampliar el margen de los derechos civiles y políticos; en Europa Occidental las luchas se centraron, principalmente en las clases trabajadoras, para reivindicar la igualdad jurídica ante la desventaja que vivían frente a los empleadores. Si bien es cierto que la ciudadanía establece la igualdad de derechos ante la ley, en la práctica, la propiedad privada menoscaba ese principio, ya que proteger la propiedad implica ahondar la desigualdad social y económica que acompaña la igualdad legal que protege a los ciudadanos. Al respecto Marshall (1965) en Ciudadanía y Clase social, explica, que una consecuencia del modelo económico capitalista y del Estado Liberal es el hecho contradictorio de que al mismo tiempo que la ciudadanía establece la igualdad formal genera la desigualdad social y económica; procesos que se desarrollaron prácticamente juntos. Por ello, la connotación de la ciudadanía centrada principalmente en la idea de hombres libres, con derechos civiles, es indispensable en una economía de mercado competitiva, que promulga los derechos ciudadanos para mantener la estructura de la desigualdad en los Estados Nación Modernos.

Marshall (1965), quien de ningún modo podía adscribir a ideas socialistas, sostiene que la economía de libre mercado debe garantizar derechos ciudadanos en sentido amplio a la clase obrera, para que éstos se conviertan en caballeros, es decir miembros de pleno derecho en la sociedad, esto es como ciudadanos, lo que equivale decir que comparten una igualdad básica, más allá de la desigualdad del sistema de clases sociales. Cuestión que ha de resolverse a partir de la política y no sólo de la economía. Marshall hizo un análisis del proceso histórico de adquisición de derechos en Inglaterra, desde una perspectiva de clase. Estudió específicamente los siglos XVIII, XIX y XX, elaboró e incorporó un esquema en que distingue tres dimensiones de la ciudadanía, a saber: la ciudadanía civil, política y la dimensión de la ciudadanía social, para garantizar el derecho a un mínimo de bienestar económico, derecho a la educación, a la vivienda, a la salud.

> La ciudadanía es un status otorgado a quienes son miembros plenos de una comunidad, son ciudadanos y ciudadanas todos lo que posean el status de iguales, que se ha ido generando a partir de una buena cantidad de derechos que el Estado otorga ampliando un desarrollo hacia adelante para bregar por mayor igualdad, un enriquecimiento de lo contenido en ese status y un incremento en el número a quienes el status está otorgado (Marshall, 1965).

El contrato sexual

El pensamiento feminista comienza a desarrollarse a partir de las críticas entendidas como aportes fundamentales a las teorías sobre la ciudadanía. Los límites y concepciones del liberalismo obstaculizaron la incorporación efectiva de las mujeres al espacio público de la ciudadanía y democracia. Carole Pateman se pregunta ¿son compatibles liberalismo y feminismo? y llega a la conclusión que los impedimentos de esta aproximación desde el punto vista teórico están dados por la importancia política de la diferencia sexual, que invisibilizó más de trescientos años de historia del feminismo y no examinó con rigurosidad los conceptos de consentimiento, poder, sometimiento, igualdad de oportunidades, justicia, poniendo en evidencia las tensiones teóricas de estos conceptos en el proceso de adquisición y difusión de derechos.

Pateman parte de la crítica a la noción liberal de ciudadanía y se remite al origen del concepto analizando los escritos de pensadores tales como, Hobbes, John Locke y Juan Jacobo Rousseau, poniendo de relieve las consecuencias de la asociación del concepto de hombre con la razón, el mundo universal del individualismo, los derechos, el contrato, la libertad, la igualdad, la ley imparcial, la ciudadanía, y la actuación en el mundo público de los hombres, esfera de la que sólo se ocupan los teóricos, incapaces de reconocer que esta esfera cobra significado en contraste con la del mundo privado de la particularidad, la sujeción natural, el amor, la naturaleza y la parcialidad del ámbito privado de las mujeres.

> Este mundo privado es visto como una esfera natural que está fuera de todo interés investigativo, teórico, desconociendo que ambas dimensiones están relacionadas y forman parte de la misma construcción, por tal motivo, desde el feminismo, lo privado y lo público, lo social y lo público tienen que ser reconceptualizados.[1]

Lo público y lo privado

La diferencia sexual no sólo impone la subordinación de la mujer, sino que opera con categorías patriarcales, construye una categoría de "individuo", universal, varón, dentro de la distinción privado-público. Si lo privado y lo público tienen que ser reconceptualizados, el individuo universal también, ya que sólo los varones son individuos portadores de derecho y libertades, mientras las mujeres deben ser subordinadas. Pateman nos dice que la incorporación a la ciudadanía de hombres y mujeres se hizo de modo diferente: "los hombres se incorporaron a ella como trabajadores y soldados, las mujeres lo hicieron como madres"[2].

Pateman muestra que el slogan revolucionario "Libertad, Igualdad y Fraternidad" es el resultado del dispositivo puesto en marcha por los teóricos políticos del siglo XVII al afirmar que todos los hombres nacen libres e iguales en el estado de naturaleza. El potencial revolucionario de la forma contractual se transforma, no obstante, en una defensa de la sujeción civil, la subordinación civil moderna, inseparable del contrato sexual, separando la esfera privada donde se consagra la subordinación

[1] Pateman, Carole: "El contrato sexual": Anthropos; México: Universidad Autónoma Metropolitana- Iztapalapa (1995).

[2] Ibidem: Pateman.

de la mujer, de la esfera pública, espacio de desempeño masculino. Por tal motivo, el Contrato genera relaciones de dominación y subordinación al descansar sobre una concepción del individuo como propietario de su propia persona o individuo posesivo. Individuo y contrato son categorías masculinas, patriarcales, de ahí que las mujeres sean excluidas del contrato original, porque no son consideradas como individuos, acceden al mundo público como mujeres, por el hecho de pertenecer a la comunidad/unidad familiar por el casamiento y la responsabilidad de engendrar hijos para la familia, lo que al mismo tiempo constituye, para los padres de la ciudadanía, la causa de la incapacidad de las mujeres de ser ciudadanas, tornándose al mismo tiempo dependientes del marido. Esta diferencia sexual construye la diferencia política y esencializa la diferencia entre la libertad natural de los hombres y la sujeción natural de las mujeres.

El moderno patriarcado
Hombres libres y fraternos

De ese modo se resignifica el moderno patriarcado y queda explicado el origen del mismo, encubriendo al viejo patriarcado clásico. C. Pateman propone una relectura del Contrato social, que no tiene nada de neutro. El Contrato Sexual se ajusta al Contrato Social, y nuevos contratos se desarrollan, como el contrato laboral, el matrimonial, bajo la ficción de un contrato entre libres.

Cabe destacar finalmente que el Contrato también es un contrato fraternal, entre hermanos, entre iguales, entre individuos libres, la fratria, desde donde se construyen las masculinidades modernas. De ahí en más ese vínculo fraterno deja de ser un simple vínculo comunitario y se transforma en la identidad de los hombres como maridos, trabajadores, ciudadanos.

Feminismo y contrato se oponen, ya que éstas son excluidas al espacio privado y por lo tanto subordinadas a los hombres por naturaleza. Y si bien no han sido excluidas de la participación en el mundo público, han sido incorporadas de manera diferente porque es diferente la significación política de los cuerpos de las mujeres (capacidad de dar a luz vida física) y los hombres (capacidad de crear y mantener el orden social y político), el contrato sexual-social garantiza el acceso controlado al cuerpo de las mujeres, mediante la ley del derecho político-sexual masculino.

> La sociedad civil moderna, no está estructurada en función de la autoridad del padre, pero las mujeres siguen subordinadas a los hombres en tanto varones, o a los varones en tanto fraternos. El contrato original tiene lugar después de la derrota política del padre, en el momento que se crea el patriarcado fraternal moderno (Pateman, 1995).

Y se sustancializa en todas las constituciones modernas transcribiendo los principios del Código de Napoleón[3].

Ciudadanía universal/particular

Al respecto Iris M. Young[4], dice que el ideal de ciudadanía universal ha dirigido el impulso emancipatorio de la vida política moderna, debate acerca de la igualdad/desigualdad a partir de la diferencia de los grupos oprimidos, las mujeres, los/as trabajadores, los/as judíos, los/as negros y muchos otros y desarrolla una crítica profunda del ideal de igualdad a partir del ideal de "Ciudadanía Universal", amparados por igual bajo la protección de la Ley.

El moderno pensamiento político en general asumió que la universalidad de la ciudadanía, implica un estatus que trasciende la particularidad y la diferencia. Cualquiera que sean las diferencias sociales o de grupo entre las personas, independientemente de sus desigualdades en términos de riqueza, estatus y poder en las actividades cotidianas de la sociedad civil, el ser ciudadano/a concede a todas las personas idénticas categorías de pares en la esfera de la política pública. Con la igualdad concebida como identidad, el ideal de ciudadanía universal implica al menos dos significados adicionales a la extensión de la ciudadanía a todas las personas: a) la universalidad definida como general en oposición a particular es decir, lo que los ciudadanos/as tienen en común como antítesis de aquello en que difieren; y b) la universalidad en el sentido de leyes y

[3] Código de Napoleón 1804. Las mujeres quedan nuevamente bajo la patria potestad o bajo el poder del marido. Art 213: *el marido debe protección a su mujer, la mujer obediencia a su marido. Art. 214: la mujer está obligada habitar con su marido y debe seguirle a donde él estime conveniente deberán vivir. Art 215: La mujer no puede estar en juicio sin la autorización del marido. La mujer, aunque los bienes sean comunes o separados, no puede donar, vender, adquirir, a título gratuito u oneroso, sin la autorización del marido enel acto o su autorización por escrito. Art. 216: la mujer no puede testar sin la autorización de su marido.*

[4] Iris Marion Young, "Five Faces of Oppression", en Philosophical Forum, 1988. Cap. 4, Vida política y diferencia de grupo: una crítica del ideal de ciudadanía universal.

reglas que enuncian lo mismo para todas las personas y que se aplican a todas de idéntica forma, o lo que es lo mismo, leyes y reglas ciegas a las diferencias individuales o grupales.

Ciudadanía diferenciada

El vínculo entre la ciudadanía para todas las personas, por un lado, y el de tener una vida en común y ser tratado de la misma forma que los otros ciudadanos/as por otro, constituye también un problema. Los movimientos sociales contemporáneos de los sectores oprimidos han debilitado dicho vínculo, habida cuenta que valoran la especificidad del grupo frente a los ideales de asimilación. Estos grupos y movimientos también han cuestionado si la justicia significa siempre que la ley y la política deberían lograr igual tratamiento para todos los grupos y acuñan por el contrario, el concepto de *ciudadanía diferenciada* como la mejor manera de lograr la inclusión y participación de todas las personas en la plena ciudadanía.

El ideal de que las actividades de ciudadanía expresan o crean una voluntad general que trasciende las diferencias particulares de la afiliación, ha excluido en la práctica a los grupos considerados incapaces de adoptar ese punto de vista general; la idea de ciudadanía como expresión de una voluntad general ha tendido a imponer una homogeneidad de los ciudadanos/as. Por ello cuando se hallan diferencias en capacidades, cultura, valores y estilos de comportamiento entre los grupos, existiendo grupos que son privilegiados, el principio de tratamiento igual tiende a perpetuar la opresión y las desventajas, por lo tanto, la inclusión y la participación de cada persona en las instituciones sociales y políticas requieren de la articulación de derechos especiales orientados a atender las diferencias de grupo con el objeto de socavar la opresión y la desventaja.

Ciudadanía como mayoría

Young argumenta que la universalidad de la ciudadanía, implica la *inclusión y la participación* de todo el mundo, y los otros dos significados de universalidad presentes en las ideas políticas modernas son la *universalidad como generalidad y la universalidad como igualdad* que no se implican mutuamente; ya que están en mutua tensión y por diversas razones.

El intento de realizar un ideal de ciudadanía universal –que encuentra lo público encarnado en la mayoría antagónica de la particularidad, en lo común frente a la diferencia– tenderá a excluir o a poner en desventaja a algunos grupos, pese a que dispongan formalmente de idéntico estatus de ciudadanía. La idea de lo público como universal y la concomitante identificación de la particularidad con la privacidad hacen de la homogeneidad, un requisito de la participación pública. Los ciudadanos/as deberían asumir el mismo e imparcial punto de vista, que trasciende todos los intereses, perspectivas y experiencias particulares, perspectiva general imparcial que aún hoy se presenta como un mito.[5]

La Ciudadanía diferenciada de género/s

La diferenciación grupal es un proceso inevitable y deseable en las sociedades modernas, sólo que algunos de los grupos existentes son privilegiados y otros oprimidos, porque están explotados, estereotipados, excluidos de la participación social y cultural, viven bajo la autoridad de otras personas, sufren violencia y hostigamiento al azar.

Una de las categorías que históricamente actúa como determinante en la diferenciación de grupos privilegiados y grupos oprimidos es la de género. La categoría de género ha ido tensionándose y reelaborándose, al día de hoy algunas vertientes teóricas hablan de géneros en plural, tal como lo venimos planteando. En los años 60 y 70 se buscó explicar la posición de subordinación que la mujer ha ocupado tradicionalmente en las sociedades, al menos occidentales, a través de la categoría de género, entendido como una construcción social y cultural, como un añadido, que surge a partir de las diferencias sexuales. El género constituyó en esta visión lo construido por una sociedad y su cultura, lo masculino y femenino.

No obstante, el concepto de género se ha ido desplegando en varias direcciones. Con posterioridad a los primeros desarrollos, en un contexto de interpelaciones críticas a las miradas esencialistas sobre las mujeres y con la pérdida de fuerza del par naturaleza/cultura, el supuesto anclaje biológico del género también comenzó a ser matizado y a incorporarse

[5] Iris Marion Young. "Impartiality and the Civic Public Some Implicasions of Feminist Critiques of Moral asid Political Theory", en S. Benhabib y D. Cornell, compiladoras, *Feninism as a Critique*, Oxford, Polity Press, 1987, págs. 56-76 [hay edición castellana en Alfons el Magnánim].

dentro de una matriz de subjetivación socio-cultural e histórica más amplia. En términos de Maffía:

> El feminismo, al incorporar la categoría de género de la sexología, en muchas de sus expresiones todavía supone que este sexo biológico es el sostén natural de una asignación cultural de género. Si así fuera, no se medicalizarían los casos que escapan a esta descripción. La ideología dicotómica de género es anterior y más fuerte que el sexo biológico. No sólo lo "lee" como un signo al que interpreta, sino que lo escribe y lo corrige cuando su caligrafía no es perfecta. En síntesis, el mismo sexo biológico es producto de una lectura cultural (2003:5-6).

Sexo y género son un continuo, producto ambos de transformaciones o construcciones de la sociedad y la cultura y no de una construcción binaria, se habla de identidades generizadas, cuestionando que existan solo dos géneros masculino y femenino o solo dos sexos hombre y mujer, tomados estos como categorías inamovibles, universales y excluyentes. Se pone en cuestión la existencia de una identidad de género definida, unitaria, que se articule en forma simultánea con una identidad de clase o de raza también definida y unitaria. Los géneros, junto a variables de clase, etnia, edad, raza, conforman identidades cuya relación con los derechos ha sido conflictiva, desigual y sobre todo compleja, enmarcada en cuestiones de poder.

Derechos redistributivos y derechos de reconocimiento

Nancy Fraser[6], incorpora el concepto de "justicia social" para construir ciudadanía, basada en las reivindicaciones redistributivas igualitarias que constituyeron el paradigma de la "justicia social" durante los últimos 150 años para los grupos oprimidos y excluidos. En el mundo de hoy, se encuentra cada vez más otro tipo de reivindicación de justicia social en la "política de reconocimiento", un mundo que acepta la diferencia, en el que la integración en la mayoría no sea ya el precio de una universalidad indiferenciada.

El discurso de la justicia social, centrado en otro momento en la distribución, está ahora cada vez más dividido entre las reivindicaciones de la

[6] Fraser, Nancy (2002). "Política feminista en la era del reconocimiento: una aproximación bidimensional a la justicia de género", documento especialmente elaborado para el Seminario PRIGEPP-Flacso, Buenos Aires, PRIGEPP-Flacso.

redistribución, por una parte, y las reivindicaciones del reconocimiento, por otra. Fraser plantea una disyuntiva entre redistribución y reconocimiento, o bien entre política de clase o de identidad, así mismo sostiene que estos conceptos por separados son insuficientes, y que en realidad son falsas antítesis. La tesis general es que, en la actualidad, la justicia exige tanto la redistribución como el reconocimiento. Por separado, ninguno de los dos es suficiente. Sostiene la integración de estas políticas en un marco global que las incluya y articule. Y dice: "En la práctica, la tarea consiste en idear una orientación política programática que pueda integrar lo mejor de la política de redistribución con lo mejor de la política del reconocimiento."

Esto, según Fraser es más general que la política de clase, en el sentido convencional, en tanto, el paradigma del reconocimiento no sólo puede englobar los movimientos que pretenden revaluar las identidades injustamente devaluadas –por ejemplo, el feminismo cultural, el nacionalismo cultural negro y la política de identidad gay– sino también tendencias deconstructivas, como la política homosexual.

Ciudadanía y reconocimiento de los derechos sexuales y no reproductivos

Desde el punto de vista de la disyuntiva igualdad-desigualdad social, asistimos al reconocimiento de derechos formales como en ningún otro periodo de la historia, al mismo tiempo que se produce el derrumbe de las garantías reales para el ejercicio de esos derechos en el marco de la imposición de políticas de neto corte neoliberal. El análisis de los límites que existen en torno a la ciudadanía de las mujeres, aun cuando se incluye la diferencia dentro del marco abstracto de la ley, como espacio de visibilidad y reconocimiento en los regímenes políticos modernos, el índice estará dado por el grado de avance legal-real, en torno de los derechos sexuales y (no) reproductivos de las mujeres, quienes presentan singularidades que no comparten con la de otros grupos sociales que también reclaman por el reconocimiento público de la misma[7].

---

[7] Brown, Josefina Leonor (2004). "El género en el estado a la luz de los cambios en los noventa", ponencia presentada en las III Jornadas sobre Discurso Social y Construcción de Identidades: Mujer y Género, UNCórdoba, 27 al 29 de marzo de 2003. *Política y Cultura*, primavera 2004, núm. 21, p. 111-125.

El tema de la ciudadanía para las mujeres, tiene otros matices, ya no se trata sólo de lograr la equiparación con los varones, la igualdad. Se trata del reconocimiento de la diferencia, a partir de que los derechos reproductivos, éstos son un punto nodal en la conquista de una ciudadanía plena para las mujeres. Es justamente en la sexualidad –la (no) reproducción– donde se anuda este tema a la diferencia sexual y constituye uno de los puntos más conflictivos en relación con la consideración de las mujeres como ciudadanas.

La ciudadanía fue concebida como neutral aunque se haya construido sobre el modelo de uno de los cuerpos de la humanidad, el de los varones, universales y públicos. Los problemas de las féminas son privados e íntimos, ligados exclusivamente a lo afectivo y, por ello, ajeno a los dispositivos de poder. Ésta será la tarea de las tareas que las feministas de la segunda ola tematizan bajo el lema *"lo personal es político"*. De ahí que se ponga el acento en el cuerpo y la sexualidad como lugares en los que se asienta el dominio patriarcal sobre el género femenino a partir de la identificación básica: mujer igual esposa, igual madre. Evidentemente, el cuerpo de las mujeres es mucho más *social* que el de los varones por cuanto resulta apropiado (o expropiado) en función de su capacidad reproductiva por el esposo, la Iglesia, el Estado[8].

La sexualidad y la (no) reproducción constituyen el lugar donde esta diferencia se torna ingobernable y hace visible las ventajas emocionales, materiales y simbólicas de este modelo de ciudadanía establecido por relaciones de poder y dominación masculina. La sexualidad y los derechos reproductivos de las mujeres relegadas a la esfera privada, son puestos en discusión por las feministas y el movimiento de mujeres como un asunto político y de derecho.

Las ciudadanas sanjuaninas

El Encuentro Nacional de Mujeres es un movimiento que tiene más de 30 años en el país, nos comenta Perla Welner, líder de un movimiento con participación femenina llamado "Movimiento de Mujeres Sanjuaninas", una de las dirigentes de la primera hora del encuentro y por lo tanto una de las principales organizadoras sanjuaninas de este evento. A través de

[8] Ibídem, Brown.

ella nos enteramos que *"…año a año el encuentro convoca a miles de mujeres de diferentes sectores sociales, principalmente de sectores populares…"*.

Este encuentro se realiza todos los años en diferentes provincias del país y cuenta con el apoyo de organizaciones feministas, de partidos políticos, de sindicatos, de organizaciones indigenistas, mujeres ecuménicas, de sectores de diferentes iglesias, del apoyo estatal también, mujeres de diferente condición social, edad, religión y etnias, que se acercan a participar en los talleres del encuentro y durante tres o cuatro días, se reúnen a reflexionar sobre las problemáticas de género/s, para proponer políticas públicas y legislaciones que garanticen ciudadanía.

Este movimiento arranca como multisectorial de la mujer en el regreso de la democracia. Un dato muy importante en ese período fue que las mujeres argentinas ya tenían una destacada visibilidad política y legitimación a través de las Madres y Abuelas de Plaza de Mayo, encabezando el movimiento por los Derechos Humanos en nuestro país, si bien reivindicando su rol de madres y abuelas, emprendieron una lucha política significativa, que les permitió romper el cerco de lo "privado" para instalar su condición en el espacio "público" y reivindicar la consigna de la segunda ola del feminismo europeo acerca de "lo personal es político". Un piso indiscutible del cual partir, para entender la necesidad de participación y movilización de mujeres argentinas que articuladas a movimientos internacionales, corrientes feministas diversas, multisectoriales representadas por todos los partidos políticos y gremios realizan en 1986 el primer Encuentro Nacional de Mujeres.

> … hasta que en 1997 se organiza en San Juan, el XXII Encuentro Nacional, tematizando el aborto, divorcio, la educación sexual, el cupo femenino, la jubilación del ama de casa para cubrir a la mujer que trabajó siempre en su casa sin aportes previos, trabajando al servicio de la familia, sin sábados ni domingos y que según nuevas teorías feministas este "trabajo no remunerado del hogar y de cuidados", sí genera Producto Bruto Interno. Estas y otras reivindicaciones se discutieron en ese entonces, hay que recordar también que a último momento cuando más de 10000 mujeres estaban en la provincia, sale la cúpula de la Iglesia y gran parte del gobierno, en ese entonces el gobernador Escobar impulsando un Encuentro Paralelo protagonizado por Rosalía Garro y el Padre Lona. Rosalía Garro nos planteó en un momento, que no se abrieran talleres sobre aborto, que no se hablara sobre divorcio, sobre familia, que fuera acotado a lo que le parecía, como

> rechazamos nos quitaron el apoyo (…) seguimos trabajando, incorporando
> temas, ahora es violencia, salud y derechos laborales, y aunque hace dos
> años que duerme la personería jurídica de nuestra organización, que está
> a la firma del gobernador Gioja, seguimos…

Hacia el 2013 y por los casos aberrantes de femicidio en San Juan, las organizadoras sanjuaninas del encuentro, se animaron a proponer a la provincia de San Juan para hacer un nuevo encuentro en el año 2013.

> … Desde el movimiento, convocamos a muchas más organizaciones, a
> todas las mujeres, se armó una nueva comisión e ¡hicimos nuevamente
> el Encuentro con gran éxito! Y como pasa siempre en estos procesos,
> surgieron nuevos grupos que tienen diferencias en los temas políticos
> o programáticos, pero seguimos, hoy existen divisiones que proyectan
> nuevos movimientos, pero a pesar del intento en San Juan de dividirlo,
> romperlo, desde los sectores conservadores tanto del poder político como
> del poder real del país, de la Iglesia, del silencio de los grandes y pequeños
> medios de comunicación que nunca han hablado de los encuentros y en
> general, debo decir a modo de crítica, que tampoco nuestras académicas
> han puesto en valor estos Encuentros, nosotras creemos que es un proceso
> maravilloso que vale la pena estudiarlo porque ha llevado de una partici-
> pación en el inicio de 1000 mujeres en 1986, que dibujaron un modelo
> de encuentro, una forma de encontrarnos, hasta hoy que se realizan con
> participación de más de 60000 mujeres….

Encuentro nacional de mujeres

Seguramente que el Encuentro Nacional De Mujeres, que se impulsa desde Capital Federal a la vuelta a la democracia en 1983, fue un paragua importante para crear ciudadanía en las mujeres de la sociedad argentina. Para el debate y reflexión de las desigualdades y opresiones que cercenan los derechos de las minorías sexuales y de los géneros, particularmente el femenino, sobre todo el tema central para el logro de la ciudadanía de las mujeres, son los derechos no-reproductivos y el aborto, prohibido en la agenda política del sistema patriarcal argentino y de nuestra provincia en particular.

Con la participación de mujeres políticas peronistas, radicales, socia-listas, comunistas, académicas y sindicalistas se organizó este espacio conocido a posteriori como el Encuentro Nacional de Mujeres. Luego de la Conferencia Mundial de Naciones Unidas desarrollada en Nairobi, Perla Welner recuerda que

> … vinieron a Argentina desde Nairobi con la idea de armar un lugar de debate y se organizó de esta forma el encuentro, con una participación horizontal, que es en talleres, que no hay disertantes, que todas las voces valen igual, que nadie dice: bueno como soy diputada, hablo más, no, no, al contrario, nadie se presenta en forma especial, cada mujer va a título personal y no representando a su sector político ni a su partido ni a su movimiento. Entonces esta forma que nos dimos, que es única en el mundo, autosostenida, que aunque sí hay gobiernos que colaboran con esto y con aquello, es autónomo en el sentido de que mantenés tu independencia. No te condiciona una ayuda lo que vas a decir o no decir (…) hoy en el encuentro participan, las católicas, la iglesia en los talleres que antes no participaban, en vez de estar criticando y tirando piedras, vienen al taller y debatimos. Vienen las de los partidos trosquistas que en una primera etapa no adherían al género, porque lo consideraban como un tema de burgueses, porque allí todos son compañeros y compañeras y dicen que se respetan mucho, pero el rol social de la mujer es el que está en debate…

Ciudadanía y Estado

A partir de la década del ochenta, con la llegada de la democracia se lograron importantes reivindicaciones que permitieron un desarrollo más amplio en la construcción de ciudadanía de las mujeres en Argentina. Se reformó la Legislación de Familia: Igualación de los hijos ante la ley, divorcio vincular, patria potestad compartida, pensión a las concubinas, ratificación de la Convención sobre toda forma de Discriminación contra la Mujer, que hoy es texto Constitucional (la única Constitución del mundo que la contiene), ley de la Prevención de la Violencia doméstica, ratificación de la Convención de Belén do Pará contra toda forma de violencia contra la mujer, la Ley de Cupo femenino en las listas electivas de los partidos políticos (único país que la ha incorporado a la Constitución Nacional) y la batalla que aún se libra en todo el país por la vigencia de los derechos sexuales y reproductivos y por la ratificación del Protocolo Facultativo de la CEDAW. Cuando decimos derechos sexuales y reproductivos, incluimos la legalización del aborto. Pero, por sobre todo, impusimos el tema de la igualdad entre los géneros y el problema de la discriminación en las agendas políticas.

Al final de la década se logró forjar un frente de lucha para desafiar el poder patriarcal en los partidos políticos y lograr las cuotas de representación en el Parlamento a través de la ley del cupo femenino. De este modo, el activismo feminista creyó impedir la cooptación partidaria de las mujeres y afianzar su independencia del sistema político vigente y de la disciplina partidaria, porque se pensó, que una masa crítica de mujeres en el Parlamento podría ser el inicio de la articulación de los particularismos y de la subversión del orden patriarcal, aunque este proceso está viciado por las presiones de la Iglesia, que influye e interfiere en las discusiones sobre la ley de salud sexual y procreación responsable, la ley de educación sexual integral y la ley del aborto.

La reforma Constitucional de 1994

La Argentina incorporó al texto legal de la Constitución Nacional de 1994, los tratados internacionales mencionados como el referido CEDAW y Belem do Pará, a partir de ese momento se sancionaron la gran mayoría de leyes provinciales de Violencia Familiar, se modificó la legislación penal en el año 1999 y se dictaron distintas disposiciones administrativas. En diciembre de 1994, se sanciona la Ley N° 24.417 de Protección contra la Violencia Familiar, reglamentada en marzo de 1996 por Decreto 235/96.

Posteriormente se avanza con la aprobación específica de la Ley N°26.485/09 de Violencia de Género para su aplicación en el ámbito público y privado. Esta ley que tiene rango constitucional se coloca en el nivel de jerarquía normativa más alto en el país.

> Sin embargo, a pesar de ser un derecho incorporado en nuestro país, se observan deficiencias en la aplicación de la norma, en la provisión de servicios y en el acceso a la justicia por parte de las víctimas de violencia de género[9].

A principios de la década del 2000, nuevos avances se instituyen legalmente en materia de derechos ciudadanos de género/s, en una coyuntura

---

[9] **¿Algo habrán hecho?**: Una mirada crítica del acceso a la justicia de mujeres víctimas de violencia de género en San Juan/ Laura Fanny Ávila…(et.al.); compilado por Laura Fanny Ávila y Sandra Kirby.- Ed.- San Juan: Universidad Nacional de San Juan, 2014.

política semejante a la del advenimiento de la democracia en los 80´, estos derechos articulan la equidad de género/s y la justicia social.

Se sanciona la Ley de Identidad de Género N° 26.743/09, que es de avanzada a nivel mundial, porque reconoce el derecho a la identidad autopercibida de las personas y no patologiza las identidades trans, y otras.

Ley 25.663 Programa de Salud Sexual y Procreación Responsable (2003); Ley 26.130 de Ligadura de Trompas de Falopio y Vasectomía (2007); Ley 26.150 de Creación del Programa Nacional de Educación Sexual Integral (2006); Ley 26.364 de Prevención y Sanción de la Trata de Personas y Asistencia a sus Víctimas y creación de la Oficina de Rescate y Acompañamiento a las Personas Damnificadas por el Delito de Trata (2008), y su modificatoria Ley 26.482 (2012); Ley 26.618 de Matrimonio entre Personas del Mismo Sexo (2010); Ley 24.828 Sistema Integrado de Jubilación de Amas de Casa (2007); Ley 26.525 de Servicios de Comunicación Audiovisual que promueve el tratamiento plural, igualitario y no estereotipado en los medios, evitando toda discriminación por género u orientación sexual (2009), Asignación Universal por Hijo (2009) y por embarazo (2011); Programa "Ellas Hacen" de Ingreso Social con Trabajo, destinado a mujeres jefas de hogar con tres hijxs o más, y a mujeres víctimas de violencia de género (2013); Ley 26844 de Contrato de Trabajo para el Personal de Casas Particulares(2013); Programa Progresar para Terminalidad de Estudios o Formación Laboral de jóvenes de 18 a 24 años (2014).

En la Provincia de San Juan mediante, el Estado y sus órganos de Protección se desarrollan políticas sociales con enfoque de género, permitiendo la inclusión social, cultural y económica de las mujeres, con programas provinciales y nacionales implementados en la provincia, como el programa "Ellas Hacen", la creación de "Dispositivos de mujer municipal", la implementación del programa "Municipios Saludables", etc.

Sin embargo, y más allá de los esfuerzos en la problemática realizados, no solo por el gobierno, sino también por diferentes organizaciones civiles, estas, no fueron suficiente, sino que nos encontramos en la actualidad con mayores casos de inequidad y violencia hacia las mujeres, así como la imposibilidad de resolución o acceso a la justicia de las víctimas. Si bien la provincia se comprometió en 2015 a fortalecer la Ley Nacional N°26485/09, se continúa priorizando y aplicando la ley N°7943 de Violencia Familiar, cuyo principal objetivo es la prevención en el ámbito de relaciones familiares, priorizando la violencia hacia los niños, adultos mayores discapacitados y mujeres entre otros y todos los miembros de la familia. Las limitaciones de la ley no solo están orientadas hacia una invisibilización de la violencia específica de las mujeres, sino, que esta está limitada al ámbito privado o familiar.

Se detectó que los esfuerzos realizados por el Estado hasta la fecha son escasos, ya que el acceso a la justicia implica información, implementación de políticas públicas y programas de desarrollo con perspectiva de género. Existe carencia de recursos económicos y culturales destinados a la prevención, sanción y erradicación de todas las formas de violencia contra la mujer y que consta la arbitrariedad en el ámbito judicial y policial, donde a menudo las víctimas no encuentran ni la oportuna sanción a los perpetradores, ni la adecuada protección[10].

Ni una menos

Cabe destacar que a pesar de la adhesión a las convenciones internacionales, las leyes, las políticas públicas y el desarrollo de programas sociales, aumenta la vulnerabilidad de los derechos ciudadanos respecto al género femenino y los géneros. Actualmente en nuestro país y en nuestra provincia también, coexiste un aumento exponencial de casos de violencia de género, que cumplen el sinuoso camino de la exposición, denuncian y a veces llegan a judicializar el caso, pero ante la falta de respuesta inmediata por parte del estado, la burocratización, la complicidad con el violento y con la fratria, la mujer vuelve a caer en manos del victimario, hecho que culmina en femicidio.

Al momento de la realización de la primera marcha del #Ni Una Menos, los femicidios se cobraron una víctima mujer cada 30 horas. En 2008 mataron una mujer cada 40 horas; en 2014, cada 30. En esos 7 años, los medios publicaron noticias sobre 1.808 femicidios. ¿Cuántas mujeres murieron asesinadas sólo por ser mujeres en 2015? Un dato que no se conoce porque no hay un registro estadístico de todas las víctimas. Lo terrible de la situación es que estos hechos van en aumento y para el 2017, los femicidios se suceden cada **18 horas en Argentina**.

En respuesta a esta situación a fines de mayo del 2015, se produjo un activismo de mujeres en todo el país, para concientizar, denunciar, acom-

---

[10] Ibidem, Ávila l, kirby Sandra.

pañar, contener y crear nuevas redes para que de manera contundente se expusiera públicamente la problemática de la violencia de género en Argentina.

De modo espontáneo se convoca a la primera Marcha del #Ni Una Menos, Erica Rivas, Juan Minujín y Maitena, destacados comunicadores de la Argentina, leyeron el primer documento armado por las organizadoras que en menos de un mes convocaron a esta marcha, ante el asesinato de Chiara, enterrada en el patio de la casa de su novio. Tenía 16 años y estaba embarazada. Las mujeres actuaron para visibilizar los femicidios después de una seguidilla de muertes de mujeres jóvenes, cuyos cuerpos se exhiben o se entierran, se tiran en los basurales para mostrar una "pedagogía de la crueldad[11]" en la víctima, y desde ese cuerpo sin vida se emite un mensaje de poder a todas las mujeres, a la sociedad y al Estado. El femicidio es un mensaje y un compromiso de lealtad del violento hacia la fratria, para mostrar su virilidad y su capacidad de disciplinar a todo el colectivo de mujeres.

Por eso surge el #Ni una menos, como un grito colectivo, para construir un nuevo "**nunca más**". Repitiendo, no queremos más mujeres muertas por femicidio. Queremos a cada una de las mujeres vivas. A todas. #NiUnaMenos! Perla Welner dice al respecto

> … Eso fue como un decir "basta ya" porque el mismo día del encuentro en esa semana hubo tres femicidios y un cuarto…" y *Marcela Aguilera, de la organización feminista Tarjeta Roja, dice* "… en el Ni una menos, eh ya lo veníamos hablando quienes podían formar y quienes había sufrido violencia ya nos veníamos juntando para armar la marcha que convocó el ministerio, entonces antes íbamos todas las que habíamos pasado violencia, y ese día fuimos bastantes, de repente tantas mujeres gritando queremos justicia, nosotras valemos y no queremos ni una menos, miraba a mis compañeras y muchas chicas nuevas, quería ver sus caras, pero la primera vez yo nunca me olvido que era como decir estoy viva y al fin, salen todas a gritar por mi, por nosotras mismas, una emoción, tantas mujeres gritando por nosotras, por nuestros derechos, por lo que somos , entonces te mueve algo acá y decís, yo digo, bueno estoy viva y la verdad que hasta que no caes ahí decir, yo estoy y mis amigas me dicen vos

---

[11] Segato, Rita, *Estructuras Elementales de la Violencia.* 1° edición: Bernal. Universidad Nacional de Quilmes. 2003.

pudiste y ahí valoras un poquito tu vida después, a pesar de que fue muy amarga, decís estoy viva y llora de emoción….

Conclusión

La ley protege a las víctimas de violencia de género, pero las leyes solas no producen cambios sociales o culturales. Las mujeres marchan por políticas activas para equiparar en los hechos a hombres y mujeres, mayor acceso a los cargos públicos, más presencia femenina en los centros de poder, en las empresas, en puestos jerárquicos, en la toma de decisiones y el respeto de la garantía constitucional de igualdad de remuneración por iguales trabajos.

El Encuentro Nacional De Mujeres, se repite año a año en todo el país, y luego este movimiento del #Ni Una Menos, movimiento de invalorable representatividad que se inicia en junio del 2015 y se despliega en todas las provincias argentinas. Este año, en el 2017 llega a todas las plazas del país, aun en los pueblos más alejados de los centros urbanos encontramos activistas mujeres presentes.

Marchan para cerrar filas en un ambiente comunitario, colectivista, para salir del individualismo, escuchar, acompañar, entregar tiempo, energía y consolidar la solidaridad de las mujeres. Para entrar en el universo de las relaciones cuerpo a cuerpo, cara a cara, construir sororidad y ejercer ciudadanía. Para ampliar el Contrato Social de la Modernidad y romper con las proscripciones que él encierra. Para fundar un espacio comunitario, localizado, capaz de proteger a los géneros, para acompañar las propuestas presentadas para declarar la Ley de Emergencia contra la violencia de género, por NUNCA MÁS y #NI UNA MENOS.

Bibliografía

¿Algo habrán hecho?: Una mirada crítica del acceso a la justicia de mujeres victimas de violencia de género en San Juan/ Laura Fanny Ávila…(et.al.); compilado por Laura Fanny Ávila y Sandra Kirby.-la ed.- San Juan: Universidad Nacional de San Juan, 2014.

AMORÓS, Celia (1995). Hacia una crítica de la razón patriarcal, Barcelona, Anthropos, p. 160.

BROWN, Josefina Leonor (2004). "El género en el estado a la luz de los cambios en los noventa", ponencia presentada en las III Jornadas sobre Discurso Social y Construcción de Identidades: Mujer y Género, UNCórdoba, 27 al 29 de marzo de 2003. *Política y Cultura, primavera 2004,* núm. 21, p. 111-125.

CIRIZA, Alejandra (1993). "Feminismo, política y crisis de la modernidad", *El Cielo por Asalto,* año 2.

núm. 5, Buenos Aires, El Cielo por Asalto, otoño, pp. 153-154. *Política y Cultura,* primavera 2004, núm. 21.

FERNÁNDEZ, Ana María (1993). *La mujer de la ilusión: pactos y contratos entre hombres y mujeres,* Buenos Aires, Paidós.

FRASER, Nancy (2002). "Política feminista en la era del reconocimiento: una aproximación bidimensional a la justicia de género", documento especialmente elaborado para el Seminario PRIGEPP-Flacso, Buenos Aires, PRIGEPP-Flacso.

FRASER, Nancy "Reinventar la justicia en un mundo globalizado". Disponible en: file:///c:/users/unsj/downloads/nlr27003.pdf p. 37.

MARSHALL, T. y BOTTOMORE, T. (1998). *Ciudadanía y clase social.* Madrid, Alianza.

Marion, Young Iris: Vida Política y Diferencia de Grupo: Una crítica del Ideal de Ciudadanía Universal. "Five Faces of Oppresion".

Pateman, Carole, *El contrato sexual,* Anthropos, México: Universidad Autónoma Metropolitana- Iztapalapa (1995).

Segato, Rita, *Estructuras Elementales de la Violencia.* 1° edición: Bernal. Universidad Nacional de Quilmes. 2003.

Capítulo 6

El drama de ser pobre, viejo y latinoamericano: el caso de México

Alejandro Klein

1-Resumen

En la República Mexicana residen 10. 055.379 adultos mayores, de los cuales el 53% son mujeres, mientras que el 47% son hombres (Instituto Nacional de Estadística y Geografía (INEGI, 2010)[12]; (Consejo Nacional de Población, 2002, 2013).

De acuerdo con la tasa de crecimiento anual en México, entre 1990 y 2010 el número de adultos mayores pasó de 5 a 10.1 millones, presentándose un incremento porcentual respecto al total de la población de 6.2 a 9 (INEGI, 2011a). Estos datos indican claramente que México ha entrado dentro de lo que se denomina "envejecimiento poblacional":

> Durante el siglo XX la población de México experimentó importantes transformaciones sociales, económicas, demográficas, políticas y culturales. Uno de los cambios más importantes ha sido la plena y acelerada transición demográfica por la que atraviesa el país, que dio inicio en la década de los treinta con el descenso paulatino de la mortalidad, y que se acentuó a mediados de los setenta con la declinación también de la fecundidad. Estas variaciones han implicado profundos cambios en la

---

[12] Es importante indicar que según el artículo 3o. de la Ley de los Derechos de las Personas Adultas Mayores se entiende por adultos mayores aquellas personas con sesenta años o más de edad.

estructura por edad de la población, donde la cantidad relativa de personas de mayor edad ha aumentado gradualmente, y la de niños tiende a disminuir (INEGI, 2005: 10).

Se espera que alrededor de 2020, la población de adultos mayores alcance su tasa máxima de crecimiento (4.2%), con 14 millones de individuos, lo cual representaría a 12.1% de la población. A partir de ese año, el ritmo de crecimiento de este grupo poblacional comenzaría a disminuir, llegando a experimentar una pérdida de población (crecimiento negativo) en 2050 (-1.58%), cuando serán cerca de 34 millones de adultos mayores (27.7% de la población total) (Villagómez Ornelas, 2009); (INEGI, 2005).

Los datos disponibles muestran que en algunas entidades federativas de muy avanzada transición demográfica ya es muy avanzada como el Estado de México y el Distrito Federal. En otras entidades, si bien el envejecimiento aún no es un fenómeno predominante (como es el caso del Estado de Guanajuato), sería recomendable que las instituciones aprovechen la ventaja que aún tienen y comiencen a preparar la infraestructura de servicios propia de una población envejecida (Villagómez Ornelas, 2009).

2-Familias y hogares

Datos censales de 2010 indican que en el país hay 28.2 millones de hogares y en uno de cada cuatro (26.1%) cohabita al menos una persona de 60 años y más. La mayor parte de los adultos mayores forma parte de un hogar familiar: 43.4% cohabita en un hogar nuclear y 44.5% forma parte de un hogar ampliado y compuesto (INEGI, 2011: 2012).

La estructura de parentesco en los hogares nucleares indica que dos de cada tres (64.2%) son jefes del hogar mientras que 34.6% son cónyuges, sólo 1.2% son hija(o). En tanto que en los hogares ampliados y compuestos la configuración del parentesco cambia y surgen otras figuras asociadas a las personas en edad avanzada, como es el caso de los abuelos o de la suegra(o), entre otras. En este contexto, es frecuente que los adultos mayores vivan (voluntariamente o no) con alguno de sus hijos, lo que constituye en la mayoría de los casos una estrategia de supervivencia y bienestar, sobre todo, en etapas más avanzadas de envejecimiento. Uno de cada dos adultos mayores (51.7%) que cohabita en un hogar ampliado o compuesto es considerado como jefe del hogar; 18.9% es cónyuge del jefe; 13.5% es madre o padre del jefe, 6.1% son suegra(o); 9.1% tiene otro parentesco y 0.7% no tiene lazos sanguíneos con el jefe del hogar (INEGI, 2010).

Actualmente, los adultos mayores saludables brindan a los hijos apoyos cuidando a familiares durante varios años; estos apoyos se prolongan varios años después de que los hijos han dejado el hogar paterno; por ejemplo, los abuelos se encargan de una parte del cuidado de los nietos (Saraceno, 2008). Cuando los adultos mayores tienen malas condiciones de salud, el cuidado de los padres recae en los hijos y, en especial, en las hijas. No obstante, también existe la posibilidad de que la cohabitación no sólo se refiera a la dependencia de los padres con respecto a los hijos, sino también a la situación contraria: la dependencia de los hijos adultos en relación con los padres (Hakkert y Guzmán, 2004).

Este fenómeno tiene repercusiones especialmente graves en el caso de las personas mayores que experimentan cotidianamente la pobreza (Salgado y Wong, 2003).

Uno de cada siete (14.5%) hogares donde hay al menos un adulto mayor es unipersonal, lo que en términos de población representa 10.7% de las personas de 60 años y más. En este tipo de hogares, las mujeres tienen una mayor presencia, la cual se hace más predominante conforme avanza la edad: 56.3% de las personas que viven solas en la etapa de vejez (60 a 64 años) son mujeres y esta proporción aumenta a 62.3% en aquellos que transitan por una vejez avanzada (80 años y más). Vivir solo representa importantes retos y limitaciones para los adultos mayores, ya que por su edad se presentan enfermedades degenerativas o discapacidades físicas que necesitan del apoyo de familiares y amigos (INEGI, 2010).

3-Procesos de discriminación

Al mismo tiempo es necesario indicar que la población de adultos mayores sufre procesos de **discriminación diversos**. Según los *Resultados sobre personas adultas mayores* de la *Encuesta Nacional de Discriminación en México* (INAPAM, 2010), el 27.9% de las personas mayores de 60 años han sentido alguna vez que sus derechos no han sido respetados por su edad, 40.3% describe como sus problemas principales son los económicos, 37.3% la enfermedad, el acceso a servicios de salud y medicamentos, y 25.9% los laborales.

Diferentes datos muestran que 17.7% de los adultos mayores reside en viviendas con un hacinamiento mayor a 2.5 personas por cuarto, 3.4%

habitan viviendas que presentan carencia por piso de tierra; 1.8% habita en una vivienda con techos de lámina de cartón o desechos y 1.4% lo hace en viviendas con muros de embarro o bajareque; de carrizo, bambú o palma; de lámina de cartón, metálica o asbesto; o material de desecho (ENIGH, 2013).

El 20.7% de los adultos mayores habitan en viviendas donde el combustible para cocinar es carbón o leña, esta es la más común de las carencias por servicios básicos en sus viviendas; 9% no cuenta con drenaje conectado a la red pública o a una fosa séptica; en tercer lugar están las viviendas sin agua entubada dentro de la vivienda o dentro del terreno (8.5%) y dada la cobertura casi universal de viviendas con servicios de electricidad, esta carencia es la de menor porcentaje con 0.9 por ciento (ENIGH, 2013).

4-Pobreza

En México, la pobreza multidimensional se define como la situación de una persona cuando presenta carencia de al menos uno de sus derechos relacionados con el desarrollo social, y si además sus ingresos son insuficientes para adquirir los bienes y servicios que requiere para satisfacer sus necesidades. De acuerdo con el Consejo Nacional de Evaluación de la Política de Desarrollo Social (CONEVAL, 2012), en 2012, 43.2% de la población de 60 años y más padece pobreza multidimensional.

En total, siete de cada diez adultos mayores (72%) padece vulnerabilidad social, es decir, que presentan por lo menos alguna de las siguientes carencias sociales: rezago educativo, no tienen acceso a los servicios de salud, tampoco tienen acceso a la seguridad social, presentan deficiencias en la calidad y los espacios de la vivienda, así como en los servicios básicos en la misma y carece de acceso a la alimentación. Llama la atención que 28.8% de los adultos mayores presenta carencias sociales pero su ingreso es superior a la línea de bienestar.

Por otra parte, uno de cada dos adultos mayores (49.4%) son vulnerables por ingresos, es decir, su ingreso es inferior o igual a la línea de bienestar; esta proporción se compone por 43.2% de adultos mayores que también son vulnerables por carencias sociales y 6.2% que solamente es vulnerable por ingresos pero no presenta carencias sociales. Destaca que solamente 21.8% de los adultos mayores son considerados "no pobres multidimensionales ni vulnerables por ingresos o por carencias sociales y de ingresos" (CONEVAL, 2012, p. 14).

Según la intensidad y profundidad de la pobreza multidimensional, el CONEVAL (2012) estimó que en 2012, 10% de los adultos de 60 y más años se encuentran en pobreza multidimensional extrema, es decir, pertenecen a hogares que aun al hacer uso de todo su ingreso en la compra de alimentos, no pueden adquirir lo indispensable para tener una nutrición adecuada y presentan al menos tres carencias sociales de las seis incluidas en el cálculo del índice de privación social. En conjunto, 8 de cada 10 adultos mayores presenta algún tipo de vulnerabilidad, ya sea en sus derechos sociales o su ingreso.

5-Violencia

La Encuesta Nacional sobre la Dinámica de las Relaciones en los Hogares 2011 (ENDIREH 2011) reporta que en México, de las mujeres de 60 y más años, 45% declaró haber sufrido algún tipo de violencia por parte de su pareja o ex pareja (a lo largo de su vida). El tipo de violencia ejercida por su pareja con más alto porcentaje es la emocional, puesto que 90.5% de las adultas mayores declaró haber sido víctima de esta forma de agresiones, en las cuales, los medios más frecuentes fueron: 62.4% dejarles de hablar; 52.2% ignorarlas, no tomarlas en cuenta o no brindarles cariño y 48.3% avergonzarlas, menospreciarlas o humillarlas. Mientras que en este conjunto de edades, las agresiones sexuales son las menos comunes (23.5 por ciento) (Vargas, E., Velázquez, C., Galicia, L., Villarreal, E. y Martínez L. , 2011) (Montoya, 1997).

6-Estereotipos negativos

Cuando la violencia no es física, se verifica su presencia a nivel simbólico, a través de estereotipos sociales negativos que generan una sensación de "amenaza" a la integridad personal, menor rendimiento a nivel de la memoria (Levy, 1996), en el sentimiento de autoeficacia (Levy, Slade, Kunkel & Kasl, 2000), en la capacidad para la escritura (Levy, 2000) en trastornos de salud (Levy, Slade, Kunkel & Kasl, 2000) y en toda una serie conflictos a nivel laboral y sexual (Iacub,2003, 2006). El reconocimiento de valor y utilidad social incide en un mejor nivel de funcionamiento psicológico y de la calidad de vida así como disminuye el riesgo de mortalidad (Ekerdt, Bosse & Levkoff, 1985) y puede constituirse en un indicador de un envejecimiento exitoso (Fisher, 1995). En Francia, un estudio longitudinal realizado en un período de cuatro años demostró por el contrario, que las personas que no se sienten útiles socialmente tenían mayores probabilidades de quedar discapacitadas tanto a nivel físico como mental (Grand, Grosclaude, Bocquet, Pous, & Albarede, 1988).

7-Ocupación

Hay adultos mayores que aún se insertan en el mercado laboral por una decisión voluntaria asociada con el deseo de seguir realizándose como persona, en tanto que otros, están obligados por la necesidad de un ingreso insuficiente, ya sea por falta de prestaciones sociales o porque los montos en las jubilaciones y pensiones son reducidas. De acuerdo con la Encuesta Nacional de Ocupación y Empleo (ENOE, 2013), durante el segundo trimestre de 2013, la tasa de participación económica de la población de 60 años y más es de 33.8%, en los hombres es mayor (50.8%) que en las mujeres (19.5%) y su comportamiento por edad indica que disminuye conforme ésta avanza: casi la mitad de los adultos mayores que están en la etapa de prevejez (49.6%) se inserta en el mercado laboral como personal ocupado o como buscador de empleo y disminuye a 9.8% en los que están en vejez avanzada.

Por otra parte, las condiciones laborales de los adultos mayores que se ocupan de manera subordinada y remunerada (34.9%) no son muy favorables, ya que la mitad (48.8%) de ellos no reciben prestaciones (INEGI, 2013).

Tres de cada cuatro adultos mayores (74.9%) se insertan al mercado laboral bajo condiciones de informalidad. Por grupos de edad, se observa que los adultos mayores que se emplean informalmente son los que perciben el menor ingreso, 56.2% gana hasta dos salarios mínimos y 16.4% no recibe ingreso por su trabajo, en conjunto, siete de cada diez (72.6%) obtienen ingresos por su trabajo que no son muy favorables (INEGI, 2005).

8-El problema sanitario

El aumento en la sobrevivencia de la población ha provocado que la mayor parte de las defunciones se den en edades avanzadas: de las 591 mil muertes registradas en 2011, 61.4% corresponden a personas de 60 años y más. Muchos de los fallecimientos en este grupo de población se producen por enfermedades crónicas degenerativas, entre las que destacan: la diabetes mellitus, las enfermedades isquémicas del corazón, las enfermedades cerebrovasculares, las enfermedades crónicas de las vías respiratorias inferiores, las enfermedades del hígado y las enfermedades hipertensivas; en conjunto, estas seis causas concentran 54.8% de los fallecimientos ocurridos en este grupo poblacional. Uno de cada cuatro adultos mayores que falleció en 2011 (22.6%) no tenía derecho a un sistema de salud (OPS; 2007); (INSP, 2012).

Los datos muestran además que la cobertura de los servicios de salud a la población con 65 años o más sigue siendo limitada, *"pues sólo el 43.9% es derechohabiente de alguna institución de salud"*, (Mancinas-Garay, 2013:400). Además de las limitaciones de cobertura de la salud, *"existe evidencia de que la calidad en la prestación de estos servicios es cuestionable"* (Rojas- Ulloa, 2002:52).

9-Pensiones y redes sociales

A diferencia de lo que ocurre en sociedades donde el sistema de **pensiones** está muy extendido, en México los adultos mayores no siempre pueden ayudar económicamente a los hijos, ya que pocos adultos mayores disponen de pensiones o capital acumulado.

En 2001, sólo 18% de los adultos mayores que trabajaron alguna vez recibía pensión; esta baja cifra puede deberse, en parte, a la alta frecuencia de la informalidad en el mercado laboral (Rabell y Murillo, 2009). Por otro lado, en México, "cerca del 50% de la población mexicana con 65 años o más no tiene derecho a sistemas de salud" (Mancinas-Garay, 2013, :396).

En especial, cuando las personas llegan a la edad de la jubilación y empiezan a vivir la pérdida de la pareja, de amigos y de parientes de su mismo grupo etario, las redes generalmente se contraen.

En consecuencia, las redes familiares son cambiantes y no siempre proveen recursos (Rabell-Murillo, 2013). Se trata de un déficit a la dimensión afectiva de la solidaridad (Bengtson y Roberts, 1991), ya que casi una quinta parte declaró no tener ninguna persona cercana fuera de su hogar, (Murillo, 2009). De esta manera, diversos estudios sobre las "redes sociales" de las personas mayores constatan que la pertenencia a una red no garantiza recibir el apoyo social y afectivo necesario (Guzmán *et al.*, 2002).

10-El dilema de las familias

Vivir con familiares, especialmente con los hijos, tiene costos y beneficios, tal como afirman Burr y Mutchler (1992). Los beneficios para los adultos mayores incluyen apoyos físicos, emocionales y financieros. Los costos asociados son la pérdida de estatus, de privacidad y de independencia.

Por otro lado, si analizamos la relación entre los arreglos residenciales y el estatus socioeconómico, encontramos que el 74% de las personas que viven solas están ubicadas en los dos quintiles socioeconómicos más bajos; este arreglo está asociado a las condiciones socioeconómicas más precarias (Rabell-Murillo, 2013).

Los hijos constituyen la principal fuente de apoyo proveniente de personas no corresidentes. Aun en los casos en que no conviven con sus padres, los hijos asumen obligaciones filiales. También los hermanos y otros parientes brindan apoyos. La fuerza de los vínculos basados en la consanguinidad es notable, "aunque debe destacarse el hecho de que los amigos desempeñan un papel nada desdeñable, es decir, que los vínculos selectivos también tienen fuerza" (Rabell-Murillo,2013: 329).

Pero aunque los cuidadores hagan esta tarea con amor, no deja de ser una experiencia agobiante y angustiante (Swagerty y Takahashi, 1999; Montoya, 1997; González y Nelly, 2006), pudiendo generar agresividad e irritabilidad.

Muchas veces si la familia asume estas tareas es porque se siente responsable ante la falta de apoyos gubernamentales, que más que ser secundarios (CEPAL, 2000) parecen ser francamente prescindentes.

11-Una sociedad que desampara

La solidaridad es un concepto que enmarca adecuadamente las ayudas afectivas y sociales que analizamos. Tal como Bengtson y Roberts (1991) definen la solidaridad, ésta tiene una dimensión estructural aplicada a las ayudas recibidas provenientes de parientes y allegados no corresidentes con los adultos mayores, que contribuyen al bienestar de los mismos. Pero por otro lado, los datos manejados indican cómo se ha "quebrado" el contrato implícito entre la vejez y la red social de la modernidad keynesiana (Klein, 2006). Este contrato enunciaba de forma tácita, pero no por eso menos vigorosa, que esa sociedad era un espacio amplio y generoso, con capacidad de "albergar" y proteger a aquellos más desamparados y desvalidos (Klein, 2013).

Se trataba de un acuerdo entre partes, donde más allá de probables enfrentamientos, existía una reconciliación inquebrantable de fondo. La sociedad generaba condiciones apropiadas de dignidad y protección, "atenta" a sus integrantes.

Sin embargo las cosas se han modificado. La sociedad mexicana ya no alberga sino que desampara al anciano. Ya no tiene lugar ni recursos para todos sus adultos mayores y el pasaje por distintas experiencias de seguridad de vuelve casi un imposible.

Es inevitable que en estas condiciones, emociones de confianza y reciprocidad sean substituidas por otras, de desconfianza y paranoia:

> Interrogamo-nos sobre as relações de ódio (senão, de hostilidade) existentes na sociedade brasileira entre um segmento populacional ... que (...) se sente "violentado" na sua condição de ser humano, e uma parte da sociedade que teme e repudia uma porção .... considerada "imprestável" socialmente e que atua no sentido de "eliminá-la " (Missae, 2002: 28) .

Parecería que este orden societario necesita de los integrados y de los expulsados, produciendo un inexistente, *"un "desaparecido" de los escenarios públicos y de intercambio. El expulsado perdió visibilidad, nombre (...) transitan por una sociedad que parece no esperar nada de ellos* (Duschatzky, 2002, p. 18).

Sociedad que necesita que algunos de sus integrantes estén en un no-lugar *"por lo que parte de sus miembros y especialmente... de las clases sociales más carentes, asumen un lugar de sobrantes"* (Coutinho, 2000, p. 53).

12-Presentación de la problemática de ciudadanía

La consolidación de la ciudadanía hace que se efectivice: *"una gradual y creciente valorización de las prerrogativas y de los derechos de la persona"*(Vasconcelos,1988, p. 82). Como es sabido Marshall (1965, 1969,1998) distingue tres elementos dentro del concepto de ciudadanía: derechos civiles, políticos y sociales. Es interesante hacer notar que para Marshall estos derechos son progresivos e históricos. Primero surgen los derechos civiles (siglo XVIII), luego los políticos (siglo XIX), y finalmente luego los sociales (desde el siglo XX). Esta posición es criticable como una visión funcionalista que enfoca el cambio de una sociedad pre-industrial a otra industrial dentro de una perspectiva evolucionista (Vasconcellos, 1988). Por otro lado, es necesario recalcar sus aspectos claramente utópicos[13] e ingenuos en el sentido de una marcha irreversible de la ciudadanía, desarrollando sus aspectos de mayor riqueza social.

Asimismo, cabe señalar que las ideas de Marshall expresan el consenso extendido de que los derechos sociales implican la impostergabilidad y el *"derecho de participar integralmente en la herencia social"* (Vasconcellos, 1988, p. 27), como una práctica justa y razonable.

Coutinho por su parte enfatiza que los derechos de ciudadanía son esencialmente sociales, resaltando la importancia de la *"'expectativa' de poder recibirlos"* (Coutinho, 2000, p. 53). Esta expectativa se relaciona al cumplimento de una "promesa" (Klein, 2006) emancipatoria:

> es preciso concebir la modernidad también desde el ángulo de la ampliación y de la universalización de la ciudadanía, o sea, concebirla como una época histórica marcada por la promesa de plena emancipación de los hombres (...) (Coutinho, 2000, p. 68-69).

Sin embargo, los datos ya manejados parecen indicar que el progresivo ejercicio de la ciudadanía política de la sociedad envejecida mexicana está seriamente desfasada con respecto a diversos derechos sociales y culturales. En tal sentido, surgen como emergentes sensibles el no poder garantizar a sus ciudadanos una educación básica, un mínimo de seguridad económica y ciertos servicios sociales imprescindible (Dahrendorf, 1997). Los derechos sociales que Marshall menciona (Marshall y Bottomore, 1998); (Marshall, 1965, 1969), se transforman desde esta realidad en privilegios de clase de los cuales están excluidos una amplia franja de la población:

> Para gozar de autonomía, es decir, de libertad para decidir qué hacer con sus vidas, los individuos deben disponer de determinadas oportunidades sociales, desde las más básicas (alimento, vivienda, salud, educación, etcétera), hasta otras más complejas (como la inclusión en el mercado

---

[13] *"En muchos países europeos varios de estos progresos recién ocurrieron en los últimos cincuenta años y frecuentemente en un orden inverso. Y aún en Inglaterra la evidencia histórica habla de un 'modelo de flujo y reflujo' más que de un esquema lineal"* (Kymlicka-Wayne,1996, p. 5-8).

laboral, las garantías de justicia, la participación política o la redistribución de recursos). Es, por tanto, en la igualdad de estas oportunidades hacia donde debe encaminarse el objetivo de lo que conocemos como ciudadanía social, y a la acción de los poderes públicos corresponde orientarse hacia su maximización (Freijeiro Varela, 2008: 160).

Como se sabe Marshall insistía en que los derechos sociales eran un elemento esencial para completar la ciudadanía, la que relacionaba al logro de la civilización y "[…] conforme a los estándares predominantes en la sociedad" (Marshall y Bottomore, 1998: 52).

Si el rol del Estado es velar y sostener los derechos descriptos podría decirse, a partir de los datos presentados, que el Estado mexicano se ha mostrado incompetente en desarrollar los mismos. Los derechos civiles y sociales están difuminados y en especial se han deslegitimado o vuelto descartables los derechos sociales.

El Estado mexicano no cree pertinente encargarse de derechos sociales aunque precisa que sus viejos voten dentro de una población cada vez más envejecida (IFE, 2012). En este sentido, cabe interrogarse si su participación es como ciudadanos o como votantes desprovistos de cualquier derecho de ciudadanía política.

Aunque el término ya sido muy usado (Bauman, 1999), nos preguntamos si la ciudadanía mexicana y la latinoamericana en general, no ha pasado de ser sólida a fluida, en función de la irregularidad crónica de los derechos de ciudadanía, teniendo en cuenta que:

> los derechos ciudadanos se expanden o repliegan en diferentes momentos históricos, siendo particularmente vulnerables los derechos políticos y civiles, sujetos a innumerables suspensiones y atropellos en el marco de los diversos autoritarismos que ha conocido la región (Pilotti, 2000, p. 30).

Estos ciclos de expansión y retracción, con momentos de suspensión y congelamiento de los diferentes derechos hace difícil aplicar la diferencia de ciudadanía formal o sustantiva de Bottomore (Marshall & Bottomore, 1998) al caso mexicano. La ciudadanía formal o la ciudadanía sustantiva probablemente no se pueden sostener por sí mismas ni independientes una de la otra. La "ajenidad" de sentirse parte del gobierno del Estado-Nación, como ciudadanía política se acompaña de la "ajenidad" de poder reclamar derechos civiles y sociales que se vuelven esquivos o se postergan inalcanzablemente. Como ya hemos indicado esta situación se acompaña de enormes diferencias sociales que anulan las posibilidades de reciprocidad social:

> Este sistema de redistribución de responsabilidades necesita, para su funcionamiento y supervivencia, de la existencia de un amplísimo grado de consenso entre los miembros de la sociedad, pues sin él ninguna política de bienestar sería factible (Freijeiro Varela, 2008 :164).

Como ya hemos señalado es el mercado, pero principalmente la familia, las instituciones en las que el estado mexicano delega la necesidad de cuidar y proteger a un anciano al que se estereotipa simultáneamente desde el paradigma de la decrepitud y el deterioro. Es lo que Crouch (2003) ha denominado la "comercialización de la ciudadanía", lo que puede ser tomado también como situación de supervivencia desde las condiciones del mercado (Dahrendorf, 1997).

De esta manera se hacen presentes aspectos de un proceso de desciudadanización, que se agudiza obviamente entre los grupos sociales más pobres y desprotegidos, por lo cual el anciano pierde marcos de referencia identitarios y de integración social, con extrema dificultad para que emerjan referentes sociales substitutivos.

13-El poder político de la sociedad de envejecimiento

Sin embargo, los datos electorales que se imponen (IFE, 2012) indican que a corto o menor plazo, el adulto mayor ya no podrá ser ignorado en su capacidad política, lo que de una u otra manera hará que la percepción que el Estado tiene del mismo se modifique. Un escenario probable será entonces que el Estado comience a dar pasos hacia el reconocimiento y el otorgamiento de derechos sociales y civiles. En otras palabras, tendrá que asumir la ambigüedad del adulto mayor que de actor político destituido de su condición civil y social, se transforma por efectos del envejecimiento poblacional, en actor decisivo de decisiones y orientaciones políticas. Una perspectiva optimista es que esta ambigüedad podría generar condiciones para beneficiar su ciudadanía social (Kymlicka y Norman, 1997).

Desde este panorama un vaticinio posible es que el envejecimiento poblacional posibilitará que los adultos mayores se transformen en un grupo de poder avalado y legitimado por el Estado. En este sentido: un actor impredecible en la escena política capaz de hacer reconocer sus intereses comunes (Mouffe, 1999).

Por otro lado si la idea de Marshall de que en una democracia los miembros de la comunidad comparten diferentes concepciones sociales (Barbalet, 1988) es correcta, cabe preguntarse si la entrada de la sociedad del envejecimiento al "territorio" electoral seguirá permitiendo conservar concepciones colectivas compartidas sobre justicia, representación, política o si por el contrario prevalecerá la fragmentación o la polisemia en el escenario político mexicano. Todo dependerá, quizás, de hasta qué punto el adulto mayor mantenga o "fracture" las formas tradicionales de representación y ciudadanía política.

Lo que se puede afirmar es que la sociedad del envejecimiento augura casi seguramente una agenda social y política que requerirá de cambios y nuevas perspectivas. Por lo pronto es necesario tener en cuenta que el alto número de votantes adultos mayores en las elecciones de 1912 no revela una excepción ni una sorpresa, sino una tendencia que se acentuará en las siguientes décadas; décadas en que serán las personas de entre 60 y 80 años las que decidirán el rumbo político del país. En este sentido recordemos que en México:

> el proceso de envejecimiento se hizo evidente a partir de la última década del siglo pasado, mostrando una inercia que cada vez se hace más notoria; en 2012 la base es más angosta que en 1990, debido a que la proporción de niños y jóvenes es menor, mientras que la participación relativa de adultos mayores pasa de 6.2% a 9.3% y se espera que en 2050 sea de 21.5 por ciento (Inegi, 2013:2).

14-Conclusiones: la solidaridad y la precariedad

La escasez de estos referentes sociales substitutos ponen al anciano en posiciones de riesgo y sacrificio:

> A época moderna está assim vendo se disseminar uma nova forma sacrificial: o sacrifício ao quadrado. Trata-se de um gesto sacrificial novo que, ao se perpetrar, permite criar o ponto de apoio necessário, que faltava, para enfim viver, nem que seja por um instante, antes de desaparecer. Essa nova forma sacrificial começa com o sacrifício de vítimas precisamente escolhidas (...) Com certeza resta um apelo desesperado ao laço social (Dofour, 2005: 102).

De esta manera hay cada vez menos personas disponibles para cuidar de los ancianos cuando necesiten ayuda (OMS, 2002), aunque las cargas de cuidado tenderán a incrementarse de manera exponencial en las próximas décadas, lo que generará una crisis en el sistema de cuidados en la región latinoamericana (CEPAL, 2009).

En el caso de México, el envejecimiento poblacional acentúa las inequidades de género, las generacionales y las intergeneracionales, y advierte sobre la producción gradual de nuevos riesgos sociales, *"así como sobre la posible exacerbación de procesos de exclusión social y la inminente necesidad de colectivizar el cuidado atendiendo a su multidimensionalidad y con todas las implicaciones que ello conlleva"* (Enriquez Rosas, 2013: 375).

Además, los sistemas de protección informal señalan el desgaste de sus recursos materiales, afectivos y simbólicos sin que aparezcan medidas paliativas (Arriagada, 2007).

En México hay muy pocas instituciones que se dediquen a atender y cuidar a las personas mayores, y estas instancias tienen en su mayoría enfoques muy limitados (Ham Chande, 2003). El Estado ha delegado el cuidado y la asistencia económica de los adultos mayores a las familias y a las redes sociales informales (Viveros, 2001), lo que no ha hecho sino incrementar los procesos de fragilidad y precariedad, (Vara ,2006), lo que:

> adquiere especial relevancia por las consecuencias actuales y futuras del resquebrajamiento de los tejidos sociales urbanos en las grandes ciudades, la pérdida de centralidad de la familia como dadora y receptora de las múltiples tareas asociadas al cuidado (Enríquez Rosas, 2013:385).

De esta manera, los ancianos se mantienen marginalizados e invisibilizados (Enríquez, 2010), configurados subjetivamente desde la tristeza, el desamparo, la soledad y la desprotección ((Enríquez Rosas, 2013), y enfrentados permanentemente a las fallas en los sistemas públicos de apoyo, (Ham Chande, 2003). Asimismo, los ancianos de mayor edad (85 o más) son los que presentan el más bajo porcentaje de recepción de ingresos por concepto de pensión, (Mancinas-Garay, 2013), configurándose un cuadro de extrema vulnerabilidad:

> Como muestra de la disminuida cobertura social en la vejez, se tiene que sólo el 16.4% de la población con 65 años o más recibe pensión y seguro médico; los grupos más envejecidos y las mujeres son los que cuentan en menor medida con estos dos beneficios (Mancinas-Garay, 2013:403).

Las instituciones ya no "esperan" ni cuidan a quienes las habitan, perdiéndose referentes fundamentales en tanto estructura social (Lewkowicz, 2004): *"Entramos en la crisis de la modernidad cuando hacemos la experiencia de que las instituciones no cumplen su función principal de continuidad y regulación"* (Kaës, 1993: 18).

La cuestión de la vejez no se resuelve entonces solo con nuevas tecnologías médicas, o nuevas oportunidades de vida, sino con la resolución de deudas sociales que por el momento se muestran irresolubles en tanto desmienten y anulan cualquier proyecto de contrato social que sostenga el derecho de ciudadanía en torno a los adultos mayores

Esta capacidad de participación está directamente relacionada a la capacidad de mejoramiento de salud, ciudadanización y de calidad de vida (Sen, 2005), factores que promueven el empoderamiento y la capacidad de movilización de los grupos sociales y su influencia en la toma de decisiones (De Vos et all, 2009); (Arias, Polizzi, 2010).

Opuesto a la capacidad participativa nos encontramos con una neutralización y una negación a hablar de *exigencias distributivas*, (Dabove, 2002), que indican la postergación indefinida de las exigencias de bienestar social, apoyo comunitario y desarrollo ciudadano.

Sin embargo no es solo un problema jurídico. Sostener los derechos de la vejez (Dabove, 2013) no subsana ni soluciona la problemática de la existencia social y ciudadana del anciano.

En general, como muestra este trabajo, no existe conciencia del hombre anciano como sujeto de derechos por lo que se le transforma en un ser "invisible" socialmente Esta "invisibilidad" que niega el protagonismo a un anciano en una sociedad que por el contrario está cada vez entrando más en una sociedad de ancianos constituye una grave paradoja. Su peor consecuencia podría ser que la ventana de oportunidad demográfica de la que aún disfruta México (Leeson, 2013) para repensar políticas públicas acordes a una sociedad de envejecimiento se pierda inexorablemente ante una estructura crónica de desciudadanización del adulto mayor de la que el país no se puede desprender.

Bibliografía

Arias, Claudia y Polizzi, Luciana, (2010), "La red de apoyo social en la vejez. Pérdidas e incorporación de nuevos vínculos". *Interpsiquis*. (2010). Disponible en: http://hdl.handle. net/10401/934 [Consultado el 4 de julio de 2013].

Arriagada, Irma, (2007), "Transformaciones familiares y políticas de bienestar en América Latina", en Arriagada, I. (coord) *Familias y políticas públicas en América Latina: Una historia de desencuentros*, Santiago de Chile: Cepal/unfpa (Libros de la cepal, 96), pp. 125-152.

Barbalet, Jack, (1988), *Citizenship. Rights, Struggle and Class Inequality*. Minneapolis, University of Minnesota Press.

Bauman, Zigmunt, (1999), *Modernidade e Ambivalencia*. Brasil, Jorhe Zahar Editor.

Bengtson, Vern Leonard y Robert E. L. Roberts, (1991), "Intergenerational Solidarity in Aging Families: An Example of Formal Theory Construction". *Journal of Marriage and the Family* 53: 856-870.

Burr, Jefffrey y Jan Mutchler, (1999), "Race and Ethnicity Variation in Norms of Filial Responsibility among Older Persons" *Journal of Marriage and the Family* 61 (3), pp. 674-687.

CEPAL, (2009), Políticas públicas y crisis de cuidado en América Latina: alternativas e iniciativas, en *Panorama Social de América Latina*, Santiago de Chile, Cepal, pp. 227-240.

CONEVAL, (2012), *Consejo Nacional de Evaluación de la Política Social*. Disponible en: http://www.coneval.gob.mx/medicion/Paginas/Medici%C3%B3n/ Pobreza%202012/Pobreza-2012.aspx [Consultado el 1 de febrero de 2013].

CONAPO, (2002), *Proyecciones de población de México 2000-2050: Nacionales, estatales y municipales*. México. Disponible en http://www.conapo.gob. mx/00cifras/5.htm [Consultado el 15 de mayo de 2010].

CONAPO, (2013), *Proyecciones de la Población en México 2010-2050*. México. Disponible en: http://www.conapo.gob.mx/en/CONAPO/Proyecciones [Consultado el 20 de julio de 2014].

Coutinho, Carlos, (2000), *Contra a corrente- Ensaios sobre Democracia e Socialismo*. São Paulo, Cortez.

Crouch, Colin, (2003), *Commercialisation or Citizenship. Education policy and the future of public services*. Londres, The Fabian Society.

Dabove, Maria Isolina, (2002), *Los derechos de los ancianos*. Buenos Aires, Argentina.

De Vos P., Malaise, G. et al., (2009), Participación y empoderamiento en la atención primaria en salud: desde Alma Ata hasta la era de la globalización, en *Medicina Social*, vol. 4, núm. 2. Disponible en: http://es.scribd.com/

doc/17138599/Empoderamiento-en-Salud. [Consultado el 2 de febrero de 2013].

Dahrendorf, Ralf, (1997), "La naturaleza cambiante de la ciudadanía" en *La Política. Revista de estudios sobre el Estado y la sociedad*, núm. 3, pp. 139-149. Barcelona.

Dufour, Daniel, (2005), *A arte de reduzir as cabeças. Sobre a nova servidão na sociedade ultraliberal*. Brasil, Companhia de Freud Editora.

Duschatzky, Silvia *et al.*, (2002), *Chicos en banda. Los caminos de la subjetividad en el declive de las instituciones*. Buenos Aires, Paidós.

Ekerdt, David; Bosse, Raymond y Levkoff, Sue, (1985), "An empirical test for phases of retirement: Findings from the Negative Aging Study". *Journal Gerontology* 40 (1), pp. 5-101.

Freijeiro Varela, Marcos, (2008), "¿Hacia dónde va la ciudadanía social? de Marshall a Sen". Volumen 5, número 9, diciembre, 2008, pp. 157-181. Andamios. México, Colegio de Humanidades y Ciencias Sociales, Universidad Autónoma de la Ciudad de México.

Enríquez Rosas, Rocio, (2013), "Preferencias sobre cuidados en vejez avanzada en México: diagnóstico, dilemas y desafíos en contextos de pobreza en tres estados de la República", en Montes de Oca, V (coord) *La agenda del Envejecimiento y las Políticas Públicas Hoy*. México, Instituto de Investigaciones Sociales, Unam, pp. 373-394.

Fischer Bradley. J., (1995), "Successful Aging And Creativity In Later Life".

International Journal of Aging and Human Development,41, pp. 239-250, Disponible en: http://dx.doi.org/10.2190/ HA9X-H48D-9GYB-85XW [Consultado el 12 de marzo de 2010].

González, María Guadalupe y Salgado, Nelly, (2006), "El maltrato en el adulto mayor: factores de riesgo en un contexto de pobreza", en Nelly Salgado y Rebeca Wong (coord), *Envejecimiento, pobreza y salud en población urbana. Un estudio en cuatro ciudades de México*, México: Instituto Nacional de Salud Pública, pp. 120-134.

Grand, A.; Grosclaude, P. Bocquet, H.; Pous, J. y Albarede, J. L., (1988), "Predictive value of life events, psychosocial factors and self-rated health on disability in an elderly rural French population". *Social Science & Medicine*, 27 (12), pp.1337-1342, Disponible en: http://dx.doi.org/10.1016/0277-9536(88)90198-0 [Consultado el 8 de abril de 2010].

Guzmán, José Miguel, Huenchuan, Sandra y Montes de Oca, Verónica, (2002), "Redes de apoyo social de las personas mayores: marco conceptual". Documento de resultados de la *Reunión de Expertos en Redes de Apoyo Social a las Personas Mayores: el Rol del Estado, la Familia y la Comunidad*. Santiago de Chile, Cepal Disponible en: <http://www.eclac.org/publicaciones/xml/0/14200/lclg2213_p2.pdf>.[Consultado el 5 de abril de 2014].

Hakkert, Ralph y Guzmán, José Miguel, (2004), "Envejecimiento demográfico y arreglos familiares de vida en América Latina" en: Marina Ariza y Orlandina de Oliveira (coords). *Imágenes de la familia en el cambio de siglo*, México Unam/Instituto de Investigaciones Sociales, pp. 479-518.

Ham Chande, Roberto, (2003), *El envejecimiento en México: el siguiente reto de la transición demográfica*. México, Miguel Ángel Porrúa.

IFE, (2012), *Estudio censal de la participación ciudadana en las elecciones federales de 2012*, México. Disponible en: http://www.ife.org.mx/docs/IFE-v2/DECE-YEC/DECEYEC-EstudiosInvestigaciones/InvestigacionIFE/Estudio_Censal_Participacion_Ciudadana_2012.pdf. [Consultado el 6 de julio de 2014].

Iacub, Ricardo, (2003), "La Post-Gerontología. La política de las edades", en *Revista de Trabajo Social Perspectivas. Notas sobre Intervención y Acción Social*, 8, 12, pp. 31-40.

Iacub, Ricardo, (2006), *Erótica y Vejez. Perspectivas de occidente*. Buenos Aires, Paidós.

ENIGH, (2013), Encuesta Nacional de Ingresos y Gastos de los Hogares. Disponible en: http://www.inegi.org.mx/est/contenidos/Proyectos/encuestas/hogares/regulares/enigh/ [Consultado el 9 de mayo de 2014].

INAPAM, (2010), *Resultados sobre personas adultas mayores* de la *Encuesta Nacional de Discriminación en México*. Disponible en: http://www.inapam.gob.mx/archivos/1/file/Enadis_2010_Inapam-Conapred.pdf [Consultado el 12 de mayo de 2012].

INEGI, (2005), *Los adultos mayores en México (2005). Perfil sociodemográfico al inicio del siglo XXI*. Disponible en:http://www.inegi.org.mx/prod_serv/contenidos/espanol/bvinegi/productos/censos/poblacion/adultosmayores/Adultos_mayores_web2.pdf. [Consultado el 30 de agosto de 2013].

INEGI, (2010), *Censo de Población y Vivienda 2010*. Cuestionario ampliado. Base de datos. Disponible en: http://www3.inegi.org.mx/sistemas/biblioteca/detalle.aspx?c=27626&s=est&upc=702825002061&pf=Pob&f=2&cl=0&tg=0 [Consultado el 5 de julio de 2014].

INEGI, (2011), *Encuesta Nacional sobre la Dinámica de las Relaciones en los Hogares. ENDIREH 2011. Marco conceptual*. Disponible en: http://www.inegi.org.mx/est/contenidos/Proyectos/Encuestas/Hogares/especiales/endireh/endireh2011/default.aspx [Consultado el 3 de abril de 2012].

INEGI (2011a) *Estadísticas a propósito del día Internacional de las Personas de Edad (Datos Nacionales)*. Disponible en: http://www.inegi.org.mx/inegi/contenidos/espanol/prensa/aPropositom.asp?s=inegi&c=2811&ep=71. [Consultado el 12 de mayo de 2012].

INEGI, (2012), *Encuesta Nacional sobre la Dinámica de las Relaciones en los Hogares, 2011*. Disponible en: http://www.inegi.org.mx/est/contenidos/Proyectos/encuestas/hogares/especiales/endireh/[Consultado el 12 de mayo de 2012].

INEGI, (2013), *Mujeres y hombres en México 2013* Disponible en: http://www.inegi.org.mx/prod_serv/contenidos/espanol/bvinegi/productos/integracion/sociodemografico/mujeresyhombres/2013/Myh_2013.pdf[Consultado el 2 de febrero de 2014].

Kaës, René, (1993), El *grupo y el sujeto del grupo. Elementos para una teoría Psicoanalítica del Grupo*. Buenos Aires, Amorrortu.

Kymlicka, Will y Norman, Wayne, (1997), "El retorno del ciudadano. Una revisión de la producción reciente en teoría de la ciudadanía" en *Agora. Cuaderno de Estudios Políticos*, núm. 3, pp. 5-40. Argentina.

Klein, Alejandro, (2006), *Adolescentes sin Adolescencia; Reflexiones en torno a la construcción de subjetividad adolescente bajo el contexto neoliberal*. Montevideo, Psicolibros- Universitario.

Klein, Alejandro, (2013), *Subjetividad, Familias y Lazo social. Procesos psicosociales emergentes*. Buenos Aires, Ediciones Manantial.

Leeson,George, (2013), "The demographics of population ageing in Latin America, the Caribbean and the Iberian Peninsula, 1950-2050", en: Montes de Oca, V (coord) *La agenda del Envejecimiento y las Políticas Públicas Hoy*. México, Instituto de Investigaciones Sociales: Unam, pp. 53-74.

Lewkowicz, Ignacio, (2004), *Pensar sin estado. La subjetividad en la era de la fluidez*. Buenos Aires, Paidós.

Levy, Becca, (1996), "Improving memory in old age by implicit self- stereotyping". *Journal of Personality and Social Psychology,* 71, pp. 1092-1107, Disponible en: http://dx.doi.org/10.1037//0022-3514.71.6.1092[Consultado el 6 de marzo de 2010].

Levy, Becca, (2000), "Handwriting as a reflection of aging self-stereotypes". *Journal of Geriatric Psychiatry: A Multidisciplinary Journal of Mental Health and Aging, 33,* pp.81-94.

Levy, Becca Slade, Martin, y Kasl, Stanislav, (2000), "Reducing cardiovascular stress with positive self-stereotypes of aging". *Journal of Gerontology*, 55B, pp. 205-213.

Ley de los Derechos de las Personas Adultas Mayores, (2002), Cámara de Diputados del H. Congreso de la Unión, México. Disponible en: http://www.diputados.gob.mx/LeyesBiblio/pdf/245.pdf[Consultado el 12 de mayo de 2012].

Mancias Espinoza, Sandra y Garay Villegas, Sagrario, (2013), "Familia, envejecimiento y políticas sociales" en: Montes de Oca, Veronica (coord.) *La agenda del envejecimiento y las políticas públicas hoy*. Instituto de Investigaciones Sociales: Unam, México, pp. 395-424.

Marshall, Tomas Humphrey, (1965), "The Right to Welfare" en Marshall, T. H. (1981) *The Right to Welfare and other Essays*. Londres, Heineman, pp. 83-94.

Marshall, Tomas Humphrey, (1969), "Reflections on Power" en Marshall, T. H. (1981) *The Right to Welfare and other Essays*. Londres, Heineman, pp. 137-153.

Marshall, Tomas Humphrey y Bottomore, Tom, (1998), *Ciudadanía y clase social*. Madrid, Alianza Editorial.

Missae Takeuti, Norma, (2002), *No outro lado do espelho. A Fratura Social e as Pulsões Juvenis*. Rio de Janeiro, Relume Dumará.

Montoya, Victor, (1997), "Understanding and Combating Elder Abuse in Hispanic Comunities". *Journal of Elder Abuse and Neglect* 9 (2), pp. 5-17.

Mouffe, Chantal, (1999), *El retorno de lo político. Comunidad, ciudadanía, pluralismo, democracia radical*. Barcelona, Paidós.

OMS, (2002), Organización Mundial de la Salud. Envejecimiento activo: un marco político. *Revista Especializada de Geriatría y Gerontología* 37 (2): 74-105.

OPS, (2007), Organización Panamericana de la Salud *Salud en las Américas*. Recuperado el 9 de agosto de 2013, de: Disponible en: http://new.paho.org/hq/index.php?option=com_docman&task=doc_view&gid=7904&Itemid=. [Consultado el 9 de agosto de 2013].

Pilotti, Francisco, (2000), *Globalización y Convención sobre los derechos del niño: el contexto del texto*. Washington, Unidad de Desarrollo Social y Educación, Organización de los Estados Americanos.

Rabell Romero, Cecilia, (2009), "Introducción", en Cecilia Rabell Romero (coord.) *Tramas familiares en el México contemporáneo. Una perspectiva socio-demográfica*, México, Instituto de Investigaciones Sociales-Unam/El Colegio deMéxico, pp. 9-38.

Rabell Romero, Cecilia y Murillo, Sandra, (2013), "Apoyos recibidos por personas de la tercera edad en México" en Montes de Oca, Verónica (coord) *La agenda del Envejecimiento y las Políticas Públicas Hoy*. Instituto de Investigaciones Sociales: Unam: México, pp. 301-332.

Rojas, G., y O. Ulloa, (2002), "Seguridad social en México: presente y futuro". En *Temas selectos de salud y derecho*, compilado por Marcia Muñoz de Alba (coordinadora), México: Unam.

Salgado de Snyder, Nelly, y Wong, Rebeca, (2003), *Envejeciendo en la pobreza. Género, salud y calidad de vida*. México, Instituto Nacional de Salud Pública/indesol.

Saraceno, Chiara, (2008), "Introduction: Intergenerational Relations in Families-A Micro-Macro Perspective" en Chiara Saraceno (coord.) *Families, Ageing and Social Policy. Intergenerational Solidarity in European Welfare States*, Bodmin, UK, Edward Elgar Publishing Limited, pp. 1-19.

Sen, G., (2005), *Política para el empoderamiento de las mujeres como estrategia de lucha contra la pobreza*, Santiago de Chile, Cepal.

Swagerty, Daniel; Takahashi, Paul y Evans, Jonathan, (1999), "Elder mistreatment". *American Family Physician*. Disponible en: <http:// www.aafp.org/ afp/990515ap/2804.html>. [Consultado el 12 de marzo de 2013]

Vara, María de Jesús, (2006), "Precarización de la existencia y huelga de cuidados", en María de Jesús Vara (coord.) *Estudios sobre género y economía*, Madrid, Akal, pp. 104-135.

Vargas, Emma; Velázquez-Piña, Cecilia; Galicia, Liliana; Villarreal, Enrique; y Martínez Lidia, (2011), *Tipo de violencia familiar que percibe el adulto mayor*. Rev Enferm Inst Mex Seguro Soc 2011; 19 (2): 63-69 Disponible en: http:// www.medigraphic.com/pdfs/enfermeriaimss/eim-2011/eim112b.pdf. [Consultado el 27 de agosto de 2013]

Vasconcelos, Eduardo, (1988), "Estado y políticas sociales en el capitalismo: un abordaje marxista", en Montaño,C. y Borgiani, E.(coords) *La Política Social Hoy*. Rio de Janeiro, Biblioteca Latinoamericana de Servicio Social.

Villagómez Ornelas, Paloma, (2009), *El envejecimiento demográfico en México: niveles, tendencias y reflexiones en torno a la población de adultos mayores* México, Instituto de Geriatría.

Viveros Madariaga, Alberto, (2001), *Envejecimiento y vejez en América Latina y el Caribe: políticas públicas y las acciones de la sociedad*. Santiago de Chile, cela de-fnuap (Serie Población y Desarrollo, 22).

Capítulo 7

¿Contribuye la asistencia social a generar ciudadanía social en el sur? Un análisis desde el caso de México

Katya Rodríguez Gómez

Introducción

En sus orígenes, la ciudadanía estaba dominada por una noción elitista que solo la hacía efectiva para grupos selectos dentro de la sociedad. Sin embargo, con el transcurso del tiempo, la noción fue moviéndose hacia una visión más universalista y en la actualidad existe legitimidad política para la idea de que cada persona debe ostentar el estatus de ciudadano. No obstante, el movimiento desde una visión elitista hacia una visión más universal de ciudadanía no ha implicado que, en la construcción de la ciudadanía moderna en muchos de los estados, todos los ciudadanos hayan quedado incluidos. Particularmente, los pobres en los países del sur han estado sistemáticamente excluidos de los beneficios de la ciudadanía.

La ciudadanía moderna se construyó fundamentalmente alrededor del Estado de Bienestar, que fue la principal entidad que otorgó e implementó la ciudadanía social (Marshall, 1950). La provisión universal de derechos sociales ha resultado el ideal de inclusión social. La política contra la pobreza siempre ha formado parte del Estado de Bienestar, sin embargo ha sido considerada como ambivalente respecto a los derechos sociales de ciudadanía porque provee un piso, pero lo hace de una manera residual. Por ello ha sido considerado un derecho social incompleto (Bahle, Hubl,

& Pfeifer, 2011). Particularmente en los países del sur, el Estado de Bienestar surgió principalmente para proteger a una minoría de trabajadores en el sector formal de la economía y de la burocracia gubernamental. Eso provocó que durante la segunda mitad del siglo XX, después de que se extendieron los Estados de Bienestar, una parte importante de la población de estos países quedó totalmente desprotegida, generando una situación de pobreza masiva. Más recientemente, en particular desde principios del siglo XXI, la política de la pobreza se ha relacionado con un discurso de derechos humanos y ciudadanía (Lister, 2007). Ello ha provocado una expansión de la asistencia social en los países del sur para los grupos de bajos ingresos que trabajan en el mercado informal, apoyado por los gobiernos nacionales y los organismos internacionales. La expansión masiva de la asistencia social ha sido considerada como una "revolución silenciosa", para enfatizar la velocidad y la escala del cambio que se ha producido (Barrientos y Hulme, 2008). Sin embargo, otras iniciativas tales como un fortalecimiento de la seguridad social y políticas de empleo han sido escasas (Leisering y Barrientos, 2013).

Antes de proseguir con la discusión es importante establecer las diferencias entre seguridad social y asistencia social. La seguridad social se caracteriza por brindar beneficios que funcionan sobre la base de derechos. Los derechos pueden ser extendidos de manera universal a todos los ciudadanos o pueden existir restringidos, como cuando se brindan solamente a ciertos sectores, por ejemplo, aquellas personas que participan en el mercado laboral formal. La asistencia social, por su parte, requiere que se acrediten una serie de condiciones para acceder a ella. Generalmente, condiciones de bajos ingresos como las relacionadas con las personas en situación de pobreza.

La asistencia social que se financia de los impuestos recaudados y brinda un apoyo para los grupos en pobreza, consiste principalmente de transferencias monetarias y del acceso a otros servicios como la salud. En este contexto, existe un debate que se pregunta hasta qué punto la nueva asistencia social contribuye a construir ciudadanía social. Muchos autores suscriben la postura sobre la asistencia social mencionada anteriormente, es decir que se constituye en una "ayuda" residual que no genera derechos (Valencia Lomelí, 2010; Coneval, 2008; Cena, 2014). Sin embargo, otros autores (Leisering y Barrientos, 2013) plantean que la ciudadanía social en términos de Marshall no es solamente acerca de recibir beneficios, sino acerca de participar en la sociedad, por lo que el concepto debe de ser ampliado a tres dimensiones fundamentales de la ciudadanía social que se desprenden del planteamiento original de Marshall. Estas son recursos, participación en actividades de la sociedad tales como el mercado, la política y la sociedad civil, y el reconocimiento en términos de sentido de pertenencia y voz dentro de la comunidad, lo que ayuda a conceptualizar la ciudadanía como "participación plena en la vida de la comunidad" de acuerdo con Marshall (1950, p.8). Con esta ampliación del concepto, resulta interesante explorar si la asistencia social podría contribuir a generar ciudadanía social en países del sur.

El capítulo examina, usando el caso de México, el cual resulta relevante porque ha puesto en práctica un amplio sistema de asistencia social desde principios del siglo XXI, cuál de las dos posturas resulta más apropiada para entender la relación entre la asistencia social y la generación de ciudadanía en un país del sur. Para ello realiza una comparación entre la situación social de aquellas personas que cuentan con la seguridad social tradicional, respecto de aquellas que reciben asistencia social. La intención de la comparación es comprobar si se trata, en la práctica, de dos situaciones totalmente diferentes respecto al estatus de ciudadanía social, o si, por el contrario, no existen grandes diferencias entre una situación y la otra. Se asume que si no existen grandes diferencias en la situación social podría considerarse que la asistencia social podría contribuir a la par de la seguridad social al estatus de ciudadanía. Por el contrario, si se encuentran grandes diferencias, podría afirmarse que la asistencia social no contribuye a generar ciudadanía social en la medida en que lo hace la seguridad social.

Para llevar adelante su objetivo, el capítulo consta de cuatro partes incluida la introducción. En la segunda parte se discute el debate que existe respecto al papel de la asistencia social en la generación de ciudadanía social. En la tercera parte se presenta brevemente el caso de México, describiendo el funcionamiento de su sistema de protección social. En la cuarta parte se describe la metodología del estudio. La quinta parte presenta los resultados y, por último, las conclusiones destacan los principales hallazgos.

Ciudadanía social, seguridad social y asistencia social

Marshall (1950), como uno de los teóricos más importantes de ciudadanía moderna considera que ésta se encuentra integrada por tres componentes. En primer lugar, se encuentra el componente civil, que se refiere a aquellas normas jurídicas que definen los poderes legales que posee el ciudadano. Dentro del mismo se incluyen el derecho a la propiedad privada y a las libertades civiles tales como expresión, asociación, religión, etc. Igualmente se incluyen las obligaciones de los ciudadanos como pagar impuestos, por ejemplo. El segundo, es el político que define el derecho a participar en elecciones para elegir a los gobernantes y el derecho a ser electo. El componente social, por otro lado, agrupa aquellos recursos que son necesarios para que el ciudadano pueda ejercer sus derechos como tal, y asumir sus obligaciones. El mismo incluye, entre los más importantes, la educación, la salud y el derecho a un ingreso mínimo. El componente social de la ciudadanía es el que resulta fundamental para entender la práctica de la política social por el gobierno.

Existen dos versiones contrastantes de la ciudadanía. Por un lado, la visión elitista sostiene que la ciudadanía debe de ser restringida hacia aquellos cuyas condiciones de vida coinciden con el estatus que es esperado de un ciudadano. Por lo tanto, aquellos que debido a las desigualdades sociales no pueden participar, se les debe de negar el estatus de ciudadano. La visión universalista, por el otro, lado, asume que el estatus de ciudadano debe de ser extendido a todos los miembros de la sociedad, y que es obligación del Estado crear las condiciones materiales y culturales para que exista una efectiva participación de todos los ciudadanos. En la práctica, los tipos de ciudadanía que se han generado históricamente en los diferentes países se encuentran en algún intermedio entre una y otra postura.

De acuerdo con Marshall (1950), la ciudadanía puede proveer una equidad de estatus que puede estar por encima de las desigualdades originales entre las clases sociales en las sociedades capitalistas. Por tanto, el mercado puede ser subordinado a la justicia social, porque a través del estatus de ciudadanía es posible crear el derecho universal a un ingreso, que no esté relacionado con el valor de mercado de los individuos. Sin embargo, como el propio Marshall reconoce, la realización de los derechos sociales universales solo se ha logrado de una manera imperfecta en la sociedad contemporánea. La mayoría de los países tienen derechos sociales estratificados.

Existe una corriente académica que considera que los beneficios universales son la única posibilidad para lograr los derechos sociales. Por tanto, los beneficios selectivos son considerados residuales porque no garantizan la plena realización de la ciudadanía (Dwyer, 2010; Deacon, 2013). Estos autores interpretan la ciudadanía social, de acuerdo con Marshall, como un universalismo que no admite la selección en los beneficios.

Otros autores (Leisering y Barrientos, 2013: 53-53), no están de acuerdo con esta postura. Ellos lo fundamentan bajo el hecho de que incluso los beneficios universales pueden poner condiciones. En particular, en términos de beneficios monetarios difícilmente se encuentre un país con un beneficio realmente universal. El ejemplo más claro de un beneficio universal sería el ingreso ciudadano, que raramente aparece como una realidad. Generalmente es la seguridad social contributiva la que es considerada como un beneficio universal, cuando amplias secciones de la población están cubiertas por ese beneficio. Sin embargo, de acuerdo con los autores, el mismo Marshall (1981), en un artículo publicado por primera vez en 1965, es el que realiza una defensa de la asistencia social, demostrando que puede constituir un derecho social si se acepta públicamente que es legítima y se le da alta prioridad política. Es decir, si se institucionaliza de manera tal que asegure el reconocimiento de los beneficiarios. Igualmente afirma que la selectividad y el universalismo no son opuestos porque incluso en los estados de bienestar más institucionalizados se requiere proveer servicios orientados por la necesidad. Es decir, selectividad y universalismo pueden llegar a ser complementarios, y en tanto tal, ambos son componentes de la ciudadanía. Por tanto Marshall argumenta que la asistencia social debe de ser parte de la ciudadanía en tanto tiene el objetivo de asegurar la equidad básica fundamentalmente en la dimensión del ingreso. Leisering y Barrientos (2013), no obstante, aclaran que no toda la asistencia social clasifica dentro de la ciudadanía sino que depende de que tan institucionalizado se encuentra el esquema. En el caso de América Latina durante la última década, la institucionalización de la asistencia social ha ido en aumento, ya que día tras día es vista como parte de estrategias nacionales de desarrollo. Por ello vale la pena preguntarse qué tanto puede contribuir a crear ciudadanía social.

La ciudadanía social en el concepto de Marshall puede ser interpretada no solamente como tener o acceder, sino como hacer o participar en la sociedad (Powell, 2002; Leisering y Barrientos, 2013). Es en ese sentido que Leisering y Barrientos (2013) proponen considerar la ciudadanía social en tanto una "membresía total en la sociedad" (Marshall, 1950), en términos de tres factores fundamentales: acceso a recursos, participación en las actividades comunes de la sociedad y reconocimiento (Leisering y Barrientos, 2013: 52). El reconocimiento está relacionado con proveer los beneficios a modo de derechos y no de manera paternalista o clientelista. La posesión de derechos implica que los individuos son considerados iguales, independientemente de los recursos con los que cuenten. La participación en la vida social resulta fundamental, de acuerdo con Marshall, porque él hace mención de que, tanto el ingreso, como los servicios sociales tales como educación resultan muy importantes. Ello porque los tres componentes de la ciudadanía: el civil, el político y el social se encuentran muy relacionados. Es el componente social el que permite el ejercicio de los otros derechos debido a que para participar en la vida social se requiere una adecuada situación socio-económica (Lister, 2005). Estas tres dimensiones, de acuerdo con Leisering y Barrientos (2013), hablan de ciudadanía como inclusión. Para Marshall, los beneficios sociales tenían el objetivo de propiciar, más que la igualdad total, una igualdad básica para que las personas pudieran gozar de un mínimo de beneficios económicos, que le permitieran participar en la vida social de acuerdo con los estándares de la sociedad particular. Es por ello que la pregunta que se hacen Leisering y Barrientos (2013) es si la asistencia social puede considerarse como parte de la ciudadanía social, si se toma en cuenta la idea de ciudadanía como inclusión y no exactamente la idea de ciudadanía como equidad. Ante esta discusión, el capítulo está interesado en explorar, a través de un estudio de caso, si en efecto la asistencia social puede contribuir a generar ciudadanía social, en la medida en que pueda permitir a las personas que ahora la reciben, donde antes no recibían ningún beneficio, logros en los tres componentes mencionados: reconocimiento, acceso a recursos y participación.

Seguridad social y asistencia social en México en el siglo XXI

En México, como en la mayoría de los países del mundo, ha habido una tendencia a moverse de una visión totalmente elitista de ciudadanía (predominante durante el siglo XIX) a una visión más universalista durante el siglo XX. Sin embargo, la evolución no ha implicado una completa universalización de los derechos sociales (Rodríguez, 2010: 133). El único derecho que resulta universal es el derecho a la educación básica, que el Estado provee de manera gratuita. A continuación se describe la situación de la provisión social, tanto por parte de la seguridad social, como de la asistencia social, para brindar un panorama completo de la situación en México.

La provisión social está conformada en México, en primer lugar, por el complejo sistema de la Seguridad Social. El mismo funciona como un sistema contributivo pero que es subsidiado de manera muy importante por recursos públicos. La seguridad social se encuentra muy fragmentada, ya que distintas instituciones proveen el servicio a distintos grupos de trabajadores. Sin embargo, el tipo de servicios que se recibe es esencialmente similar, aunque varíe en calidad entre una institución y otra. La población beneficiaria la constituyen los trabajadores del sector formal de la economía y sus familias. La protección se caracteriza, por una parte, por el acceso a la salud de toda la población asegurada. En segundo lugar, se encuentra el componente de protección al ingreso que incluye pensión para el retiro, y de supervivencia para familiares cercanos, pensión por discapacidad y accidentes laborales, así como protección en caso de maternidad o incapacidad por enfermedad.

El resto de la población quedó desprotegida de la Seguridad Social, desde el surgimiento de la misma en la década del 40, hasta finales del siglo XX. En esa etapa, si bien existieron algunos programas de política social, estos fueron, en general, muy limitados. La asistencia social comienza a expandirse de una manera muy importante a partir del año 2000, dando un impulso muy grande a la cantidad de población alcanzada, así como al presupuesto destinado para estos fines. México ha sido pionero en la implementación de programas de asistencia social, creando incluso programas que se convirtieron en ejemplo y que fueron replicados en otros países, como el caso de Oportunidades. La asistencia social está compuesta por una multiplicidad de programas que tienen cobertura para grupos diferentes de la población. A continuación se describen los principales programas federales que conforman la asistencia social y el tipo de población que cubren.

Como parte de la asistencia social puede accederse a la salud a través del Seguro Popular, que potencialmente puede brindar cobertura a toda la población no cubierta por la Seguridad Social, previo pago de cuotas para aquellos que cuentan con un ingreso superior al cuarto decil de ingreso.

Uno de los más antiguos en operar es el Programa de Apoyos Directos al Campo (Procampo). El mismo apoya a los campesinos que son dueños de la tierra con una transferencia monetaria anual de acuerdo con la cantidad de tierra que se posea. Se ha probado que esos recursos no son usados principalmente por los campesinos para elevar su producción, pero sí que contribuyen a elevar los ingresos del hogar y se usan para principalmente para el gasto corriente.

Uno de los programas más relevantes es Oportunidades, que consiste en realizar transferencias monetarias a hogares pobres a cambio de que envíen a los niños a la escuela y a la realización de acciones de autocuidado de salud. El mismo es el programa de asistencia social que transfiere recursos con una mayor cobertura existente en México. No obstante, el programa no cubre a toda la población, objetivo debido a que posee un tope de beneficiarios al que puede atender.

Igualmente se creó un programa denominado Programa Alimentario (PAL) para atender a una parte de la población que habita en localidades donde no opera el programa Oportunidades debido a que no cumplen con las condiciones mínimas de acceso a la educación y salud que se exigen para la operación de dicho programa.

El programa de Empleo Temporal (PET) brinda empleo temporal por un máximo limitado de días a trabajadores desempleados que participen en actividades de desarrollo comunitario. Cabe mencionar que los beneficios del programa consisten exclusivamente en brindar hasta dos salarios mínimos diarios, pero no brinda acceso a la seguridad social, y el mismo culmina una vez que se alcanza el límite de tiempo, independientemente de que se haya conseguido un empleo o no.

También ha operado un programa de pensiones no contributivas para adultos mayores que viven en áreas rurales o en áreas de baja densidad urbana y que no tienen una pensión contributiva, denominado 70 y más. Posteriormente, a finales del 2012, se amplió la cobertura del programa para todos los adultos mayores de 65 años que habitan en el país. A partir del 2013 se incluyó dentro de la Ley de la Seguridad Social, por lo que se ha convertido en un derecho de los adultos mayores. También las entidades federativas han generado esquemas de pensiones no contributivas, pero existe una gran variación en el monto que se recibe entre los diferentes estados.

Otro programa existente se dedica a apoyar a las madres trabajadoras que no cuentan con el apoyo de la seguridad social para que puedan llevar sus hijos a las guarderías. El programa denominado Programa de Guarderías y Estancias Infantiles, transfiere una cantidad de dinero a la madre como un apoyo para que pueda pagar por el servicio.

También se han creado programas que otorgan beca a estudiantes de distintos niveles educativos para ayudar a su permanencia escolar. Entre los más importantes se encuentran los programas operados por la Secretaría de Educación Pública (SEP) y por el Consejo Nacional de Ciencia y Tecnología (CONACYT).

Hacia una medición de la ciudadanía social entre los beneficiarios de la seguridad social y los beneficiarios de la asistencia social en México, en este acápite se describe la fuente de información y la manera en que el estudio va a ser operacionalizado. La fuente de información para llevar a cabo el estudio es el Módulo de Condiciones Socioeconómicas (MCS) de la Encuesta Nacional de Ingreso y Gasto de los Hogares (ENIGH) 2012. El mismo cuenta con una muestra muy amplia de la población mexicana (64.246 viviendas) y resulta representativo a nivel nacional; urbano y rural; y para todas las entidades federativas. El MCS resulta útil para realizar este estudio porque recoge información de las características socioeconómicas de la población y sus ingresos.

Para responder a la pregunta del estudio, se va a realizar una comparación entre la población que tiene acceso a la seguridad social y la población que es destinataria potencial de la asistencia social. La población con acceso a la seguridad social va a ser considerada como todos los trabajadores del sector formal y sus familias. El resto de la población lo será como la población que pertenece al sistema de la asistencia social, independientemente de que sea beneficiaria o no de un programa particular. La comparación se realizará en términos de los tres elementos discutidos anteriormente.

En primer lugar se medirá el reconocimiento, a través de comparar el estatus legal y de derechos que adquieren las personas siendo beneficiarias de uno u otro sistema. Para ello se van a analizar en términos constitucionales los derechos sociales que se le otorgan a los mexicanos y posteriormente cómo esos derechos se encuentran operacionalizados a través de la Ley de Seguridad Social y la Ley de Desarrollo Social, que regulan uno y otro sistema respectivamente.

En segundo lugar, se compararán ambos grupos poblacionales en términos de recursos. Es decir, se comparará la situación socioeconómica en términos de proporción de personas en pobreza. Para ello se utilizará la medición oficial de la pobreza en México, que es la Medición Multidimensional calculada por el Consejo Nacional de Evaluación de la Política Social (Coneval). La misma permite hacer un desglose en la situación de pobreza en distintos elementos, de los cuales se tomarán los siguientes por considerarse los más representativos: pobreza monetaria, pobreza alimentaria, pobreza por acceso a la salud, pobreza por acceso a la educación, pobreza por condiciones insuficientes en la vivienda y servicios del hogar.

La pobreza monetaria, de acuerdo con Coneval (2009), identifica a la población que no cuenta con los recursos suficientes para adquirir los bienes y servicios que requiere para satisfacer sus necesidades alimentarias y no alimentarias. En la práctica, esta línea ha recibido críticas por la manera en que fue elaborada (Rodríguez, 2014; Boltvinik, 2009), ya que se considera que no cumple realmente con estos estándares. Para el año 2012, la Línea de Bienestar tenía un valor de \$2328.82 por persona al mes para áreas urbanas, y de \$1489.78 para áreas rurales. No obstante, es usada en este estudio por ser la cantidad de ingresos que oficialmente delimita a la población pobre de la no pobre. La pobreza alimentaria se refiere a aquellas personas que habitan en hogares donde puede considerarse que existe inseguridad alimentaria moderada o severa. La misma se determina sobre la base de realizar una serie de preguntas al hogar respecto a cómo valora su situación alimentaria. La pobreza por acceso a los servicios de salud caracteriza a la población que no cuenta con adscripción o derecho a recibir servicios médicos por parte de alguna institución que lo brinde. Dentro de las instituciones se incluye IMSS, ISSSTE federal o estatal, Pemex, Ejército o Marina y servicios médicos privados. La pobreza por acceso a la educación caracteriza por un lado a los menores de entre 3 y 15 años que no cuentan con educación básica y no asisten a un centro de educación. Por el otro, caracteriza a la población adulta que no cuenta con la educación básica. La pobreza por condiciones insuficientes de la vivienda se determina por presentar una de las siguientes carencias: los pisos de la vivienda sean de tierra; el techo sea de lámina o de desechos; los muros sea de bajareque, carrizo, bambú o palma, lámina de cartón, metálica o asbesto, o material de desecho; y por último, si hay hacinamiento (más que 2.5 personas por cuarto). La carencia por servicios básicos de la vivienda implica que las personas residan en viviendas que presenten alguna de las siguientes características: no cuentan con servicio de agua entubada dentro de la vivienda; no cuenta con servicio de drenaje; no dispone de energía eléctrica, el combustible para cocinar es leña o carbón.

Por último, se compararán ambos grupos en términos de participación. Se asume que potencialmente el reconocimiento legal de derechos y el acceso a más recursos, no sólo en términos monetarios, sino en mayor capital humano en términos de salud y educación puede detonar una mayor participación política y comunitaria. Desafortunadamente no es posible medir la participación política desde la fuente de información utilizada. Ni tampoco existe alguna fuente de información que permita medirla pudiendo diferenciar a la población que es beneficiaria de la seguridad social de la que no lo es. Es por ello que se va a medir únicamente la participación comunitaria, ya que el MCS sí incluye preguntas sobre este rubro. Específicamente se pregunta por cuánto tiempo se dedicó la semana pasada a realizar trabajo comunitario. La información se presentará calculando la tasa de personas que dijo haber realizado algún trabajo comunitario.

Una comparación sobre ciudadanía social en México entre los grupos beneficiarios de la seguridad social vs. los grupos beneficiados por la asistencia social, en términos de reconocimiento, pudiera parecer a primera vista que en la Constitución existe un reconocimiento igualitario de los derechos sociales para todos los ciudadanos. El artículo 3 establece que la educación es un derecho de todo individuo y será impartida por el Estado de manera gratuita. El artículo 4, a su vez, establece que toda persona tiene derecho a la protección a la salud y gozar de una vivienda digna y decorosa. El artículo 123 constitucional, por su parte, regula, entre otras cosas, lo relativo a la Seguridad Social. Establece que la Ley del Seguro Social deberá proveer

> seguros contra invalidez, vejez, de vida, de cesación involuntaria de trabajo, de enfermedades y accidentes, de servicios de guardería y cualquier otro encaminado a la protección y bienestar de los trabajadores, campesinos,

no asalariados y otros sectores sociales y sus familiares" (Constitución Política de los Estados Unidos Mexicanos, artículo 123).

Esta mención parece hacer pensar que la Seguridad Social debe de proteger a todos. Sin embargo, como veremos a continuación, no sucede así. Más allá de la educación básica, que es el único derecho social que se implementa de manera universal, los otros derechos sociales se proveen, en la práctica, bajo un sistema dual. Los dos instrumentos más importantes que regulan la provisión social son la Ley del Seguro Social y la Ley General de Desarrollo Social.

El sistema de la Seguridad Social, de acuerdo con la Ley del Seguro Social, tiene la finalidad de garantizar el derecho a la salud, la protección de los medios de subsistencia, servicios sociales y otorgamiento de pensiones. Se asegura a los beneficiarios en términos de riesgos de trabajo, enfermedades y maternidad, invalidez y vida, retiro, cesantía en edad avanzada y vejez, guarderías y prestaciones sociales. Los sujetos de aseguramiento son todos los trabajadores permanentes o eventuales para los que medie un contrato laboral con algún patrón, pudiendo ser este último de carácter físico o moral. También se protegen los beneficiarios de los derechohabientes que son la esposa/concubina o el esposo/concubino, sus hijos menores y los padres del asegurado, si viven en el mismo hogar.

La Ley General de Desarrollo Social, por su parte, regula el sistema de asistencia social. La misma institucionaliza la asistencia social a través de hacer oficiales las políticas contra la pobreza, ya que declara como obligatorio que este tipo de políticas se lleven a cabo. Igualmente establece que el gasto social destinado a estos programas no puede disminuir año con año. Sin embargo la ley, a pesar de que establece que su objetivo es garantizar el pleno ejercicio de los derechos sociales consagrados en la Constitución, y los señala como los siguientes: educación, salud, alimentación, vivienda, el disfrute de un medio ambiente sano, el trabajo, la seguridad social y la no discriminación; en su artículo 6 menciona que "toda persona tiene derecho a participar y beneficiarse de los programas de desarrollo social (…) en los términos que establezca la normatividad de cada programa". Es decir, no garantiza que la población pueda, en efecto, exigir esos derechos. Como parte de la ley se introducen criterios específicos para identificar a la población en pobreza y se obliga a que los programas sociales sigan este criterio para establecer la población objetivo. Por tanto, la realización de los derechos sociales universales reconocidos por la constitución, queda en la práctica limitada a que se cumpla con la condición de pobreza y a que exista un programa de asistencia social particular cuya normatividad atienda la condición carenciada.

Los programas de asistencia social o de beneficios condicionados no se constituyen por tanto en un derecho, como sí lo es la seguridad social. En este último caso, los beneficios se otorgan sin cumplir ninguna condición, más que el hecho de trabajar por un contrato laboral. En el caso de los beneficios condicionados sí se obliga a la familia a cumplir con ciertas condiciones para poder recibirlo. La focalización estrecha de esos programas es problemática para extender la ciudadanía porque crean solamente formas temporales de ciudadanía, al ser la protección solamente para situaciones particulares y no tener un carácter de protección permanente.

La provisión limitada de la asistencia social impide que esta sea percibida socialmente como un derecho. Al no constituirse un derecho su acceso puede ser en algunos casos discrecional y politizado. A diferencia de los países del norte donde la asistencia social protege a grupos enteros de la población (Leisering y Barrientos, 2013), en México la cobertura de los programas es tan baja respecto a la población objetivo (Merino y Vilalta, 2014), que el hecho de encontrarse en la condición que un programa particular atiende, no garantiza, en efecto, lograr el acceso al mismo.

Respecto al reconocimiento podemos concluir, por tanto, que en el caso de México, si bien los programas de asistencia social tienen mayor presencia que antes, pues su cobertura ha aumentado notablemente (baste mencionar como ejemplo el programa Oportunidades que atiende aproximadamente a 25 millones de personas), en un terreno que previamente se encontraba prácticamente vacío; resulta insuficiente para cubrir a toda la población objetivo. Ello implica, de entrada, que no puede considerarse un derecho. Igualmente el tipo de reconocimiento que provee es eventual y no permanente. Por tanto, no puede equiparse con el reconocimiento que provee la seguridad social.

A continuación, se discute cómo afecta el hecho de que no toda la población objetivo quede cubierta por la asistencia social en términos de acceso a recursos. La tabla 1 muestra una comparación entre la población con acceso a la seguridad social vs. la población con acceso a la asistencia social en términos de los distintos componentes mencionados anteriormente, que conforman la medición multidimensional de la pobreza en México.

Tabla 1: Tasa de personas en distintos componentes de la medición multidimensional de la pobreza de acuerdo con su acceso a la seguridad social y a la asistencia social

Población con acceso a la seguridad social/Población con acceso a la asistencia social

Porcentaje de la población total 36% 64%

Tasa de personas en pobreza monetaria 31% 63%

Tasa de personas en pobreza por acceso a la alimentación 14% 28%

Tasa de personas en pobreza por acceso a la salud 0% 33%

Tasa de personas en pobreza por rezago educativo 11% 24%

Tasa de personas en pobreza por condiciones
insuficientes de vivienda 0.5% 18%

Tasa de personas en pobreza por insuficientes servicios en el hogar
0.65% 29%

Fuente: Estimaciones de la autora con información procedente del MCS de la ENIGH 2012.
Nota: Los porcentajes están calculados usando el factor de expansión del MCS. Total de la población sin factor de expansión: N=212678

Lo primero que puede apreciarse de la tabla 1, para el caso de México, es que existe una diferencia importante entre la cantidad de población que es cubierta por la seguridad social y la que es cubierta por la asistencia social. La población cubierta por la seguridad social es apenas un tercio de la población total. Respecto a la situación en términos de recursos, entre un grupo poblacional y otro, se aprecian grandes desigualdades. Respecto a la pobreza monetaria, se aprecia que la población con acceso a la seguridad social tiene una tasa de pobreza que es la mitad de la de las personas sin seguridad social. Lo cual se refleja también en el acceso a la alimentación, ya que igualmente las personas sin seguridad social duplican su pobreza alimentaria respecto al otro grupo. Igualmente se aprecia que todas las personas en pobreza por acceso a la salud son del grupo que potencialmente es atendido por la asistencia social, ya que la seguridad social garantiza totalmente el acceso a la salud de la población beneficiaria. En términos de rezago educativo, igualmente la población potencialmente atendida por la asistencia social tiene una tasa de este rezago que resulta el doble del otro grupo poblacional. En términos de pobreza por condiciones insuficientes de vivienda y servicios del hogar pueden apreciarse diferencias muy notables entre ambos grupos poblacionales. Cuando para los que tienen acceso a la seguridad social es prácticamente inexistente esta pobreza, para los otros resulta en tasas muy importantes. Esta situación refleja que las personas con acceso a la seguridad social tienen facilidades para acceder a créditos para comprar viviendas en el mercado formal, mientras el otro grupo poblacional no. De cualquier manera, resulta preocupante que en algunos rubros (pobreza alimentaria, educación y rezago educativo) exista una tasa considerable de pobreza también para aquellas personas con acceso a la seguridad social. Ello implica que la seguridad social tampoco ha funcionado como un mecanismo que permita mantener completamente a las personas fuera de la pobreza. También resalta, de la información anterior, que la pobreza que más afecta a la población que no tiene acceso a la seguridad social es la pobreza monetaria, con una tasa bastante elevada (63% de esta población), y que, en general, este constituye el principal problema de la pobreza en el país para ambos grupos poblacionales. No obstante, la principal conclusión es, en el caso que nos ocupa, que la situación de las personas que no tienen acceso a la seguridad social es considerable-mente peor. En todos los componentes de la medida multidimensional de pobreza mostrados en el cuadro, la situación de la población que es atendida por la asistencia social resulta el doble de difícil o más.

Lo anterior se corrobora si analizamos la cantidad de recursos públicos a la que tienen acceso ambos grupos poblacionales. El presupuesto destinado a los servicios de salud para la población con acceso a la seguridad social representa el 1.71% del PIB, mientras que para la población potencialmente atendida por la asistencia social implica un 1.34%. En términos de transferencias monetarias directas, la seguridad social representa un 2.6% del PIB, mientras el otro grupo recibe un 0.96% del PIB (Scott, 2014). En total, la población asegurada recibe un 4.31% mientras que el otro grupo recibe un 2.3%, lo que es prácticamente la mitad. Ello habla de un marcado desequilibrio entre el 36% de la población que representa el grupo atendido por la seguridad social y el 66% potencialmente atendido por la asistencia social. También resulta relevante analizar el promedio de recursos recibidos por un grupo y otro. Mientras que una pensión promedio de la seguridad social es de 5,096 pesos mensuales, una pensión del programa de pensiones no contributivas para adultos mayores es de 500 pesos (Cálculo con base en el MCS, 2012).

Respecto a los recursos podemos concluir, por tanto, que en el caso de México si bien puede hablarse de una mayor inclusión desde que comenzó a expandirse la política de asistencia social, la misma está muy lejana en cubrir a toda la población que lo necesita. Pero además, la política de asistencia social termina reforzando la estratificación social, al ser la magnitud de los recursos recibidos por esta vía muy diferentes a los de la seguridad social. En consecuencia, la situación de recursos entre un grupo y otro es muy desigual, tal y como demuestra la tabla 1, donde la población potencialmente beneficiada por la asistencia social tiene altos niveles de pobreza. Entonces, si bien puede considerarse que mejora la inclusión social, las diferencias entre ambos grupos permanecen. Por tanto, la política de asistencia social lo que hace es reforzar la estratificación social.

A continuación se analiza el último rubro seleccionado para la comparación: la participación social. La tabla 2 muestra las tasas de participación comunitaria de las personas con acceso a la seguridad social y de la población potencialmente atendida por la asistencia social.

Tabla 2: Tasa de personas que participan en actividades comunitarias de acuerdo con su acceso a la seguridad social y a la asistencia social

Población con acceso a la seguridad social potencialmente atendida por la asistencia social

Tasa de participación comunitaria 31.533.257

Fuente: Estimaciones de la autora con información procedente del MCS de la ENIGH 2012.
Nota: Los porcentajes están calculados usando el factor de expansión del MCS. Total de la población sin factor de expansión: N=212678

Como puede apreciarse de la tabla 2, la participación comunitaria es ligeramente mayor en la población potencialmente atendida por la asistencia social, pero las diferencias entre ambos grupos poblacionales son mínimas. Una mayor participación en el grupo de la asistencia social podría estar relacionada con el hecho de que muchos de los programas antipobreza obligan a la participación social de sus beneficiarios, ya que en muchos casos si no realizan ciertas acciones pueden dejar de pertenecer al programa. De cualquier manera, en ambos grupos poblacionales la participación comunitaria resulta ser menor de un tercio de cada grupo.

Sin embargo, en la medida en que la asistencia social no constituya un derecho, como se ha demostrado en este apartado se corre el gran riesgo de que pueda ser utilizada con fines clientelares, por lo que los efectos positivos de la participación social pueden verse totalmente disminuidos.

Conclusiones

El presente capítulo se ha preguntado en el contexto de los países del sur, donde, en general, la ciudadanía social surgió, y se mantuvo por casi medio siglo, vinculada fundamentalmente a trabajadores del sector formal de la economía, dejando en la desprotección social al resto de la sociedad, con índices muy elevados de pobreza; ¿cómo podría interpretarse la masiva expansión de la asistencia social para los grupos desprotegidos que se dio desde la última década del siglo XX y la primera del siglo XXI? ¿Es posible que la asistencia social haya contribuido a generar ciudadanía social? Preguntas que resultan fundamentales porque, la asistencia social se ha convertido en una institución social de gran alcance porque influye en grupos significativos de la población, moviéndose desde un rol residual a ser la protagonista de la política social (Leisering y Barrientos, 2013). En el presente trabajo se ha analizado un caso particular, el de México, país que ha sido uno de los que ha destinado una cantidad considerable de presupuesto, y ampliado masivamente la cobertura de la asistencia social.

La pregunta ha intentado responderse retomando a Marshall (1981), a través de considerar un planteamiento más amplio de ciudadanía social, que no implique solamente recibir beneficios, sino que se entienda como participación en la sociedad. Para ello se asumió que la asistencia social podría contribuir a generar ciudadanía social si era capaz de lograr reconocimiento, recursos y participación para las personas beneficiadas (Leisering y Barrientos, 2013).

Tomado en cuenta el caso analizado, podemos concluir que existen grandes diferencias en términos de reconocimiento y recursos entre la población que es beneficiaria de la seguridad social y la población que es beneficiaria de la asistencia social. En términos de reconocimiento, la asistencia social no se constituye en un derecho porque no puede ser exigida legalmente por todas aquellas personas que cumplan con las características que la asistencia social atiende. La institucionalización de la asistencia social es parcial. Existe una ley que la establece y que menciona que no puede disminuirse el presupuesto año con año, pero, la ley no implica que todos los que necesiten asistencia social puedan acceder a ella. Los programas tienen una focalización estrecha porque benefician a porciones limitadas de la población potencial. Por tanto, el reconocimiento que provee la asistencia social es temporal y no permanente y en tanto tal, no puede equipararse con el reconocimiento que provee la seguridad social. En términos de recursos, las diferencias entre un grupo poblacional y otro continúan siendo abismales, lo cual se refleja claramente en los niveles de pobreza que en distintos aspectos de la medición multidimensional de pobreza se muestran. La situación de la población que es atendida por la asistencia social resulta el doble de peor que la población que es atendida por la seguridad social. El gran desbalance se aprecia también cuando se hace una comparación entre los recursos recibidos por ambos grupos poblacionales. La población con acceso a la seguridad social recibe el doble de recursos presupuestales que el otro grupo poblacional, siendo que representa solamente la mitad del otro grupo. En términos de participación puede encontrarse que en ambos grupos la participación comunitaria es prácticamente similar, siendo para ambos muy baja. No obstante, hubiera sido muy importante haber podido medir la participación política, para conocer si se encontraban resultados diferentes.

Tomando en cuenta los resultados anteriormente expuestos puede concluirse que la asistencia social en el caso estudiado no contribuye a generar ciudadanía social porque, si bien genera una mayor inclusión de la población anteriormente desprotegida, está muy lejos de equiparar la situación de esta población que tiene acceso a la seguridad social. Las diferencias siguen siendo radicales en términos de reconocimiento y acceso a recursos.

Estos hallazgos resultan interesantes de contrastarse con el papel que ha desempeñado la asistencia social en países del norte, donde su objetivo ha sido proveer un ingreso compensatorio para grupos sociales amplios (Leisering y Barrientos, 2013), que se encuentran en una situación precaria tales como los pobres o los desempleados de larga data. Las diferencias más importantes se aprecian en el hecho de que en los países del norte la ciudadanía es más amplia en términos de derechos y la asistencia social se deja para situaciones sociales particulares. En cambio, en algunos países del sur, como es el caso analizado, se encuentra que la ciudanía social y la asistencia social se mantienen bajo una dualidad que legitima la existencia de dos mundos diferentes. Es decir, la asistencia social existe para aquellos que no tienen ciudadanía.

Si bien para países del sur con esquemas de asistencia social similares al de México puede considerarse que la asistencia social no incrementa la ciudadanía social, habría que analizar otros casos de países donde se hayan implementado esquemas de asistencia social diferentes, donde la misma pudiera jugar un papel más amplio, para analizar que tanto puede influir en generar ciudadanía social.

Referencias

Bahle, T., Hubl, V., & Pfeifer, M. (2011). The last safety net. A handbook of minimum income protection in Europe. Bristol, UK: Policy Press.

Barrientos, A. & Hulme, D. (Eds.) (2008). Social protection for the poor and poorest: Concepts, policies and politics. Basingstoke, UK: Palgrave Macmillan.

Leisering, L. y A. Barrientos (2013), "Social citizenship for the global poor? The worldwide spread of social assistance", International Journal of Social Welfare, 22, pp. S50-S67.

Boltvinik, Julio (2009), "Economía moral: Coneval, nuevo método de medición baja la pobreza", La Jornada, México, 11 de diciembre.

Cena, Rebeca Beatriz (2014), "Programas de transferencias condicionadas de ingreso y programas de empleo en Argentina: entre la responsabilización de los destinatarios y la individuación de la cuestión social" en Sapiens Research, Vol. 4 (1).

Coneval (2009), Metodología para la medición multidimensional de la pobreza en México, México, Consejo Nacional de Evaluación de la Política de Desarrollo Social.

Constitución Política de los Estados Unidos Mexicanos (1917) http://www.diputados.gob.mx/LeyesBiblio/htm/1.htm

Deacon, B. (2013). Global social policy in the making. The foundations of the social protection floor. Bristol, UK: Policy Press.

Dwyer, P. (2010). Understanding social citizenship. Bristol, UK: Policy Press.

Coneval, (2008), Informe de evaluación de la política de desarrollo social en México: 2008, México, Coneval.

Leisering, Lutz y Armando Barrientos (2013), "Social Citizenship for the Global Poor? The worldwide spread of social assistance" en International Journal of Social Welfare, 22.

Lister, R. (2007). Inclusive citizenship: Realizing the potential. Citizenship Studies, 11(1), 49-61.

Lister, M. (2005). 'Marshall-ing' social and political citizenship: Towards a Unified Conception of Citizenship. Government and Opposition, 40(4), 471–491.

Marshall, T. H. (1950). Citizenship and social class. In: T. H. Marshall, Citizenship and social class and Other Essays (pp. 1–85). Cambridge, UK: Cambridge University Press.

Marshall, T. H. (1981). The right to welfare (with Afterthought). In: T. H. Marshall, The right to Welfare and other essays (pp. 83–103). London, UK: Heinemann.

Merino, Mauricio y Carlos Vilalta (2014), La desigualdad de trato en el diseño del gasto público federal mexicano: indicadores sobre equidad, visibilidad e inclusión en los programas presupuestarios federales de 2010 a 2012, México, CIDE-Conapred.

Powell, M. (2002). The hidden history of social citizenship. Citizenship Studies, 6(3), 229–244.

Rodríguez, Katya (2010), Poverty in Mexico at the Beginning of Twenty First Century: An Alternative Analysis, Saarbrücken, LAP LAMBERT Academic Publishing.

Rodríguez, Katya (2014), "Una caracterización de la pobreza femenina en México usando el modelo colectivo de hogar" en Estudios Demográficos y Urbanos, vol. 29, núm. 1 (85), enero-abril.

Scott, John (2014), "Redistributive Impact and Efficiency of Mexico´s Fiscal System", Public Finance Review, Vol. 42 (3), pp. 368-390.

Valencia, Enrique y David Foust (2010), "¿Es pertinente pensar hoy en el universalismo en México?" en Valencia, Enrique (coord.) Perspectivas del Universalismo Básico en México, México, Fundación Konrad Adenauer, pp. 7-24.

Capítulo 8

Algunos apuntes sobre Ciudadanía: el potencial de la Política Social

Aline Souto Maior[1]

Son múltiples las miradas sobre la ciudadanía, el debate teórico y político alrededor de la temática es rico y sigue siendo proficuo, y es en ese sentido que busco contribuir resaltando la importancia de la política social en cuanto mecanismo para la consolidación y ampliación de la ciudadanía y para el enfrentamiento de las desigualdades sociales. La reflexión, como no podría dejar de ser, está fuertemente marcada por el análisis de procesos en curso en mi país principalmente en los últimos años, por lo que Brasil, es mi referencia central en la construcción de estas ideas. Aún así creo que las proposiciones pueden colaborar con discusiones en otros contextos latinoamericanos.

Son supuestos de las proposiciones presentadas, el entendimiento de las políticas sociales en tanto un proceso contradictorio, que pese a sus limitaciones, es central para la garantía de mejores condiciones de vida para las personas y un factor importante en la agenda de las luchas sociales por ampliación de derechos sociales y ciudadanía. La política social debe ser capaz de encontrar procesos de articulación entre la dimensión de la universalidad con la dimensión de la singularidad de modo que el acceso a servicios y beneficios sociales sea garantizado por medio de políticas sociales universales y equitativas, fuera del paradigma de la cohesión social.

---

[1] Centro de Capacitação da Política de Assistência Social, Prefeitura do Rio de Janeiro, Brasil. Trabajadora Social, Magíster en Política Social, Doctora en Ciencias Sociales – Ugto.

La contribución de Giddens (1993) es importante para subsidiar esta relación, ya que él afirma que la democracia es enemiga del privilegio, en cuanto mantenimiento de derechos y bienes que no son accesibles ni igualitarios para toda la población, y afirma que un orden democrático no puede por lo tanto nivelar la política social por los estándares más bajos de bienestar social. En este sentido reafirmo que la segmentación y la focalización hieren los preceptos democráticos; es preciso invertir en políticas sociales universales, con principios de equidad, lo cual significa universalizar derechos sociales, como salud y educación, y el derecho a una renta de subsistencia, haciendo que el sujeto de la protección social deje de ser el trabajador formal y pase a ser el ciudadano en toda su diversidad.

El avance de las políticas sociales debe ser comprendido como un avance civilizador, en el sentido de que se convierte en una tensión concreta hacia la ampliación de los derechos de ciudadanía, en una agenda que contemple políticas sociales capaces de acoger especificidades de los distintos sujetos y grupos sociales, pero también capaz de agruparlos en torno de una idea común de consolidación de la ciudadanía.

A pesar de que en el marco legal brasileño, como también de otros países de la región, estén garantizados algunos estándares de derechos y libertades, hay sujetos que no alcanzan a dar voz a sus demandas. Aunque eso sea principalmente consecuencia de la pobreza y de la mala distribución, no es solamente por desigualdad económica. Razón para desarrollar una política de redistribución que atienda a las demandas de reconocimiento que favorezcan que la población se vea a sí misma como sujeto de derechos y a partir de ahí pueda cambiar su relación con el Estado en el sentido de la provisión plena de la política, de la ciudadanización.

Reconocer el potencial de la política social para la consolidación de la ciudadanía no permite, por otro lado, olvidar que se tratase de un proceso social con innúmeras variables y lleno de contradicciones. En ese sentido cumple destacar que las reales posibilidades de implementación de políticas sociales universales y equitativas dependen de la correlación de fuerzas que se establecen a favor de la efectividad de la ciudadanía formal, o sea involucra proyectos societarios en disputa, las luchas y los movimientos sociales, el contexto socioeconómico y político en que se esté inserto.

La proposición de Marshall (1967) sobre la ciudadanía es sin duda de las más influyentes en el debate. El autor, tratando específicamente sobre Inglaterra, habla de una constitución de la ciudadanía que se construye por la ampliación de los derechos, desde los derechos civiles, políticos hasta los derechos sociales. Hay muchas críticas a las formulaciones de Marshall, primeramente por su carácter evolutivo y lineal, que no permitiría destacar el proceso de las luchas sociales en razón de la conquista de derechos.

Otra de las críticas usuales es que sus proposiciones no son suficientes para pensar el proceso de constitución de la ciudadanía en países como Brasil, por ejemplo, que en momentos de autoritarismo, con gobiernos despóticos, se ha invertido en la ampliación de derechos sociales como forma de legitimarse, al mismo tiempo que los derechos civiles y políticos estaban fuertemente amenazados. Otra crítica frecuente, generada en los debates de las izquierdas políticas, se refiere al contenido formal de la ciudadanía en Marshall, teniendo como límite la organización social capitalista.

Estas críticas, aunque tengan sus dosis de pertinencia, no disminuyen las contribuciones fundamentales del análisis del autor sobre el desarrollo de la ciudadanía moderna. Lavalle (2003) destaca del análisis de Marshall, la caracterización de la universalidad de la ciudadanía, su aspecto territorial, su proceso de individualización y su índole estatal-nacional.

El aspecto de la individualización de la ciudadanía hace referencia al proceso de generalización de los vínculos entre el sujeto y el Estado como forma legítima de reconocimiento y subordinación. Aspecto que es muy importante porque da sostenimiento a la proposición de que las políticas sociales, refuerzan o establecen procesos de ciudadanización a través del sentimiento de pertenencia y reconocimiento, generados por ellas, en que pesen todas las limitaciones de las políticas sociales en contextos como el brasileño para garantizar derechos y combatir la desigualdad.

En la sociedad contemporánea, principalmente a partir de la Segunda Guerra Mundial con el Estado de bienestar social, la idea de ciudadanía se ha identificado con la condición de trabajador y la cultura de valorización del trabajo. El trabajo protegido era lo que garantizaba la protección y el reconocimiento social no sólo del trabajador, como de su familia. Josué Silva (2008) muestra que en la sociedad contemporánea, el trabajo asalariado tiene limitada su capacidad de garantizar los derechos de ciudadanía. No sólo por los cambios en las relaciones laborales, pero fundamentalmente porque ya no responde a la multiplicidad de intereses representados por los movimientos sociales contemporáneos.

Lavalle (2003) también nos llama la atención para la situación polarizada en que se ubica la discusión acerca de la ciudadanía en la contemporaneidad. El autor destaca que por un lado, en cuanto categoría de la modernidad, la ciudadanía es criticada por no abarcar las cuestiones que dicen respecto de las singularidades y diversidades culturales de sujetos y grupos como reclamos políticos legítimos. Pero al mismo tiempo, frente a las seguidas crisis económicas y ataques a los sistemas de protección social, la ciudadanía alcanza importancia normativa como categoría capaz de representar el deber ser en términos de la protección social.

Lavalle muestra la ambigüedad de la discusión, ya que la ciudadanía por un lado garantiza la igualdad formal para todos y por otro genera una homogenización forzada al delimitar cuáles son las demandas legítimas que deben ser incorporadas, cuáles son los derechos que se deben de garantizar, ya que al privilegiar al ciudadano como la categoría formal y por lo tanto impersonal para la atribución de derechos, diferencias como las de género, cultura u orientación sexual, por ejemplo –efectivamente centrales en la experiencia vivida por los sujetos y los grupos– son parcial o totalmente escamoteadas en el estabelecimiento de los estándares de convivencia aceptados como civilizados y legítimos. Residen en esta ambigüedad para el autor, las fases positiva y negativa de la igualdad en la ciudadanía: en el primer caso, como la afirmación de patrones satisfactorios de bienestar para una vida digna, y en el segundo como supresión de las diferencias.

Josué Silva (2008) en esta discusión afirma que ciudadanía parece ser una categoría capaz de contemplar las diferencias en las agendas de reivindicaciones de los distintos movimientos sociales y al mismo tiempo mantener el carácter universalista que ya tuvo la categoría trabajo. Afirma que esto conlleva a que el discurso de la teoría crítica cambie de destinatario: del trabajador hacia los ciudadanos. En este sentido, la noción de ciudadanía puede servir de referencia para una teoría crítica de la sociedad que no pierda los ideales normativos de la democracia. En sus palabras:

> A ideia de cidadania pode contemplar o justo e o bom, o universal e o particular, o procedimento e a substância. Através dela, os diferentes movimentos sociais podem amparados em um "guarda-chuva" univer-

salista, definir o conteúdo de suas reivindicações específicas e lutar por elas. Enfim, creio que a cidadania é uma categoria capaz de contemplar positivamente os diferentes movimentos sociais, sem violentar suas especificidades (2008: 52).

En efecto, actualmente hay un cúmulo intelectual, ético y político que permite comprender que los reclamos por reconocimiento de las diferencias no se constituyen en una contradicción a los principios formales de la ciudadanía. En ese sentido se postula una ciudadanía que universalice patrones satisfactorios de bienestar para una vida digna, según las distintas necesidades de los sujetos y de los grupos, no sólo en términos de servicios, sino también de posibilidades de expresión y participación libre.

En ese sentido, estoy de acuerdo con Fernandes (2008), quien afirma que la democratización del capitalismo no es suficiente para transformar las estructuras de dominación, ya que sus límites son el sufragio universal y el sistema de representación política. El autor enfatiza en que los procesos de redemocratización en nuestro continente –después de las dictaduras– fueron acompañados por un acentuado empeoramiento en las condiciones de vida de grandes porciones de la población. Pero tampoco es el caso negar la importancia de las conquistas democráticas burguesas, que como nos llama la atención en este fragmento, son primordiales para avanzar en la construcción de otro proyecto societario:

> Coube a Rosa Luxemburgo a honra de haver sido quem, com singular agudeza, reconheceu que aquelas liberdades, direitos e garantias individuais apostrofadas por sua suposta condição de "burguesas" seguiam sendo condições necessárias –ainda que não suficientes– para a construção de uma democracia socialista (2008: 75).

Coutinho (2008) ha destacado en este mismo sentido, la importancia de las críticas de Rosa Luxemburgo para pensar la cuestión de la democracia y de la ciudadanía incluso en nuestros tiempos, y ha recogido importantes elementos para demostrar por qué la construcción de otras formas societarias no puede prescindir de la libertad ilimitada de todos, de la existencia de la diferencia.

> Jamais fomos idólatras da democracia formal, mas isso quer dizer apenas o seguinte: sempre distinguimos entre o núcleo duro de desigualdade e servidão recoberto pelo suave invólucro da igualdade e liberdades formais, mas não para rejeitar essas últimas, e sim para incitar a classe operária a

não se contentar com elas e a tomar o poder político a fim de preencher esse invólucro com conteúdo social novo (Luxemburgo citada en Coutinho, 2008: 86).

Se trata entonces de radicalizar el potencial de la categoría ciudadanía, por el abarcamiento de las demandas de grupos y sujetos sociales en una perspectiva de garantía de derechos ecuánimes, y por la superación de la igualdad formal en la construcción de una ciudadanía que avance hacia la incorporación de derechos económicos, sociales y culturales que favorezcan el diálogo y el reconocimiento de las diferencias. De acuerdo a Santos (2003), es primordial la articulación del reconocimiento de la diferencia con la lucha por la igualdad y por redistribución, según principios de justicia, buscando identificar lo que integra y es común a distintos grupos, volviendo inteligible y compatible la reivindicación de las diferencias. Las alianzas generadas en este proceso pueden generar también sentimiento de pertenencia. En ese sentido se politiza la discusión de la diversidad, visando la construcción de otras relaciones sociales.

En tiempos de globalización, aunque las luchas por la ampliación de los derechos de ciudadanía tienen en el Estado su principal interlocutor, el autor también llama la atención para las distintas escalas de articulación de las demandas sociales subrayando la importancia de estrategias de dimensiones locales, nacionales y supranacionales para reclutar apoyos y evitar el aislamiento. Podemos identificar entre ellas el recurso de los pactos internacionales alrededor de derechos de sujetos y grupos sociales, como las niñas, niños, adolescentes y mujeres.

Por lo tanto, entiendo que ciudadanía es, aún, una categoría que se muestra capaz de asumir las diferentes agendas de las luchas sociales contemporáneas al mismo tiempo que mantiene un sentido universalista, sin el cual se debilitan los movimientos sociales. La lucha por la ciudadanía puede mantener ese sentido al incorporar la equidad a la construcción de la igualdad. En ese sentido, se reafirma el contenido emancipador de la ciudadanía.

Esta posición también aparece en Barba (2004) al afirmar la adecuación de la idea de ciudadanía para enfrentar los desafíos sociopolíticos latinoamericanos por integrar cuestiones políticas, económicas y sociales. Además el autor subraya que "la ciudadanía no se refiere únicamente a la estructura formal de una sociedad, indica los avances en el reconocimiento de los otros como sujetos con intereses válidos, valores pertinentes y demandas legítimas" (2004a: 115). De esta forma, afirma la ciudadanía como una categoría que se opone a la desigualdad.

Martínez Mendizábal, en la misma dirección, rescata la relación de la política social con la ciudadanía. El autor muestra cómo la ciudadanía sigue siendo una categoría fundamental para pensar la sociedad contemporánea, ya que ella articula un sentido de pertenencia con la exigencia de justicia. La ciudadanía no es sólo un estatus legal definido por una normatividad, es también una identidad, una expresión de pertenencia a una comunidad política. En esta perspectiva propone una comprensión de las políticas sociales que ubican su desarrollo en el fracaso del individualismo y en la lucha histórica contra la desigualdad principalmente contra la pobreza, una de las situaciones que hiere el estatus de ciudadano. Martínez Mendizábal destaca que "los servicios de bienestar son, en esta perspectiva, un elemento constitutivo indispensable de la ciudadanía social" (2008: 49), y por ello se debe invertir en espacios deliberativos y de control social. El enfoque de ciudadanía aporta un factor dinámico estructurador y estructurante del bienestar social; por eso la ciudadanía restaura el principio de reciprocidad.

Esto exige que la sociedad haya reconocido que hay ciertos niveles de vida que son imprescindibles, independientemente del poder de negociación del individuo. Al formularse estos niveles en términos de derechos, las dependencias a las que se pretende dar solución se transforman en condiciones para la autonomía. Del Tronco hace una contribución interesante en ese sentido:

> Los derechos de acceso a bienes y servicios públicos, en una sociedad regida democráticamente, no son (o no deberían ser, al menos) una función del ingreso exclusivamente; constituyen, en un principio, un activo universal del que disponen todos los ciudadanos. Cuando ello no ocurre y es el ingreso el que determina la existencia de estos derechos –algo muy común en sociedades altamente desiguales como las latinoamericanas– el carácter democrático de dicha sociedad –al menos los supuestos ideales en los que se basa la teoría democrática del gobierno comienzan a ser cuestionado (2009: 180).

Es en una concepción similar en la que Iasi (2013) apunta la necesidad de substantivar los derechos, rellenar de materialidad la abstracción de la igualdad jurídica. Sobre la forma capitalista, el límite de la emancipación humana es la igualdad formal frente a la ley. O sea, en el mundo en que vivimos el desafío aún es garantizar, tornar concretos y objetivos los preceptos de la ciudadanía formal.

Cumple, para subrayar el aspecto político de este desafío, tener como referencia las contribuciones de Souza (2012). El autor destaca que en todas las sociedades modernas en que se ha avanzado más en términos de garantías de la ciudadanía formal, destacadamente en términos de garantía de los derechos sociales, ese logro no tiene por única causa el desarrollo económico. Al contrario, aunque el desarrollo económico sea importante para generar posibilidades de mejores condiciones de vida, es la opción política por redistribución o no, lo que resulta determinante para las garantías de la ciudadanía.

En este sentido, como la historia se configura hoy día, las políticas sociales se presentan como el principal medio de consolidación de la ciudadanía –y se constituyen por lo tanto en un marco civilizatorio– por lo que la lucha por la ampliación y consolidación de las políticas sociales se vuelve estratégica. En este orden de ideas propongo que, además de garantizar derechos y servicios a la población, el sentimiento de reconocimiento generado por las políticas sociales tienen un efecto de ciudadanización. Es decir, generan un reconocimiento en cuanto alguien que pueda y deba demandar el Estado, lo cual es parte de una sociedad, de ser un ciudadano.

Afirmar la importancia alrededor de la ciudadanía corresponde a una perspectiva teórica y política que entiende que la promesa emancipadora de la modernidad no se ha concretado en razón de sus propias contradicciones. La modernidad ha prometido la autonomía y libertad imposibilitadas por sus propias condiciones estructurales que siguen reproduciendo desigualdades. Significa decir, de acuerdo a las proposiciones de Coutinho (2008), que la ciudadanía plena no es posible en los límites del capitalismo, pero que la expansión de la democracia participativa, su articulación en múltiples organismos democráticos de base, la defensa y la construcción de una vida política y cultural abierta y plural, son caminos a seguir en la búsqueda por la ciudadanía plena.

El autor nos hace recordar incluso que la historia del capitalismo es una historia de la creciente ampliación del número de personas directa o indirectamente involucradas en actividades políticas, y en esta dirección sugiere otra contradicción del sistema: la ampliación de la participación política de un lado, y por otro, la apropiación privada (individual o de grupos) de los dispositivos de poder (Coutinho, 2008).

Los desafíos para eso son múltiples, empezando por la historia compleja de la construcción democrática en América Latina, es en ese sentido que se precisa entender que aprender a ejercer y exigir derechos depende de una práctica continuada (Carvalho, 2011), para lo cual pueden contribuir políticas sociales que promuevan la participación y el control social.

Valorar la importancia de las políticas sociales para la construcción de la ciudadanía no es antagónico al objetivo de construcción de otro orden social posible. En este camino, la cuestión del reconocimiento puede ser un importante instrumento para construir una ciudadanía incompatible con cualquier forma de desigualdad. La condición subalterna experimentada por parte significativa de la población brasileña impone experimentar una tensión entre el reconocimiento y la negación de su condición ciudadana, por medio de la no concretización de sus derechos más básicos por un lado, y por otro, por la demanda de la obediencia que se espera de estos grupos de reglas y normas sociales. Es decir, la demanda para que sean "buenos pobres", los que no reclaman ni tampoco rompen la norma.

De acuerdo a García-Ruiz (2010), la discusión acerca de la idea de reconocimiento es antigua y remonta a proposiciones hegelianas. Fraser destaca que en estos orígenes, el término reconocimiento designaba "una relación recíproca ideal entre sujetos, en la que cada uno ve al otro como su igual y también como separado de sí" (2008: 85), pero en la contemporaneidad se destacó en relación con el debate respecto de su relación con los procesos identitarios.

Varios autores (Bauman, 2005; Castells, 1999; Hall, 2011) han señalado la importancia de la discusión respecto de las identidades en nuestras sociedades globalizadas. De cierta manera es algo consensual que la globalización ha propiciado una diversificación de las pautas de reivindicaciones y que ha colaborado para poner en contacto –y también en choque– culturas, grupos, sujetos tan diversos cuanto sea posible imaginar.

Los procesos de construcción de identidad se refieren a la singularidad de cada sujeto, pero al mismo tiempo a modelos sociales. Por eso, la incorporación de la discusión de la identidad puede ser tan importante para las políticas sociales, ya que ella se encuentra abierta a la manifestación de las diferencias y de las singularidades, al mismo tiempo que permite la expresión y el refuerzo de aspectos sociales colectivos legitimados por distintos grupos, entendiendo la construcción de la identidad como un proceso social en movimiento relacionado al "nosso pertencimento a culturas étnicas, raciais, lingüísticas, religiosas, e acima de tudo nacionais" (Hall, 2011: 8). Como aclara el autor, en la contemporaneidad, caracterizada por las intensas y profundas transformaciones generadas por la globalización, la clase deja de ser el único eje de identificación. Como se destaca adelante:

> As pessoas não identificam mais seus interesses exclusivamente em termos de classe, a classe não é mais a categoria mobilizadora através da qual todos os variados interesses e todas as variadas identidades das pessoas possam ser reconciliadas e representadas (p. 21).

Incluso cabe detenerse en la discusión propuesta por Hall (2011) acerca de las identidades nacionales. El autor reafirma la identidad nacional como una de las principales referencias de los sujetos en el mundo moderno y como una de las fuentes más importantes de identidad cultural, al mismo tiempo en que muestra cómo en la modernidad tardía esa identidad es re-creada y atravesada no sólo por la posibilidad de contacto con las más diversas culturas, pero también por las múltiples alternativas de identificación. Aunque la identidad nacional sea un eje que agrega a los sujetos, las desigualdades entre los grupos están tensionadas.

En ese sentido es que Hall recupera una cuestión central para la comprensión de las representaciones de los grupos subalternos de países en desarrollo: las transformaciones generadas por la globalización se distribuyen de manera desigual entre los países, pero sobre todo entre los grupos poblacionales. Aunque en todas partes lleguen mensajes que dictan patrones culturales y de consumo, la condición social cambia completamente el grado de esa influencia y el sentido en que ella se concretiza. García-Ruiz (2010) nos hace recordar en esta dirección que instituciones como la familia, las religiones y el Estado –mismo que puedan parecer haber perdido influencia– siguen manteniendo su lugar en los dispositivos de identificación social, aunque el rol de cada uno se transforma. En las propias palabras de Hall:

> A globalização não parece estar produzindo nem o triunfo do global nem a persistência, em sua velha forma nacionalista, do local. Os deslocamentos ou os desvios da globalização mostram-se afinal mais variados e mais contraditórios do que sugerem seus protagonistas ou oponentes (2011: 97).

Se identifica, pues, que el debate respecto de la noción de reconocimiento gana relevancia por su interrelación con las discusiones alrededor del debate sobre identidades. Fraser en este sentido llama la atención sobre las discusiones acerca de la "justicia social, centrado en otro momento en la distribución, está ahora cada vez más dividido entre las reivindicaciones de la redistribución, por una parte, y las reivindicaciones del reconocimiento" (2008: 83).

Fraser, entonces, propone una teoría bidimensional, por el entendimiento de que para avanzar hacia la justicia social es necesario articular dimensiones de redistribución y de reconocimiento:

> Mi tesis general es que, en la actualidad, la justicia exige tanto la redistribución como el reconocimiento. Por separado, ninguno de los dos es suficiente. Sin embargo, tan pronto como abrazamos esta tesis, la cuestión de cómo se combinan ambos aspectos cobra una importancia máxima. Yo mantengo que hay que integrar en un único marco global los aspectos emancipadores de las dos problemáticas (Fraser, 2008: 84).

La noción de reconocimiento articulada a la igualmente necesaria redistribución presentada por Fraser parece demostrar el potencial de las políticas sociales para la consolidación de la ciudadanía. Incluso de acuerdo con Josué Silva (2008), Fraser no se limita a una agenda teórica y política con enfoque en las nociones de identidad, diferencia, dominación cultural y reconocimiento, sobre todo en un contexto social en que persisten grandes desigualdades económicas. Para la autora es necesario recuperar nociones del imaginario socialista tales como intereses, exploración y redistribución. Es en ese sentido que Fraser (2008) construye su concepción teórica bidimensional de la justicia, para que pueda integrar tanto las reivindicaciones defendibles de igualdad social como las del reconocimiento de la diferencia. En términos prácticos, el desafío consiste en construir una orientación política programática que pueda integrar lo mejor de la política de redistribución con lo mejor de la política del reconocimiento.

La autora aclara que el paradigma de la redistribución se centra en injusticias que define como socioeconómicas y supone que están enraizadas en la estructura económica de la sociedad. En este sentido, acorde con este paradigma se necesita reestructuración económica para enfrentar la injusticia social. Por otro lado, Fraser (2008) afirma que el paradigma del reconocimiento se relaciona con las injusticias consideradas culturales, enraizadas en patrones sociales de representación, interpretación y comunicación. En este caso, el enfrentamiento de la injusticia demanda cambios culturales y simbólicos.

La autora en esta línea de raciocinio usa variados ejemplos que muestran cómo ambos los paradigmas son insuficientes para el análisis y para construir propuestas de superación de la situación de injusticia social vivida por los más diversos grupos. Resalta así, que se trata de grupos que están en situación bidimensional de injusticia:

> Los grupos bidimensionalmente subordinados padecen tanto una mala distribución como un reconocimiento erróneo en formas en las que ninguna de estas injusticias es un efecto indirecto de la otra, sino que ambas son primarias y co-originales. Por tanto, en su caso, no basta ni una política de redistribución ni una de reconocimiento solas. Los grupos bidimensionalmente subordinados necesitan ambas (Fraser, 2008: 91).

Rego y Pinzani destacan que Fraser ha destacado la necesidad de políticas de reconocimiento que aborden las distintas dimensiones de las injusticias económicas, sociales y culturales, de manera que el reconocimiento de la ciudadanía prescinde del reconocimiento de las múltiples formas de injusticia que afectan a los distintos grupos. De acuerdo con los autores, las restricciones a las que están sometidos distintos grupos sociales limitan significativamente las posibilidades de imponerse como sujetos políticos capaces de formular y ampliar demandas cívicas. En sus palabras:

> Logo sua reparação deve ser feita por políticas públicas especificas de cidadania que atuem fortemente nas dimensões fundantes de suas ambivalências como coletividades. Tais políticas necessitam ser formuladas com vistas a atingir criticamente as varias formas de estereótipos, preconceitos, violência e exclusão social que se abatem sobre tais coletividades (2013: 53).

A lo largo de su argumentación, Fraser (2003, 2007a, 2007b, 2008) muestra que, en realidad, aquellos grupos o sujetos que se pueden imaginar como típicos de situaciones de injusticia, debido a distribución o reconocimiento, en alguna medida terminan por encarnar los dos aspectos:

> A efectos prácticos, por tanto, casi todos los ejes de subordinación del mundo real pueden tratarse como bidimensionales. Prácticamente todos suponen tanto una mala distribución como un reconocimiento erróneo, de manera que cada una de estas injusticias tenga cierto peso indepen-

diente, sean cuales fueren sus raíces últimas. Sin duda, no todos los ejes de subordinación son bidimensionales del mismo modo ni en el mismo grado. Algunos, como la clase social, se inclinan más hacia el extremo de distribución del espectro; otros, como la sexualidad, se inclinan más hacia el extremo del reconocimiento, mientras que otros, como el género y la "raza", se agrupan en torno al centro (2008: 95).

Es importante entonces percibir que Fraser entiende la importancia de las demandas identitarias, pero es crítico al multiculturalismo por su alejamiento de las luchas de los trabajadores, pero al mismo tiempo señalando que la justicia social no es posible sólo a través de la distribución, siendo fundamental el reconocimiento (Castro, 2010). Fraser (2007) señala en este mismo sentido que cuando patrones de ausencia de respeto y desestima son institucionalizados, ellos impiden la participación paritaria de la misma manera que también lo hacen las desigualdades distributivas. En este sentido ganan importancia sus proposiciones acerca de la cuestión de la participación social, dimensión fundamental para la consolidación de la ciudadanía:

> La fórmula general para remediar las injusticias sociales es la eliminación de los impedimentos a la equidad participativa y que, en líneas generales, dichos remedios se dividen en dos grandes categorías. La eliminación de los impedimentos económicos es cuestión de redistribución; en consecuencia, lo que se requiere es una reestructuración económica orientada a garantizar los prerrequisitos de distribución para que haya equidad participativa. La eliminación de los impedimentos culturales, por el contrario, es cuestión de reconocimiento, lo que se necesita en este caso son políticas que puedan establecer una igualdad de status, mediante la desinstitucionalización de patrones de valores culturales que impiden la equidad participativa y su reemplazo por modelos que la fomenten (2003: 58-59).

En este sentido, la participación tiene contornos de instancia de mediación entre la redistribución y el reconocimiento. Incluso, en consonancia con Josué Silva (2008), se identifica la importancia de la redistribución, del reconocimiento y de la participación como fundamentales para la ciudadanía y la justicia social a partir del pensamiento de Fraser.

Es desde este punto que se quieren recuperar las proposiciones de Fraser. Considerando que la política social es un eje central de ampliación y consolidación de la ciudadanía, como garantía de patrones universales de bienestar, pero también de derecho a la amplia participación social de todos los sujetos y grupos desde sus singularidades, es posible identificar el potencial de las políticas sociales como políticas de redistribución y reconocimiento.

El reconocimiento es, en esta dirección, el reconocimiento del estatus de ciudadano, de los aspectos simbólicos de la ciudadanía. Acorde con estas proposiciones se considera que este potencial de las políticas sociales sólo puede concretarse si ellas logran articular los principios de universalidad y equidad en una dinámica promotora de la participación social. Se afirma por lo tanto, que la superación de las desigualdades no se realiza por medio de políticas de reconocimiento, pero tampoco se logran sin ellas.

De esta manera se entiende que las políticas de reconocimiento vuelven al Estado en un interlocutor privilegiado. Partiendo de estos supuestos propongo una comprensión del reconocimiento en cuanto una categoría de mediación de la relación del sujeto con el Estado. Sentirse reconocido, aunque no garantice *per se* la ampliación de derechos de ciudadanía, es fundamental para percibirse como un sujeto de derechos, es decir, alguien que puede demandar del Estado la atención a sus peticiones; alguien que tiene derechos y deberes. En ese sentido, el reconocimiento puede contribuir para una relación más crítica hacia el Estado, y a una percepción igualmente más crítica de la sociedad en que se vive, lo que le asigna un aspecto ciudadanizador.

Como políticas de reconocimiento, las políticas sociales redistributivas deben incorporar en su diseño e implementación un abordaje que además de promover la participación social, valore la cultura y las prácticas de los sujetos y grupos sociales, permitiendo que se perciban a sí mismos como ciudadanos sujetos de derechos, oídos y considerados desde sus singularidades. La dimensión participativa debe permitir no sólo la expresión de las singularidades, sino también el fortalecimiento de una participación en el sentido del control social.

Construir políticas sociales que sean capaces de articular la universalidad de esta atención con equidad para que los sujetos y grupos tengan sus singularidades tomadas en cuenta en un contexto participativo demanda cuidados específicos en el diseño de estas políticas. Aunque en Brasil las políticas sociales sean en general diseñadas desde los gobiernos centrales –para atender las exigencias que se colocan, para que se tornen políticas redistributivas y de reconocimiento– es preciso que sus diseños dejen márgenes de adecuación para los niveles locales de implementación, ya que la interacción con el Estado se construye en la relación cotidiana con las instituciones públicas como la escuela, los centros sociales y de salud. En este sentido es importante que las unidades de prestación de servicios sociales articuladas a los gobiernos locales, deben pensar junto con la población y demás instituciones de sus territorios, las mejores estrategias de implementación de políticas y programas, de manera que se potencien y se fomente la participación ciudadana.

Como se buscó señalar, el potencial de la política social para contribuir con la ampliación y consolidación de la ciudadanía, está relacionado con la garantía de acceso a derechos sociales, a bienes y servicios que impactan directamente en las condiciones de vida de la población, y con el sentimiento de pertenencia, de reconocimiento que esta inserción posibilita, consecuencia de la forma de cómo la población se apropia de las políticas y programas sociales y los re-significa independientemente de las intenciones originales de los diseñadores de las políticas.

Negar este potencial solo es posible si también se niega la capacidad de actuar con racionalidad de la población en más precarias condiciones de vida, comúnmente acusada de actuar de acuerdo a objetivos clientelistas de los gobiernos en turno, lo que hace cuestionar porqué esa misma caracterización no es atribuida a las elites y a los estratos medianos cuando estos también actúan de acuerdo a sus intereses inmediatos.

Reafirmar esta potencialidad de la política social significa, entonces, comprenderla como proceso contradictorio que involucra distintos sujetos en disputa por intereses divergentes que avanza, o no, de acuerdo a las posibilidades concretas de la configuración de cada contexto socio histórico.

Bibliografia

Barba, Carlos, (2004), "Los enfoques latinoamericanos sobre la política social: Más allá del consenso de Washington". En *Espiral, 31*, vol. XI. México: Universidad de Guadalajara.

Bauman, Zygmunt, (2005), *Identidade*. Río de Janeiro, Brasil: Zahar.

Carvalho, José Murilo de, (2011), *Cidadania no Brasil: o longo caminho*. Río de Janeiro, Brasil: Ed. Civilização Brasileira.

Castells, Manuel, (1999), *O poder da identidade*. Volumen 2: *A era da informação: economia, sociedade e cultura*. Río de Janeiro, Brasil: Ed. Paz e Terra.

Coutinho, Carlos Nelson, (2008), *Marxismo e política: a dualidade de poderes e outros ensaios*. São Paulo, Brasil: Cortez.

Del Tronco, José, (2009), "¿Políticas pro-género o sesgo sexista de la política social? Feminización de beneficiarios autonomía de la mujer en América Latina". En Gisela Zaremberg *Políticas sociales y género*. Tomo II: *Los problemas sociales y metodológicos*. México: Flacso.

Fernandes, Luis, (2008), "Neoliberalismo e reestruturação capitalista". En Emir Sader y Pablo Gentili (orgs.) *Pós-neoliberalismo: as políticas sociais e o Estado democrático*. Río de Janeiro, Brasil: Paz e Terra.

Fraser, Nancy, (2008), "La justicia social en la era de la política de identidad: redistribución, reconocimiento y participación". En *Revista de Trabajo, 6*, año 4, agosto-diciembre.

Fraser, Nancy, (2007), "Mapeando a imaginação feminista: da redistribuição ao reconhecimento e à representação". En *Estudos Feministas, 15* (2): 291-308, mayo-agosto. Florianópolis, Brasil.

Fraser, Nancy, (2007), "Reconhecimento sem ética?". En *Lua Nova, 70*: 101-138, São Paulo, Brasil.

Fraser, Nancy, (2003), "Redistribución, reconocimiento y exclusión social". En *Inclusión social y nuevas ciudadanías*. Bogotá, Colombia: Pontificia Universidad Javeriana-Departamento Administrativo de Bienestar Social.

García-Ruiz, Jesús, (2010), "Las luchas por el reconocimiento, o la identidad como fenómeno global en las sociedades contemporáneas". En *Antropología Social, 12*.

Guiddens, Anthony, (1993), A transformação da intimidade. São Paulo, Brasil: UNESP.

Hall, Stuart (2011) *A identidade cultural na pós-modernidade*. Río de Janeiro, Brasil: DP&A.

Iasi, Mauro Luís, (2013), "A maldição e a emancipação do trabalho (ou como a humanidade dançou e como ela pode dançar)". En Valéria Forti y Yolanda

Guerra *Sociabilidade burguesa e serviço social*. Río de Janeiro, Brasil: Lumen Juris.

Lavalle, Adrián Gurza, (2003), "Cidadania, igualdade e diferença". En *Lua Nova*, 59: 75-94. São Paulo, Brasil.

Marshall, Thomas, (1967), *Cidadania, classe social e status*. Río de Janeiro, Brasil: Zahar.

Martínez Mendizábal, David, (2008), *Política social y pobreza en Guanajuato: reconstrucción de una trayectoria local útil para las entidades federativas*. León, Guanajuato: Universidad Iberoamericana León.

Santos, Boaventura de Souza, (2003), *Reconhecer para libertar: os caminhos do cosmopolitismo multicultural*. Río de Janeiro, Brasil: Civilização Brasileira.

Silva, Josué Pereira da, (2008), *Trabalho, cidadania e reconhecimento*. São Paulo, Brasil: Annablume. Brasil: UFF.

Souza, Jessé, (2012), *A construção social da subcidadania*. Belo Horizonte, Brasil: UFMG.

Capítulo 9
Construcción y deconstrucción de la ciudadanía

Dr. Federico Sandoval Hernández[1]

Resumen

Interesa brevemente determinar el arco temporal de este estudio, pues es en ese marco específico de temporalidad mexicana, donde se plantean por una parte (período 1960-1980), los antecedentes históricos que posibilitan la construcción de la ciudadanía; y por otra (período 1980- 2016), donde emergen elementos de la actual deconstrucción ciudadana. En la primera fase aparecen una serie de movimientos sociales de viejo y nuevo cuño, en el marco del nacionalismo mexicano, y que van sentando las bases del proceso de ciudadanización. En la segunda fase se prestará atención a movimientos envueltos en el autoritarismo de Estado, ciudadanía escasa y muestra clara de la democracia vacía (Russo, 2016), existente en ese periodo sumido bajo regímenes sui generis *a la mexicana*, donde la *dictadura velada* socava las incipientes bases de la "democracia" que se presumía y de la ciudadanía estrecha que se había estado construyendo.

Introducción

Ya hace casi tres cuartos de siglo que Marshall (1949) propuso dividir la ciudadanía en tres partes, con la pertinente aclaración de que ésta divi-

[1] Doctor en Antropología, Profesor Titular del Centro de investigación y Posgrado en estudios socioterritoriales, Universidad Autónoma de Guerrero.

sión estaba guiada por la historia, más que por la lógica; es decir, por la forma en la que se fueron dando las luchas para pelear por los derechos, primero civiles, en segundo lugar políticos y en tercero los sociales... y cuarto ambientales. Russo en sus ensayos sobre el tema (2010, 2014) ha incluido para el análisis de México los derechos culturales.

Qué significa en el México de nuestros días "ser un gobierno democrático, para desde allí tener posibilidades de establecer un esquema comparativo entre políticas de gobierno." Para aclarar este punto relataremos muy brevemente el dilema en el que durante las primeras discusiones, se muestran muy claramente los problemas de conceptualización a los que inevitablemente se enfrenta una investigación como ésta.

"¿Qué significa en México ser un gobierno democrático?" Esta fue la primera pregunta con la que se abrió la discusión. Apareció de entrada la pregunta implícita en la pregunta: "¿Qué tanto la democracia posibilita una ciudadanía amplia?" Establecimos las obvias y necesarias polaridades, con un primer referente comparativo, en el nivel de "los partidos" que habíamos predeterminado, en "la izquierda partidaria" de Estados Unidos. Pero rápidamente empezó a desmontarse la referida posibilidad comparativa, pues quedaban claras las dificultades con las que nos enfrentábamos para determinar si en nuestro vecino del norte realmente existía algún "partido de izquierda". ¿Era de izquierda" el Partido Demócrata? Sin duda lo era en muchos sentidos frente al Partido Republicano. (Brooks, David 2011) Pero la naturaleza izquierdista del Partido Demócrata quedó fuera de curso prácticamente con cualquier otra comparación. Y nos dejaba un cuadro tremendamente simple: si el Partido Demócrata era "un partido de derecha", la izquierda mexicana organizada en partidos era sin duda, casi en todos los puntos del análisis, "la derecha de la izquierda". Ahora bien, la democracia en su sentido pleno implica la extendida existencia de otras ciudadanías: civil, social, cultural, (O'Donnell 2007, 26), y se agrega ambiental, de tal forma que ese régimen político garantice el ejercicio de una ciudadanía ancha, cosa que en México no ha sucedido.

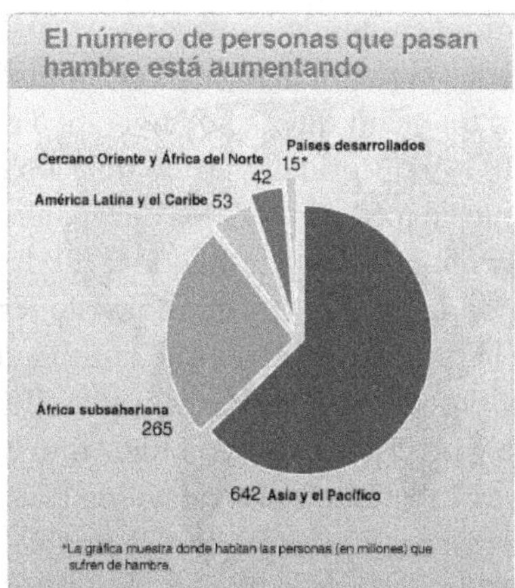

Fuente: FAO, *El estado de la inseguridad alimentaria en el mundo 2009,*
Crisis económicas: repercusiones y enseñanzas extraídas (Roma, 2009),
Mensajes principales y pág. 11.

Republicanos y demócratas de EUA, algo tienen que ver con la base de la mal llamada democracia del mundo "libre", pues de acuerdo con la Organización de las Naciones Unidas para la Alimentación y la Agricultura (FAO), en un reporte dado en el año 2005 "…en el mundo 852 millones de personas padecen hambre y 6 millones de niños mueren anualmente por esa causa. Además, casi 75 por ciento de la población con hambre habita en zonas rurales de los países con bajos ingresos.." (FAO). No obstante, las cifras van en aumento y a sólo cuatro años se incrementa a 1017 millones de personas pobres, es decir 165 millones de personas en el mundo son nuevos pobres en un lapso de cuatro años.

Las principales causas, a las que el mismo organismo atribuye los elevados precios domésticos de los alimentos, son los menores ingresos y el creciente desempleo, fruto de la crisis mundial y no a las malas cosechas a nivel mundial.

Obviamente apareció entonces, la otra propuesta de comparación con algunos países de América Latina. El lector puede adivinar sin ninguna demora cuál fue la conclusión: si comparábamos a la izquierda mexicana partidaria con la izquierda latinoamericana de igual naturaleza nos encontrábamos, casi en todos los casos, con la conclusión anterior: la izquierda mexicana quedaba *corrida* inevitablemente "al centro", y en no pocos casos incluso "hacia la derecha".

En América Latina, en donde la mayoría de sus regímenes políticos no están considerados como democracias de calidad, ya O´Donnell nos enseñó el camino para medir que tan democrático es un régimen, a este proceso (O'Donnell, 1997; Morlino y Diamond, 2005) llamaron "democraticidad" que consiste en medir los grados de igualdad y justicia en varias esferas sociales para obtener como resultado la calidad de esa democracia. Inician considerando la calidad en tres dimensiones, la primera de tipo procedimental en la que se considera que la calidad de un producto es el resultado de un proceso controlado y exacto, llevado a cabo con un método recurrente y preciso, la segunda tiene que ver con el contenido, ya que la calidad es inherente a las características estructurales de un producto, como su diseño, materiales, funcionamiento, y donde la tercera es el resultado, debido a que la calidad está indirectamente reflejada en la medida en que el consumidor está satisfecho con ese producto, sin importar cómo fue producido (Morlino y Diamond 2005).

En 2010 se consideró que, si la recuperación económica incipiente no se consolida, la pobreza en América Latina podría crecer casi 7 puntos porcentuales para fines del 2010. Esto significaría que aproximadamente 39 millones de personas volverían a caer por debajo de los umbrales de pobreza a raíz de la crisis, anulando casi por completo el progreso realizado en el periodo 2003-07. Este dato, aplica sólo para aquellos países que logren un mayor crecimiento, tales como: Brasil, Argentina, Perú, Uruguay y Paraguay, que promediarán 6 por ciento (Lanzamiento de Perspectivas Económicas de América Latina 2010 de la OCDE).

Dicho lo anterior, ahora se puede situar a México y se puede valorar si es real el desarrollo del que muchos, principalmente políticos, han hablado. Veamos:

> Recuperándose rápidamente del devastador terremoto de febrero, se espera que Chile crezca 5,1 por ciento, mientras que un grupo de países que incluyen a México, Colombia y la República Dominicana estarán ligeramente por encima de 4 por ciento. El crecimiento en América Central y el Caribe será mucho menor, permaneciendo en alrededor de 2-3 por ciento, de acuerdo a cálculos del Banco Mundial. La crisis económica mundial que azotó a la región en 2008 puso el freno a cinco años consecutivos de fuerte crecimiento económico que promediaron 5,3 por ciento durante el período 2003-2008 (Banco mundial).

Es decir, un total de 189 millones de latinoamericanos vive en la pobreza, un 34% de la población total de unos 550 millones. Tratando de validar una hipótesis; podríamos vislumbrar que de acuerdo a lo avanzado del ejercicio fiscal, resultará complejo que a esta alturas se recupere o mucho menos se consolide la situación económica de la Región, considerando que EUA aún sigue sin poder estabilizar su economía, situación que repercute a nivel América Latina e inclusive a nivel mundial. De alguna manera, en México la repercusión es mayor ya que su tasa de crecimiento bajó del 3% al 2%, y los analistas pronostican que seguirá bajando en la segunda década del milenio, con impacto directo en las mayorías más vulnerables.

> El derecho a la alimentación es un derecho reconocido por las normas internacionales de derechos humanos y reconoce, .. que toda persona tiene derecho a un nivel de vida adecuado que le asegure, así como a su familia, la salud y el bienestar, y en especial la alimentación. El derecho a la alimentación requiere que los Estados provean una atmósfera propicia en que las personas puedan utilizar su plena potencialidad para producir o adquirir alimentación adecuada para ellos mismos y sus familias. No obstante, cuando los habitantes no pueden alimentarse con sus propios medios, por ejemplo, como resultado de un conflicto armado, un desastre natural o porque se hallan en detención, el Estado debe suministrar alimentación directamente. Por los principios de igualdad y no discriminación, en particular a quienes se hallan en situación vulnerable (FAO).

Este asunto es crucial, ya que la ciudadanía real que se ejerce sobre todo en América Latina es una ciudadanía de baja intensidad, en los términos definidos por O´Donnell (2006) haciendo alusión a aquella parte de la población, que es la mayoría, que vive con sus derechos civiles, políticos, sociales y culturales retaceados, y así se mantiene. Russo (2017) propone llamar ciudadanías fallidas, al ejercicio que se ha hecho en América Latina, que darían lugar a las subciudadanías, por cuanto a los problemas que radican tanto en el Estado como en la conformación de la nación.

Construcción de ciudadanía

Los cuales quedaron claramente delimitados, si bien resultaba indispensable revisar los casos internacionales para enriquecer el análisis, era necesario primero crear una matriz propia de definición. Y ello nos llevaba en todos los casos a la historia del país. Una historia que, ya es posible imaginarse por lo que apuntamos en las primeras líneas de este trabajo, parte del siglo XIX y se extiende hasta el momento en que Cuauhtémoc Cárdenas conquista en 1997 la Jefatura de Gobierno del Distrito Federal.

Es imposible no iniciar esta aproximación sin establecer el referente matricial universal desde el que en los últimos siglos se construyeron todas las ciudadanías, a saber: el que estableció la Revolución Francesa de 1789, con sus banderas de "Libertad, igualdad, fraternidad". Y, valga decirlo, los tres valores decisivos que se enuncian siguen estando presentes de una u otra forma en las matrices actuales de las ciudadanías del planeta.

Novo y Murga (2010) propusieron el concepto de ciudadanía planetaria, para dar respuesta al desafío y contribuir a la construcción de una sociedad cada vez más compleja y globalizada, que camine por senderos de comprensión recíproca y tolerancia, y a la vez, consciente de la propia e ineludible ecodependencia se comprometa con el valor intrínseco de lo vivo y la preservación de la vida en todas sus manifestaciones.

Pero las luchas sociales a lo largo de la historia, conforman también campos de disputa de los propios *universales*, de tal manera que no es difícil encontrar esos mismos valores perfectamente instalados en discursos ideológicos, culturales o políticos de la derecha.

El fenómeno, por supuesto, no es él mismo universal, y se encuentra caracterizado con toda precisión por Slavoj Zizek:

> En la centralidad, en su edificio teórico, los escritores se recreaban en los restos de un triste pasado, en lugar de recalcar los fenómenos "típicos", es decir, todos aquellos que reflejaban la tendencia histórica subyacente: por ridículo que pueda parecernos, esconde, pese a todo, un atisbo de verdad: cualquier concepto ideológico de apariencia o alcance universal puede ser hegemonizado por un contenido específico que acaba "ocupando" esa universalidad y sosteniendo su eficacia. Así, en el rechazo del Estado Social reiterado por la Nueva Derecha estadounidense, la idea de la ineficacia del actual *Welfare system* ha acabado construyéndose sobre, y dependiendo del, ejemplo puntual de la joven madre afro-americana: el Estado Social no sería sino un programa para jóvenes madres negras. La ´madre soltera negra´ se convierte, implícitamente, en el reflejo "típico" de la noción universal del Estado Social… y de su ineficiencia (Slavoj Zizek, 2009).

Nuestro interés en este tema, pretende decantar de entrada el sentido básico de una específica comparación, los "neoliberales" de hoy tienen poco que ver con los "liberales" mexicanos del siglo XIX, pues, con todo y que asumen o sustentan "valores" programáticos –*universales*– parecidos, sus filiaciones dentro del marco de la geometría política de las dos épocas, los colocan en puntos significativamente distantes. Dicha distancia puede ser señalada con una imagen suficientemente plástica, en lo fundamental, el liberalismo mexicano del siglo XIX puede ser considerado como "de izquierda", mientras que el liberalismo mexicano del siglo XX y del XXI puede ser considerado "de derecha". Y el punto de asimilación no se encuentra sólo en el terreno "ideológico", relativo a la libertad de creencias o a la laicidad de nuestras instituciones democráticas, sino en la forma en que, ligados o no a las ciudadanías y al proyecto "popular-nacional", los núcleos liberales que hablan o hablaban por ejemplo de "libertad" se articularon o no –o se articulan o no– al proyecto "oligárquico" de entonces o de ahora. Sigamos la idea de Carlos San Juan:

> En el trayecto centenario de nuestra Nación hay un pleito recurrente: se repiten las coagulaciones oligárquicas, momentos de su pleno dominio que, sin embargo, no destierran y sí alimentan, como resorte replegado, a las irrupciones populares que rehacen a las dominaciones y las acotan. Los breves momentos en que se crearon márgenes ciertos de justicia y libertad –que resuelven agravios y retoman esperanzas populares, ciudadanas y nacionales– son los fundadores de los mitos de la convivencia nacional: la guerra popular de independencia y la revolución social de 1910 con sus conquistas de tierra, salarios justos, recursos y territorio nacional soberano, ciudades abiertas; las luchas democráticas del 68, el 88 y el 2006. Hay una memoria oligárquica de dominación, pero también una memoria nacional, popular y ciudadana de conquista y ejercicio de derechos. Nuestra época fue dominada por la coagulación, sangre estancada, oligárquica. El proyecto alternativo le apuesta al resorte plegado, al flujo intenso de la irrupción popular en el amplio bastidor de las alianzas pluriclasistas (San Juan, Carlos- 2010).

El liberalismo mexicano entra *en línea* en esta perspectiva de la relación histórica de la que nos habla San Juan, a saber, la que va de la Revolución de Independencia a la luchas del 68, pasando por supuesto por la fase –contundente y luminosa– de la Revolución de 1910. Completan la línea, el producto más relevante de la Revolución del 10, a saber, el cardenismo, el que más que una "revolución", marcó un parteaguas decisivo en la historia moderna del país, el triunfo escamoteado de Cuauthtémoc

Cárdenas Solórzano en 1988, y que proyecta, por derivación, el triunfo de Cárdenas Solórzano en 1997.

Pero no adelantemos vísperas, la "matriz" universal de las ciudadanías fincada por la Revolución Francesa ("Libertad, igualdad, fraternidad"), fue adquiriendo sus particulares nombres y apellidos en el espacio social, cultural y político nacional. En la línea referida, al menos hasta Lázaro Cárdenas del Río (de lo que sigue ya hablaremos después).

La Independencia, con Hidalgo pero sobre todo con Morelos, le imprimió a dichos valores una carga específica de "justicia" que iba más allá de la genérica idea de la "igualdad" (¿de qué servía la igualdad en el país de las desigualdades?). Y el propio sistema de valores articulado en torno a la idea de "la libertad" vivió con los liberales del siglo XIX una variante sustancial: libertad de creencias o de acciones, pero dentro de un sistema democrático marcado por su laicicidad.

La Revolución de 1910 hizo el resto del milagro, entró por el *desideratum* democrático de Madero ("Sufragio efectivo, no reelección"), para desplegarse con las fuerzas de villismo y del zapatismo a los terrenos de la "justicia social". El jacobinismo de Múgica y de las fuerzas obregonistas presentes en el Congreso Constituyente de 1917 hicieron el resto, para dejar los temas fundamentales plasmados en el texto constitucional. Lázaro Cárdenas del Río cerró el círculo virtuoso de este extraordinario proceso de gestación de un proyecto de construcción de la ciudadanía nacional, desde una base consistentemente popular.

La matriz ideológico-política de las ciudadanías de la época, quedó diseñada con al menos tres valores decisivos: Libertad, democracia y justicia social, todo ello dentro de un marco de *soberanía* (el peso de la soberanía nacional fue modulada a pulso por la historia en las gestas mexicanas contra el dominio español, del dominio francés protagonizado por el Imperio de Maximiliano y de los grandes agravios sufridos por el poder norteamericano). La idea de "la fraternidad" quedó como implícita del modelo global, o reflejada en otros muchos términos más ligados a nuestro comunitarismo rural. Extraña pero elocuente mezcla de factores, que estaban construyendo entonces –en la práctica, en muchos sentidos, pero de manera definitiva en el imaginario colectivo nacional– un Estado "no feudal", "no capitalista" y en definitiva, "social".

Dice Durand (2010) que el orden en que los ciudadanos obtienen sus derechos en un país determinado tiene especial importancia, pues responde y define una estructura social y un régimen político y al final, la construcción de una nación. La democracia incluye un régimen político como un componente fundamental por dos razones "Una, porque en su ausencia simplemente no hay democracia. Otra, porque su existencia define la ciudadanía política" (O'Donnell 2007, 26).

Tuvieron que pasar varias décadas para que se socavara dicha fuerza y perspectiva de construcción nacional. Hasta que las luchas de finales de la década de 1950, (movimiento ferrocarrilero) pero sobre todo la de finales de la década de 1960 (movimiento agrario- partido obrero-agrario, el POA de Rubén Jaramillo), mostró con suficiente contundencia que el país se encaminaba ya por otras rutas.

Fase crítica de la construcción ciudadana

El movimiento del 68 en México no fue sólo un zape en la cabeza de nuestro ser nacional, para decirnos que habíamos torcido el camino y que era necesario "regresar". Fue sin duda algo mucho más profundo y fundamental, nos dijo a todos que ya no éramos los mismos; que el país había cambiado en definitiva de manera sustancial; y que no estábamos escuchando los embravecidos ríos subterráneos que estaban a punto de emerger.

Desde entonces el país entró en multiplicados procesos de convulsión. Luchas sociales y políticas de todo tipo, aquí o allá, por la tierra en los medios rurales, sindicales en los centros neurálgicos de la industria nacional, estudiantiles por muy diversas demandas, clasemedieros, o de posesionarios en los principales centros urbanos del país. La olla de presión tuvo que ser abierta finalmente por algunas de sus partes. Con varias salidas en el tiempo del echeverriismo, (democracia sindical-reforma educativa) pero con la principalísima del 77, ya con José López Portillo, de una reforma política nacional (Ley Federal de Organizaciones Políticas y Procesos Electorales - LFOPPE) que abrió a las fuerzas opositoras algunas posibilidades primarias de participación en el plano electoral. Muchos otros elementos también daban buenas señales de cambio y de renovación. Pero en medio de una crisis económica que llegó de pronto, sin aviso, empezó a quedar claro, en la perspectiva, que el barco iluminado y promisorio en el que estábamos montados no daba para más. 1982, año que marca a México en el antes y el después de verdadera "modernidad", año prácticamente "oficial" en que inicia en México el periodo neoliberal.

El sismo del 85 y "la emergencia de la sociedad civil (organizada)" que le acompaña no es ya, por tanto, otra fase de "transición". Lo mismo sucede con la emergencia y el despliegue, en el 88, del "nuevo cardenismo" encabezado por Cuahtémoc, hijo del General. En el ínterin aparecieron (en México y en el mundo) las denominadas "guerras culturales" de los años 80 –que se extienden consistentemente hacia delante– con temas "en el borde" como los de la equidad de género, las preferencias sexuales o reciclados temas en torno a la religión y la laicicidad (Arditi, Benjamin-2009). Y fue factor determinante en la constitución de un nuevo marco de valores (en "la agenda de la ciudadanía" a la formación de una específica "matriz" de gobernanza) la emergencia y el despliegue torrencial del movimiento indígena nacional encabezado por el Ejército Zapatista de Liberación Nacional –EZLN), factor de suma importancia en la idea de agregar al *desideratum* democrático la idea de "lo social" (*democracia social*). Completó el cuadro de los "nuevos movimientos" o de las "nuevas valoraciones" de interés para la ciudadanía, las importantes luchas ecológicas que se extendieron como hongos acá o allá.

La "matriz" de valores de la ciudadanía mexicana, se vio entonces enriquecida naturalmente por nuevos elementos, entre ellos, los de pluriculturalidad, equidad de género y sustentabilidad (tema este último que aplicó a la situaciòn económica y a la problemática medioambiental). Con aterrizajes específicos en temas específicos como los del "Estado de derecho" o la lucha por una nueva "laicicidad".

Establecer la matriz básica de valores para un esquema de gobierno con gobernanza, es importante, en el entendido de que hemos restringido el esquema a lo que cabe en un "decálogo", sin que ello se convierta en una restricción de miras en torno de una línea de valores que obviamente incluye alrededor de una quincena, o acaso más.

1. *Libertad* (es), desdoblada en sistema de derecho y de derechos (no hay libertad posible sin derechos).
2. *Igualdad*, ubicada en temáticas derivadas y desdobladas, relativas a la:
3. *Justicia social.*
4. *Equidad* (*de género* y en otros niveles).
5. *Soberanía.*
6. *Democracia social* (*o participativa*).
7. [Reconocimiento de la] *Pluriculturalidad.*

8. *Laicicidad*.
9. [Desarrollo económico con] *Sustentabilidad*.
10. *Desarrollo sustentable* en el plano ambiental.

En una línea metodológica, la perspectiva cultural, aunque los conflictos sociales tienen muchos orígenes no necesariamente los de tipo cultural, basada en el concepto de diversidad cultural constituye, en este análisis, el hilo conductor que permite revisar la teoría democrática liberal, para destacar como es tratado el tema de la inclusión política de la diversidad cultural por el liberalismo democrático.

El liberalismo democrático y el multiculturalismo, ofrecen dos concepciones para integrar a la diversidad cultural al Estado nación y la democracia; el liberalismo que desde el interior de esa tradición plantea la construcción plural del Estado nación democrático, que básicamente ve las diferencias desde el interior de una misma cultura y no concibe el pluralismo entre culturas como lo ven los multiculturalistas en condiciones de igualdad cultural, sino desde el principio de igualdad individual que se concreta en el ciudadano.

La revisión realizada, sobre el proceso histórico de la situación de los pueblos como culturas negadas y por lo tanto excluidas por el Estado-nación permite, en parte, argumentar que la democracia mexicana, que se precia de ser plural e incluyente, requiere de cambios sustanciales tanto en el régimen legal como en el sistema político para integrar a la ciudadanía indígena o cultural a la vida pública nacional, en condiciones de igualdad de derechos y participación.

Las democracias realmente existentes no han sido neutrales con su pluralismo cultural, por el contrario han sido democracias nacionalmente uniformes sobre sociedades heterogéneas y pluriculturales.

> Y resulta cada vez más difícil argumentar que el reconocimiento de derechos culturales a las minorías es algo inherentemente discriminador y arbitrario. Así, hoy son cada vez menos los teóricos liberales que siguen defendiendo el carácter neutral de las instituciones liberal-democráticas en el ámbito cultural, y también menos los que se oponen a una regulación de ciertos derechos culturales, incluidos los derechos de las minorías nacionales a su reconocimiento constitucional y a su autogobierno (Requejo, 2002:14).

La diversidad cultural surge de la inmigración individual y familiar y constituyen los Estados poliétnicos, de acuerdo a la terminología utilizada por el autor canadiense.

Otro hilo conductor que particularmente orienta esta revisión del liberalismo democrático es el principio de igualdad que está en el centro del debate teórico entre las distintas tradiciones.

Cómo aplicar el principio de igualdad no sólo a los valores, sino a la diversidad cultural, o también de cómo incluir la diferencia cultural en la categoría de la igualdad.

En el debate actual, Habermas (2024), Sartori (2001) y Lijphart (2000) en sus propuestas venidas del pluralismo, la diversidad cultural encuentra cabida en estructuras de participación pública, el sistema de partidos, la democracia consensual respectivamente que, como modelos, ofrecen la inclusión política de la diversidad cultural de las distintas conformaciones de las sociedades multiculturales a la vida democrática.

Sin embargo habría que plantear que dicha inclusión, para estas propuestas, es desde la igualdad de derechos individuales no desde derechos diferenciales. El concepto, vale hacer la precisión, de que la ciudadanía tiene una doble naturaleza (O'Donnel 2007). Es activa y pasiva. Como sinónimo de nacionalidad es un estatus atribuido, una asociación no voluntaria, sino adscriptiva, está dada como un hecho irrefutable al mismo individuo.

Pero sobre todo, cambios a niveles más sustanciales como la transformación de un Estado-nación mono-étnico a otro Estado-nacional más abierto a la pluralidad de su nación y a la apertura propia de su composición estructural, para incluir en su interior la representatividad de la diversidad social y entre esas a los pueblos originarios, un Estado efectivamente pluriétnico, democrático, no un Estado y una sola nación concebidos sobre cimientos autoritarios, estáticos, cerrados y mono culturales, sino, un solo Estado democrático y plural, con una unidad nacional compuesta de las muchas identidades nacionales, e incluyente de la representación política de su diversidad social que lo compone.

En el estado de Guerrero, para los pueblos originarios y la ciudadanía de Guerrero, existen tres proyectos de integración, el indigenista (autoritario y caduco), el de la Unión de Pueblos y Organizaciones del Estado de Guerrero (UPOEG), y el de la Coordinadora Regional de Autoridades Comunitarias-Policía Comunitaria (CRAC-PC).

El Primero es de seguir, desde el Estado, negando y regateando los derechos de los pueblos originarios y la ciudadanía indefensa, con las mismas políticas paternalistas de asistencia social (los más recientes programas gubernamentales para el combate a la pobreza desde SOLI-DARIDAD, hasta PRÓSPERA y SIN HAMBRE) y con una modalidad del otrora indigenismo posrevolucionario, ahora el indigenismo tiene rostro neoliberal, su modelo económico es apropiarse agresivamente de los territorios y recursos naturales de los pueblos originarios –las zonas mineras y acuíferas- de Guerrero son su objetivo.

El Proyecto de la UPOEG que plantea la vía de integración política, con la participación de los pueblos originarios en procesos democráticos, a través de elecciones por usos y costumbres en municipios indígenas.

Y Finalmente la CRAC con un proyecto identitario de los pueblos indígenas, que desde su autonomía resiste y lucha por la justicia y dignidad de los pueblos por sobrevivir y cambiar, no por la vía institucional, la situación de los pueblos indígenas de Guerrero.

Deconstrucción de la ciudadanía

Con las recientes cifras que arrojó la Secretaría de Desarrollo Social del gobierno federal, donde se comprobó que en cinco años se disparó la miseria y la desigualdad, en Guerrero más de la mitad de los 81 municipios padecen pobreza alimentaria y poco más de 90 por ciento de la población enfrenta pobreza de patrimonio. Y tanto UPOEG como la CRAC-PC afrontan una nueva ofensiva tendiente a su desaparición.

El estado de indefensión en que se encuentran los pueblos originarios del mundo se ha extendido a más de las tres cuartas partes de la población mundial, sin distinción de raza, nivel social, económico y religioso (Caparrós, 1992).

La economía de guerra, la sociedad del crimen, la política de exterminio es lo que prepondera en el mundo actual, son límites a los que se pensó y divulgó, que ya no volverían a suceder después de la segunda guerra mundial, sin embargo la guerra fría, la guerra de baja intensidad y la guerra de exterminio no solo continuaron sino que se acrecentaron con la guerra sucia y contra la naturaleza, el terror, el calentamiento global y las tácticas de aniquilación de la población sobrante (Torres: 2013).

El enriquecimiento ilícito y el asesinato van de la mano de los gobiernos que venden, a bajísimos precios, los recursos y territorios, y se dice que no hay poder en el mundo que pueda parar a las transnacionales, a los ejércitos multinacionales, al policía mundial EUA, a la producción de armamentos, drogas y su proliferación, y la única verdad que se ve, se escucha y se hace respetar, es la de los poderosos consorcios, corporaciones, gobiernos, Estados, agencias de inteligencia y contrainteligencia que cuentan con todos los recursos del mundo para ejecutar su "gran obra civilizatoria" de exterminio, ya no solamente de los pueblos originarios sino de todos los habitantes del planeta que se han convertido en una plaga para los intereses particulares de unas cuantas familias y otros allegados, que están a la cabeza del sistema financiero mundial y que abastecen de recursos a gobiernos, ejércitos y agentes para defender sus mezquinos intereses de enriquecimiento y poder (Torres, 2013, Girón y Solorza, 2013).

México y el estado de Guerrero no quedan excluidos de este fenómeno, donde, en las últimas décadas, se han implementado experimentos bélicos de alta y baja intensidad al lado de las dictaduras del cono sur latinoamericano, y en donde levantar la voz se vuelve un pase automático hacia la fosa clandestina de la desaparición forzada.

Es muy difícil hablar de justicia, libertad, igualdad y de fraternidad en territorios donde la indefensión de los pueblos es común, donde las instituciones responden al poder, la influencia y el dinero; sobre todo en México, un país, donde la constitución, soberanía popular, los derechos humanos son letra vacía, donde las garantías individuales se han visto severamente vulneradas, donde las madres claman justicia y reciben balazos, donde la vida quiere resurgir y la muerte los espera a la vuelta de la esquina. Donde se deja pasar el auge de un proceso de respuesta social, ante la impunidad de la desaparición de estudiantes de Ayotzinapa y miles más, para responder con la represión policial, parapolicial, militar, paramilitar y judicial, donde las instituciones no tienen sentido para el pueblo, porque no funcionan para lo que fueron creadas: estar al servicio del pueblo (Boaventura de Souza, p. 20-28).

El informe que se ha publicado en vísperas del Día Mundial de la Alimentación, que se celebra el 16 de octubre de 2009. La combinación de crisis económica y alimentaria ha empujado la cifra de víctimas del hambre en el mundo a niveles históricos: más de 1000 millones de personas sufren hambre crónico, según los cálculos de la FAO.

Los líderes mundiales, reaccionaron con contundencia a la crisis económica y financiera y lograron movilizar miles de millones de dólares en un plazo de tiempo muy corto. La misma acción enérgica es necesaria para combatir el hambre y la pobreza, aseguró el Director General de la FAO, Jacques Diouf.

Y mientras se da por hecho, que la crisis económica ha terminado, los medios de comunicación manejan todavía existente la recesión económica en Estados Unidos de Norteamérica, lo cual significa que mientras en este país ésta se mantenga, tendrá en jaque a las demás naciones, incluyendo por supuesto, a México.

A partir de 1996, durante el gobierno del presidente Cedillo, empiezan supuestamente a bajar los niveles de los distintos tipos de pobreza. En ese año había 37.4 millones de personas en condición de pobreza alimentaria, 46.9 en pobreza de capacidades y 69 millones en pobreza de patrimonio.

Se dijo que el gobierno del presidente Fox, continuó reduciendo los niveles de pobreza que llegaron a su punto más bajo, cuando se contabilizaron 13.8 millones de personas en condición de pobreza alimentaria, 20.7 en pobreza de capacidades y 42.6 millones en pobreza de patrimonio.

Sin embargo, la pobreza alimentaria en México se incrementó 39 por ciento entre 2006 y 2008 al sumar a 5.5 millones de personas, según información de la Secretaría de Desarrollo Social (Milenio, 2009).

Al final del gobierno del presidente Cedillo, 53.7% de mexicanos se encontraba en alguno de los distintos niveles de pobreza y al término del gobierno del presidente Fox llegaba a 47%, que es el porcentaje más bajo en la historia del país. El número total de mexicanos en esta condición sumaba 48.9 millones, según el Coneval.

> La recesión en que cayó la economía mexicana este año, sumió en la pobreza a por lo menos 4.2 millones de personas, adicionales a los 5.9 millones que cayeron en esa condición entre 2006 y 2008, reveló un reporte del Banco Mundial (BM). Si se toman en cuenta los 50.6 millones de pobres registrados en datos oficiales hasta 2008, se obtiene un total de 54.8 millones de mexicanos en esta condición, o sea, 51.02 por ciento de la población del país, del conjunto de 107.4 millones a junio de 2009 (Jornada 2009).

Sin embargo, los gobiernos siguientes (Calderón y Peña Nieto) acumularon fraudes electorales, delincuencia institucional, opacidad, recesión, deudas, déficits, crisis, inseguridad, violencia, delincuencia organizada, narcos y acrecentaron los índices de pobreza, hambre, autoritarismo, militarismo, terror, desapariciones forzadas, con la consiguiente tendencia de una pérdida de ciudadanía creciente.

En México el número de delitos es muy alto, pues en 2012 de 35 mil pasó a 42 mil en 2015 y de ahí se estiman 45 mil delitos, por cada cien mil habitantes para el 2016 (INEGI).

El número de asesinatos que reporta Aristegui noticias y "Sin embargo" alcanzan los 57.899 desde la toma de posesión de Peña nieto al 2014. Según el semanario Z se están ocultando 9 mil asesinatos o sea se llegaría a 66 mil, donde destacan Oaxaca con 1.963 y Morelos con 1.463.

Las cifras se incrementan en los últimos meses, ya que sólo en el estado de Guerrero, en el gobierno de Astudillo, de octubre del 2015 al 16 de marzo de 2016 van más de 972 y en Morelos, en el gobierno de Graco, más de 400 asesinatos de enero a principios de marzo del 2016.

Mientras que en el país, los desaparecidos, en el gobierno de Peña Nieto, llegan a 12.500, que en promedio son como 13 diarios (este último dato es de la revista Proceso). Según CNN México hasta 2014 hubo 22.322 desapariciones, en Morelos 63 y en Gro 406, el más alto es en Tamaulipas 4865 y el más bajo Nayarit con 11. En portal Revolución 3.0, reconocen en México 30 mil desaparecidos y dicen que se podría llegar a 40.000 al final de este sexenio.

Morín (1993) citado por Novo y Murga (2010) consideró que el Estado-nación se ha hecho demasiado pequeño para ocuparse de los grandes problemas, que se han convertido en planetarios. Mientras que Marshall (1949), en su célebre conferencia sobre Ciudadanía y clase social explica que los derechos civiles son aquellos derechos necesarios para la libertad individual, libertad de la persona, libertad de expresión, libertad de pensamiento, de religión, de propiedad, de cerrar contratos y el derecho a la justicia. Y en México lo que se manifiesta es un estado de indefensión de la mayor parte de la población, vulnerable toda, que no encuentra la manera de hacer valer sus derechos ciudadanos, ya desaparecidos por el supuesto estado de guerra contra la delincuencia organizada, y frente a la corrupción y la impunidad de los gobernantes coludidos con sicarios, tratantes y narcos.

Conclusiones

La alta incidencia de pobreza en todos sus órdenes, alimentaria, capacidades y de patrimonio, muestran la incapacidad del Estado mundial y en particular del Estado mexicano, para solventar uno de los derechos humanos fundamentales, y hacer valer la democracia y la ciudadanía en un planeta y en un país como México, con una población creciente y con una insatisfacción de sus necesidades también al alza, cuestión que se agrava en el caso mexicano, en el tránsito del llamado populismo de LEA y López Portillo al neoliberalismo de Miguel de La Madrid hasta el supuesto gobierno de Peña Nieto.

A pesar de los grandes esfuerzos populares por construir un Estado y una nación acorde a las necesidades apremiantes del pueblo mexicano, en gestas revolucionarias y libertarias, con logros inegables en la construcción de la ciudadanía con sustento legal, basados en los movimientos populares y plasmados en la constitución del 17, fue muy difícil romper con inercias antipopulares y formas de gobiernos oligárquicos, con poco o nulo interés por responder a las demandas más sentidas de la población, a pesar de concesiones legislativas y constitucionales, el ejercicio del poder se ha mantenido por la vía presidencialista, centralista, autoritaria, burocrática, represiva, fraudulenta y antidemocrática, factores que han determinado, en gran medida, las agudas tendencias actuales de la deconstrucción de la ciudadanía, aunque optimistamente, este camino todavía puede mostrar posibilidades de recomposición de la tendencia deconstructiva, sin embargo la perspectiva pesimista es mayor.

La entidad con mayor incidencia de pobreza alimentaria es el estado de Chiapas, dado que 47.0 por ciento de su población se encuentra en esta situación. Le siguen los estados de Guerrero con 42.0 por ciento, Oaxaca con 38.1, Tabasco con 28.5 y Veracruz con 28.0. Por el contrario, los estados con menor incidencia de pobreza alimentaria son Baja California con 1.3 por ciento, Nuevo León con 3.6, Baja California Sur con 4.7, Distrito Federal con 5.4 y los estados de Coahuila y Chihuahua con 8.6 por ciento.

El ordenamiento de la situación de la pobreza de capacidades es prácticamente la misma que para la alimentaria. En primer lugar se encuentra Chiapas con 55.9 puntos porcentuales reportados, le sigue el estado de Guerrero que muestra 50.2 y Oaxaca con 46.9.

De acuerdo con las estimaciones, los estados con mayor pobreza de patrimonio son Chiapas, Guerrero y Oaxaca, con 75.7, 70.2 y 68.0 por ciento, respectivamente.

Esta información nos permite apreciar con claridad que abatir la marcada desigualdad entre los estados de la República constituye un importante desafío para el país. Mientras que Baja California tiene un ingreso mensual promedio *per cápita* por hogar estimado de 4,998 pesos, el de Chiapas alcanza 1,215 pesos, lo cual se refleja en la diferencia de pobreza de ambos estados: en Baja California la incidencia de la pobreza de patrimonio es 9.2 por ciento, mientras que en Chiapas alcanza 75.7 por ciento.

Los datos del Consejo Nacional de Evaluación de la Política de Desarrollo Social (Coneval) en la evaluación por estados, según reveló su censo 2000-2005, Guerrero tiene 26 municipios con un rango de pobreza alimentaria de 78.8 a 91.8 por ciento, en Coahuayutla, Pedro Ascencio Alquisiras, General Canuto A. Neri, Heliodoro Castillo, San Miguel Totolapan, San Luis Acatlán, Tecoanapa, Ayutla, Xochistlahuaca, Tlacoachistlahuaca e Iguala.

Así como Metlatónoc, Atlixtac, Iliatenco, Malinaltepec, Cochoapa, Tlapa, Alcozauca, Atlamajalcingo, Tlacoapa, Acatepec, y el resto de los municipios que integran toda la región de La Montaña y la parte alta de la Costa Chica.

Otros 14 municipios enfrentan una cifra de 65.8 a 78.8 por ciento en pobreza alimentaria: Tetipac, Ixcateopan, Cuetzala del Progreso, Leonardo Bravo, Atenango, Zitlala, además del resto que está asentado donde se unen las regiones de La Montaña, Centro y Norte.

En ese mismo rango, 18 municipios ocupan entre 52.9 y 65.8 por ciento de población en ese tipo de pobreza y están localizados en la Costa Chica, Tierra Caliente y Centro.

Entre los 23 municipios con un rango de 26.9 a 52.9 por ciento de pobreza alimentaria, están los ocho de la Costa Grande, así como las principales ciudades del estado: Acapulco, Ixtapa-Zihuatanejo, Taxco, Iguala y Chilpancingo.

De acuerdo con el Coneval, en las zonas rurales las personas deben subsistir mensualmente con menos de 600 pesos, lo que les permite adquirir una raquítica canasta alimentaria, mientras que en las zonas urbanas los ingresos son menores a 950 pesos al mes.

En la pobreza de patrimonio, las cifras de desigualdad se elevan mucho más, pues los 81 municipios enfrentan entre 53.2 y 98.4 por ciento de población en esa grave situación, ni siquiera las principales ciudades o sitios turísticos obtienen cifras menores a esos rangos. Las regiones más afectadas siguen siendo La Montaña, Centro, Norte y la parte alta de la Costa Chica.

Bibliografía

-Arditi, Benjamin. *La política en los bordes del liberalismo. Diferencia, populismo, revolución, emancipación*, Editorial Gedisa, México, 2009, p. 39.

-Bonfil Batalla, Guillermo, (1987). *México profundo; una civilización negada*, México, Grijalbo.

-Brooks, David "Partido único", *La Jornada*, 24 de enero de 2011.

-Cansino, César. (2011), *La revuelta silenciosa. Democracia, espacio público y ciudadanía en América Latina*. BUAP/ALED. México.

-Caparrós, Martín, "El Hambre", ed. Planeta, 2014, Argentina.

-Cortina, Adela. (2009). *Ciudadanos del mundo. Hacia una teoría de la ciudadanía.* Alianza Editorial.

-De Sousa Santos, Boaventura, "Descolonizar el saber, reinventar el poder" ed. Trilce, 2010, cap.1 "Sociología de las ausencias, sociología de las emergencias". p. 20-28.

-Diamond, Larry y Morlino, Leonardo. (2005). "Introduction". En L. Diamond y L. Morlino (eds.) Assessing the quality of democracy. University Press. Baltimore.

-Durand Ponte, Víctor Manuel. (2010). *Desigualdad social y ciudadanía precaria. ¿Estado de excepción permanente?* México. Editores Siglo XXI.

-Estulin, Daniel, "El imperio invisible", ed. del Bronce, 2013.

-Dhal, R. (1999). La democracia una guía para los ciudadanos, trad. cast. De F. Vallespín. Madrid, Taurus.

García, Soledad y Lukes, Steven (1999). *Ciudadanía: justicia social, identidad y participación*. Editorial Siglo XXI.

-Girón, Alicia y Solorza, Marcia, "Europa, Deudas soberanas y financiarización", ed. IIEc-UNAM , 2013.

-González, Nazario (1998). *Los derechos humanos en la historia*. Universidad Autónoma de Barcelona, Ballatera.

-Habermas, Jurgen (1962). *La transformación estructural de la esfera pública*. Madrid, Trotta.

- (1998) *Facticidad y validez*. Madrid, Trotta.

- (2004) *La inclusión del otro*. Barcelona,Paidós.

-(2002). *Identidades nacionales y postnacionales*. Madrid, Tecnos.

-Kimlicka, Will, (1996). *Ciudadanía Multicultural. Una teoría liberal de los derechos de las minorías*. Barcelona, Paidós.

-Kymlicka, Will, (1989). *Liberalism, Community and Culture*, Oxford University Press, oxford.

-(2003). *Nacionalismo, Multiculturalismo y ciudadanía*. Trad., Cast., de T. Fernández Aúz. Barcelona, Paidós..

-Lijphart, Arend (2000). *Modelos de Democracia*.

-1986. *Las democracias contemporáneas*. México, Prisma.

-1997. *La democracia en las sociedades plurales*. México, Prisma.

-Lizárraga, Daniel, Cabrera, Rafael, Huerta, Irving, Barragán, Sebastián, *La casa blanca de Peña Nieto. La historia que cimbró un gobierno*, 1ª. ed. Grijalbo, 2015.

-Mander, Jerry, *En ausencia de lo sagrado, El fracaso de la tecnología y la supervivencia de las Naciones Indias*, Ed. Plenum Madre Tierra, 1992, Barcelona.

-Meyer, Lorenzo, *Nuestra tragedia persistente, la democracia autoritaria en México*, ed. Debate, 2013, México.

-Mills, Jhon Stuart (1878). *El Gobierno representativo*. Sevilla, Biblioteca científico literaria.

-Morin, E., Ciurana, R. y Motta, R. (2007). *Educar en la era planetaria*. Gedisa.

-O'Donnell, Guillermo. (1997). *Contrapuntos: Ensayos escogidos sobre autoritarismo y democratización*. Paidós. Buenos Aires.

-Novo, María y Murga, María de los Angeles (2010). *Educación ambiental y ciudadanía planetaria*. Eureka No. 7.

-Pérez, Ana Lilia, *Mares de cocaína, Las rutas náuticas del narcotráfico*, Ed. Grijalvo, 2014, México.

- Peña Saint Martín, Florencia, Pérez Ruíz, Abel, y G. Sánchez Díaz, Sergio, *Trabajo Precario, expresiones en distintos contextos laborales*, Ed. INAH, 2009.

-Piketty, Thomas, *El capital en el siglo XXI*, 2014, ed. FCE México.

-Requejo, Ferran (2002). *Democracia y pluralismo nacional*, Barcelona, Ariel.

-Russo, Juan. (Coord.) (2010). *Calidad democrática, formación ciudadana y comportamiento electoral*. México. IFE.

-(2010). *Ciudadanías y subciudadanías: la teoría de los candados*. México.

-(2010). Introducción al libro *Construyendo ciudadanía construyendo teoría*. Argentina. UNSJ.

-Sassen, Saskia (2015). *Expulsiones. Brutalidad y complejidad en la economía global*. Berlín. Ed Katz.

-Sartori, Giovanni (2001). *La sociedad Multiétnica,* México, Taurus.

-San Juan Victoria, Carlos "la Nación en Diez Tesis", *Rojo-amate* 2, México, noviembre-diciembre de 2010.

-"la Nación en Diez Tesis", *Rojo-amate* 2, México, noviembre-diciembre de 2010.

-Taylor, Charles. (1993). Multiculturalismo y la "política del reconocimiento", México, Fondo de Cultura Económica.

-Torres Carral, Guillermo. *Poscivilización Guerra y ruralidad*, 1ª ed. Plaza y Valdez, 2013.

-"Armamentismo y sobreconsumo en el capitalismo contemporáneo. La economía política de la guerra". Revista Economía teoría y práctica, Num. 38. 2013.

-Zizek, Slavoj , *En defensa de la intolerancia*, trad. de Javier Eraso Ceballos y Antonio José Antón Fernández, Ediciones sequitur, Madrid, 2009, pp., 13-14.

Documentos

El derecho a la alimentación adecuada, Folleto informativo N° 34, Fao.

Referencias virtuales

-http://www.fao.org/spanish/DG/oped/60thanniversary.html (consulta mayo de 2015).

-http://www.oecd.org/document/8/0,334 en_2649_33973_44169864_1_1_1_1, 00.html (consulta junio de 2015).

http://web.worldbank.org/WBSITE/EXTERNAL/BANCOMUNDIAL/EXTSPPAI-SES/LACINSPANISHEXT/0,,contentMDK:20405717~menuPK:6561266~page PK:146736~piPK:146830~theSitePK:489669,00.html (consulta abril de 2015)

-http://www.Scielo.org.mx/scielo,php?scrip=tsci_arttex&pid=S0187-57952010000300008#notas (consulta 9 de febrero de 2016).

-Sansores San Román, Layda, en la Cámara de Senadores: http://www.youtube.com/watch?v=vLSYT4P9PDY y http://www.youtube.com/watch?v=OajsPxM5QHg (consulta:febrero 16 de 2016).

www.scielo.org.mx//scielo.php?script=sci_arttext&pid=S0187... (consulta: enero 27 de 2016).

-Encuesta nacional de inseguridad del INEGI.

Capítulo 10
Ciudadanía, integración de los inmigrados y cohesión social. Reflexiones desde Italia[1]

Andrea Spreafico

Premisa

El debate sobre la ciudadanía continúa revelándose de gran interés para comprender las dinámicas sociales que atraviesan las sociedades contemporáneas (cfr. Baglioni 2016), por diferentes aspectos siempre más globalizadas y cosmopolitas. Uno de los ámbitos en los cuales fueron lanzados los desafíos más estimulantes para un repensar de la idea tradicional de ciudadanía es el de los fenómenos migratorios, que pone a las sociedades receptoras frente a la necesidad de reflexionar sobre las modalidades y el significado de la integración de los inmigrados y de la misma cohesión social. Por esto, en este ensayo se intentará por una parte analizar algunos elementos del amplio conjunto de conexiones que es necesario considerar cuando se habla de la relación entre integración y ciudadanía, y por otra comprender mejor de qué se habla efectivamente cuando nos preocupamos de la integración de los inmigrados y nos proponemos después de pensar, producir y ejecutar las políticas para integrarlas, con la conciencia de que la distinción entre destinatarios y no destinatarios de las decisiones adoptadas frecuentemente no es neta.

---

[1] Traducción del italiano realizada por Juan Russo.

Si por un lado la ciudadanía "formal" es una institución que permite excluir a quien no la posee (Joppke 2010), por otra hay otros elementos de la ciudadanía –derechos, beneficios, formas de participación social y política, o de acceso a los servicios, aspectos conectados a los procesos de identificación– potencialmente desvinculados de su posesión formal (Ambrosini 2016). Asimismo, los inmigrados que en países como Italia son llamados "extracomunitarios", una vez conseguido un estatus regular y ocupación legal, acceden a un paquete de derechos sociales, y esto es sólo otro ejemplo que muestra como la inmigración requiere de la adopción

> de una visión procesual y articulada de la ciudadanía, superando el esquema binario inclusión/exclusión: los residentes extranjeros pueden ver reconocidos algunos derechos de ciudadanía que usualmente se desarrollan en el tiempo, con la duración de su estancia, hasta desembocar en la naturalización. [No únicamente, si] provienen de determinados países[, por ej. de la Unión Europea], benefician inmediatamente de un paquete más amplio de derechos y prestaciones sociales (ivi, 85).

Ello no elimina la necesidad de extender, en términos sustanciales y no sólo formales (cfr. Gozzo 2016), la gama de derechos y capacidad de acciones sociales, políticas y culturales de quien, en diferentes formas y tiempos, se encuentran en una sociedad como consecuencia de la inmigración (que puede disponer de la doble ciudadanía), pero que nos impulsa a razonar sobre el sentido de la integración.

En una primera aproximación, cuando se habla de "integración"[2] en términos sociológicos se puede pensar en la existencia de un conjunto, más o menos amplio, de personas potencialmente interactuantes (o en el límite sólo potencialmente y recíprocamente influidas en el accionar por la existencia de otras personas del conjunto) que insisten sobre un espacio común (por ejemplo, una plataforma virtual, o un territorio) y se auto perciben – u son frecuentemente percibidos desde el exterior – como un colectivo distinguible que desea permanecer (o sus autoridades desean

---

[2] Dada la amplitud del argumento y los límites de profundidad de un breve ensayo, nos limitaremos a ofrecer un pantallazo introductorio, pero de amplio alcance, de la cuestión considerada, renunciando tanto a la importante consideración de los indicadores de integración (para los cuales véase por ej. Mipex 2007, algunos de los trabajos recogidos en Vitorino 2007, Cellini e Fideli 2002) y de las recomendaciones tanto respecto de una recognición extendida de los diferentes empleos del concepto de integración en la investigación y en el análisis teórico de la sociología (para un primer panorama véase por ejemplo, Dewitte 1999).

hacer y permanecer) en el tiempo, más allá de la progresiva desaparición y sustitución de sus elementos constitutivos, y que, para hacerlo, tiene necesidad de un nivel de cohesión suficiente para que el natural conflicto que puede manifestarse en su interior no produzca la desintegración. En el momento en el cual se emplea el término "percibir" se pone también a la luz el proceso de construcción de la realidad de la existencia de tal colectivo, en el cual – en base a la especial forma asumida por las interacciones, ocurridas y potenciales (esperables), en un período dado – pueden haber productos de los contenidos, de las instituciones, que existen en cuanto hay convergencia de las diferentes atribuciones de sentido por parte de las personas que sienten ser parte de tal colectivo. La construcción que se ha puesto en movimiento se vale de dos aspectos particularmente relevantes para la sociología: por una parte, el proceso situacional de identificación de los individuos en una pluralidad de posibles constelaciones de símbolos y referencias comunes, efectuadas con el objetivo de producir lo que algunos llaman una "identidad" individual momentánea, situada, útil al gestionar el afrontamiento de la acción social, con diferentes, mutables y contextuales modalidades; proceso que, al mismo tiempo puede dar la sensación, más o menos durable, de la existencia de algo imaginado como una "identidad" colectiva característica y común. Por otra parte, el proceso de categorización lingüística que acompaña el aspecto precedente, visible por ejemplo en el momento en el cual la construcción de la frontera identitaria[3] es efectuada gracias al lenguaje. Muchas acciones son hechas con palabras[4], cuyo significado varía con su uso social; pues podemos agregar, para nuestro objetivo, una frase ejemplificadora de una de las personas que sostiene ser parte de dicho colectivo podría pronunciar durante una conversación reveladora: "nosotros somos italianos porque hemos nacido en territorio del estado italiano, de padres que antes que nosotros nacieron en Italia". Una frase más formal pero de contenido similar podría, sólo hipotéticamente, haber sido escrita en la ley sobre ciudadanía y enseñada en las escuelas con términos análogos; en este modo, quien no entrase en las categorías lingüísticas adoptadas para indicar a los miembros podría ser genéricamente categorizado como un extraño. Este último no es

---

[3] En lo que se refiere a este último párrafo cfr. por ejemplo los elementos considerados (revisados, rearmados o puestos en relación) por Simmel (1890/1982 y 1908/1989), Merton (1957/1959), Barth (1969/1994), Gallino (1978), Mesure y Savidan (2006), Caniglia y Spreafico (2007), y Spreafico (2011 y 2016).

[4] Sobre este aspecto cfr. Caniglia y Spreafico (2008).

obviamente un forastero en sí, sería percibido en este modo después de tal categorización lingüística, categorización que puede ser modificada, pero que en general tiende a ser dada por descontada y a constituir parte del sentido común. Hasta que no es modificada, el forastero (que desea devenir menos forastero debe ser puesto en condición de no representar un peligro por la permanencia en el tiempo en la colectividad) y con el cual los miembros han entrado, por diversos motivos (por ejemplo, una migración) en relaciones de potencial interacción; relaciones tales que son percibidas (por aquellos que son considerados oficialmente miembros) como eventualmente merecedores de ser incluido con motivo de la enunciación verbal del nuevo miembro del ocurrido pasaje de la frontera. Este hombre, pues, justamente para no poner en riesgo la cohesión del colectivo (el primer sentido de integración es en efecto integración en el colectivo, una entidad en la cual reina el orden social – gracias a una pluralidad de factores interactuantes, desde la socialización a la identificación, desde la imposición de reglas al interés racional, desde la interdependencia al intercambio, y así hasta la elevada difusión del bienestar, participación, y conciencia cívica), debería ser dotado de derechos y deberes, formales y sustanciales, similares a las de los miembros, en modo tal de poder llevar una existencia digna, según los mismos standard cualitativos de los componentes "autóctonos" con los cuales sería identificado (el segundo sentido de integración es en efecto el de integración del individuo en la colectividad). Mientras la dotación de derechos civiles, políticos y económicos-sociales de ciudadanía implica una serie de cuestiones sobre las cuales hay una cierta claridad (si bien no convergencia de opiniones), un problema todavía más articulado y debatido se presenta en el momento en el cual la definición lingüística-identificadora de "miembro" comporta la solicitud de renuncia a eventuales peculiaridades de naturaleza cultural, que el individuo, antes foráneo, perciba como importantes para su persona, por su necesidad de ser reconocido en su complejidad y pluridimensionalidad (lo que ha implicado la confianza, junto al reconocimiento, de la noción discutible de "autenticidad"); esto lleva en sí la consideración de derechos de naturaleza cultural, individuales y colectivos, sobre los cuales se inserta el debate multiculturalista. Esta premisa, necesariamente sintética y densa, ha puesto en evidencia muchos elementos importantes, sobre algunos de los cuales se basará este ensayo y sobre el cual se regresará en el curso de las próximas páginas, dando ulteriores clarificaciones a lo que aquí ha sido sólo mencionado.

Integración e "identidad"

Para evitar la desintegración del colectivo es necesario que sean tenidos bajo control los fenómenos que son adoptados con términos normalmente opuestos al de "integración", como: "anomia", "desorden", "delincuencia", "desviación", "alienación", "exclusión", "fragmentación", "segregación", "marginación", "guetización". Se trata de términos que sin embargo no alcanzan a clarificar lo suficiente, tampoco en negativo, respecto de qué es la integración (por ejemplo, se puede estar integrado en un colectivo, en una sociedad, en una posición descalificante). Esta última es una noción polisémica que en el curso del tiempo, en contextos diferentes y para usos sociales distintos, ha sido llamada también "asimilación", "incorporación", "inserción", "adaptación", "inclusión"; términos concomitantes que han dejado como herencia el de "integración" o parte de su sentido, en un recorrido de sedimentación semántica que gira en torno a un mismo proceso sociológico (cfr. Spreafico 2006). No nos detendremos a discutir si es mejor emplear un término que otro – la aparentemente "inserción" neutra o el (a veces puesto en relación negativa con algunas experiencias coloniales o de tratamiento de los inmigrados pocos sensibles a las diferencias) de "asimilación" –, pero se intentará mostrar algunas facetas de sentido, un modo de emplear el término elegido (aquí "integración"), que lo ponga en una relación más clara con todos los elementos que hoy deberían componer el campo de sus referentes y constituyen una noción equilibrada; una noción, es decir, no desbalanceada hacia la idea irreflexiva de una homogeneización en sentido único de los integrantes a un orden establecido desde arriba[5].

[5] Por ejemplo, a nivel comunitario –de la Unión Europea–, a nivel nacional y a nivel local, los integrados deberían poder participar más directamente en la selección efectiva de muchas de las medidas consideradas adaptadas para su integración, acrecentando los espacios de consulta y presión –en parte ya existentes y activos– del cual disponen. Además del importante rol de las diferentes asociaciones de inmigrados y de las organizaciones pro inmigrados (autóctonas, mixtas, católicas, laicas, vinculadas al mundo del trabajo y del voluntariado, políticas y no políticas, etc), es por ejemplo interesante el instrumento de las "Consultas", en el cuadro local y en el estatal, o el de los "Consejeros adjuntos"; cuya incidencia tiene no obstante, límites sobre los cuales no se insiste.

Para ponernos en salvaguardia hay que recordar a un sociólogo que
ha dado mucho al estudio de la inmigración, Abdelmalek Sayad (1994),
enriqueciéndola con el fin de insertarla en el discurso que aquí se señala.
La integración es un proceso continuo, que dura toda la vida, y que atañe
a lo que es llamado "identidad". La identidad individual de aquellos que
se supone se están integrando y la identidad colectiva que está lingüís-
ticamente inserta como existente y como hipotéticamente caracteriza-
dora del colectivo en el cual tendría lugar la integración. Por un lado
podemos tener un Estado que, una vez en contacto con ingentes flujos
de inmigración, es constricto a reflexionar sobre la ficción, devenida en
inconsciente social, sobre la coincidencia entre pueblo, nación, soberanía,
ciudadanía, sobre la cual se había constituido en el tiempo y sobre la cual
ha insertado frecuentemente la retórica de una identidad nacional que
estaría constituida por elementos específicos compartidos y conocidos
por todos como tales, y como algo que nos distinguiría de otros que no
"poseen" tales elementos[6]. Por otro lado, tenemos el individuo que alcanza el estado y que vive la integración como un proceso frecuentemente
inconsciente, casi invisible, de socialización de un constructo ideal que
se ha impuesto, y que tiene al mismo tiempo manifestaciones concretas,
al cual se adapta de distintas formas a lo largo de toda su vida. Sayad
sostiene que no es un proceso que pueda ser voluntariamente favorecido
y dirigido, sino que implica resistencias y conflictos; la integración, más
bien, no puede ser sólo el producto de la voluntad política, de acciones
conscientemente consideradas por un Estado. La integración es sólo
parcialmente el resultado político de acciones conscientemente empren-
didas por el Estado. La integración es sólo parcialmente el resultado de

---

[6]   Un ejemplo de afirmación identitaria es este tipo podría ser: "nosotros los italianos
somos católicos, o cristianos" (pero hay muchos otros no-italianos que lo son, así
como muchos italianos que no lo son, porque pertenecen a otra religión o porque
no son creyentes o porque no atribuyen gran importancia al elemento religioso, o
porque no conocen bien el contenido de esta afirmación, y tal contenido puede tener
significados en parte diferentes según las personas; también hay quienes dicen ser
católicos a su modo, en modo "personal", y muchos que dicen serlo en teoría pero
no en la práctica y casos similares. Pero si nos extendemos a un nivel supra nacional
encontramos: "en el adn de Occidente está la democracia" (¿pero quién es parte de
Occidente y quién no? Luego está el debate sobre la relación entre el Islam y democracia, y sobre su no incompatibilidad por cierto presupuesta por muchos – cfr. sobre
estos temas Cassano y Zolo 2007, Corradetti y Spreafico 2005, texto este último al
cual se envía también para profundizar el raporto entre identidad y cultura –, lo que
da lugar a otros debates).

políticas públicas producidas y ejecutadas por una pluralidad de actores públicos y privados, que en conjunto sustituyen, completan o se oponen a la acción estatal y de las instituciones comunitarias europeas; ella se lleva a cabo frecuentemente como efecto secundario de acciones con fines más amplios y diversos. El proceso de integración para un inmigrado comienza en el momento en el cual, antes de partir, entra en contacto (por ejemplo, gracias a diversos medios de comunicación) con la realidad de la colectividad en cuyo ámbito probará insertarse. En esta realidad será, por ejemplo, necesario comprender el sistema económico, y no se puede esperar que la integración coincida con la promoción social, dado que pobreza y la marginalidad pueden también acompañar a una percepción de integración en la sociedad, resultado complejo de afinidades "identitarias".

La integración es pues también el fruto de un encuentro de creencias, creencias sobre los contenidos de la identidad y sobre la existencia de una identidad como si fuese una parte "natural" e inmutable de la esencia de un individuo y/o de una determinada colectividad. Esto se reconecta con la ideología de la existencia de una sociedad de arribo de los inmigrados como algo naturalmente unitario y homogéneo, al cual un extranjero debería simplemente adaptarse individualmente, permitiendo así, sin embargo, la manifestación del riesgo de *esencialización* de la mayoría (cfr. Favell 2001). Son creencias que, si se repiten, tienen sin embargo referentes, resultados y manifestaciones concretas para tomar como referencia: instituciones, tradiciones, ritos, procedimientos, contenidos culturales e institucionales, proyectos comunes, eventos históricos, actitudes, etc. Manifestaciones que influyen la acción, a veces o con frecuencia uniformándolo, o produciendo la difusión de la percepción de la existencia de algo común y al mismo tiempo distintivo; percepción que aparece como evidente en los hechos, mientras permanece en la sombra el proceso de construcción que está en la base. Pero es propio esto último que nos muestra la posibilidad, abierta y continua, de la revisión de las determinaciones concretas resultantes por una construcción, dado que esta es solo una de las posibles construcciones y reconstrucciones que pueden imponerse. Tal imposición, además, puede ser más o menos formal o sustancial, extendida o limitada, y en cualquier caso frecuentemente fruto de la enunciación de quien tiene la influencia, la credibilidad, el poder o la capacidad para hacerla aparecer como natural en el tiempo. Quien detenta tales recursos afirma que la identidad colectiva está caracterizada por ciertos referentes (a su vez fruto de transfiguraciones simbólicas de otros) que la define, mientras quien no tiene tales recursos frecuentemente experimenta esta afirmación-definición, o no la pone en discusión, o prueba con resultados alternativos, especialmente cuando la definición se ha incorporado a instituciones (sociales y jurídico legales) y ritos, que asumen un carácter sacro y son parte de una narración nacional aparentemente compartida, pero que al final no escapan a continuos y parciales procesos de reinterpretación y ulterior transfiguración.

Se puede también precisar que el encuentro de identidades podría resguardar no sólo a la identidad de la colectividad en la cual se integra y aquella del individuo que se integra, sino también aquella, colectiva, de un conjunto de individuos inmigrados que se integran al mismo tiempo individualmente pero también teniendo la percepción de ser similares entre sí por caracteres importantes por su autenticidad de individuos por impulsarlos a demandar ser integrados en el respeto de las especificidades que ellos perciben (más allá de las diferencias) como característica tanto de la propia identidad como de aquella de la comunidad que sienten constituir, y a cuyo interior creen de haber forjado parte de su (al mismo tiempo libre) modo de ser; una comunidad que se extiende a través de los confines, hasta donde subsista esta percepción. Aquí se inserta el tema de las reivindicaciones de integraciones colectivas, de las demandas de derechos comunitarios, que animan los debates sobre el multiculturalismo[7]. Agréguese a esto que la integración es un proceso bidireccional: la transformación –frecuentemente imaginada como pasaje unilateral de la alteridad a la identidad– ocurre en realidad en las dos partes, como un intercambio que a través de la mezcla produce nuevas configuraciones culturales (Cuche 2001/2003): la "aculturación" (otro término concomitante proveniente de la antropología) no posee nunca un sentido único, no tiene como resultado la uniformidad, hay siempre "reinterpretación", es decir, cada parte pone en acción nuevas síntesis culturales en situaciones de contacto; tiene pues lugar una "interpenetración" entre configuraciones cuyos confines no son netos sino en relación de continuidad. La "identidad", además, no es una consecuencia directa de la diferencia cultural, sino que se construye incesantemente en el interior de los intercambios sociales, es siempre el resultado temporal de una identificación en el

---

[7] Sobre los cuales se remite a la bibliografía contenida en Caniglia y Spreafico (2003), Spreafico (2005), Lanzillo (2005), Galli (2006), y Donati (2008).

interior de una situación relacional, conectada al deseo de presentación aceptable de sí, de diferenciación y distinción y desencuentro de poderes de definición lingüística internos y externos. Mientras es cada vez más necesario pensar y hablar de identificaciones (individuales y colectivas) transnacionales, trans-estatales, difundidas tanto entre quienes son oficialmente miembros del colectivo de integración, y entre quienes intentan obtener este mismo estatus.

Se comprende mejor ahora por qué la integración de un extraño en un colectivo puede ser sólo parcialmente el resultado de políticas (que en parte se dirigen bien a la integración del colectivo en su conjunto), dado que el espectro de los significados que el individuo puede atribuir a su integración, así como al sentido de integración en general, es mucho más amplio que aquellos rastreables en los rectores comprometidos por las políticas de integración. Cada persona tiene una diferente autopercepción de la propia situación de integración, que puede ser en parte desligada del grado de integración constatable a través de los numerosos indicadores formales de integración económica, social, política, de los que se dispone, en cuanto conectada a dimensiones que estos no recogen y que mutan en el tiempo. Por ejemplo, efectuando entrevistas en profundidad y coloquios ad hoc (que permiten tomar aspectos de cuestionarios o datos estadísticos disponibles no relevantes, sobre todo si son pensados a partir de los mismos indicadores de los cuales se avalan las políticas) se podría presentar el caso de un hijo de un inmigrado que posee condiciones dignas en términos de alojamiento, instrucción, trabajo, renta, sanidad, que sea casado con una "autóctona", que tenga hijos para los cuales hay normales perspectivas de integración, que participe en condiciones de paridad de derechos sociales y políticos (incluido del voto a las elecciones nacionales), que no se sienta discriminado o víctima de prejuicios racistas, que haya declarado sentir un cierto sentido de pertenencia en el colectivo al cual se encuentra, pero que al mismo tiempo afirme no sentirse integrado, quizás porque no considera muy importante ese sentido de pertenencia, en cuanto no recoge la distinción que atañe al resto de la humanidad, de la cual se siente sobre todo en su entereza, o porque piensa vivir en una sociedad en la cual las instituciones no sean tan democráticas como se dice oficialmente, o porque considera sufrir imposiciones culturales que lo constringen a ser diferente de cómo siente ser (o mejor, dice ser), o porque una fortuita serie de interacciones sociales con "autóctonos" lo ha llevado a construir una frontera propia de identidad defensiva, reactiva, particular, en torno a la cual construye su identidad en específicas situaciones, en un procedimiento sobre el cual tienen al mismo tiempo influencia sentimientos y emociones privados, ligados a la nostalgia, al recuerdo, a la ilusión, a la investigación: aspectos, estos últimos, que pueden surgir por ejemplo en las interacciones propias, de las sesiones de etnopsiquiatría (Nathan 1993), pero que pueden por ejemplo ser comprendidos también leyendo las páginas de Winfried G. Sebald (1992/2007) sobre los emigrados y el recuerdo[8].

Ciudadanía y destinatarios de políticas y derechos integrativos

A la luz de lo dicho hasta aquí, se trata ahora de comprender quién forma parte del colectivo y quién no (hay siempre figuras intermedias), en el momento en el cual se decide concentrarse en las políticas. Las políticas de integración tienen una pluralidad de destinatarios e instrumentos, pero tienden todavía hoy a referirse a sus esperados efectos positivos sobre todo hacia aquellos que son identificados como miembros oficiales del colectivo en el interior del cual son identificados como miembros oficiales del colectivo al interior del cual ellos son elaborados; en sustancia son frecuentemente sometidos por una idea de ciudadanía fundada sobre una comunidad circunscrita y exclusiva (cfr. Bosniak 2008). Los destinatarios, es decir, son más frecuentemente los residentes en el territorio oficialmente considerado como ámbito espacial de referencia del colectivo en

[8] Los inmigrados, incluidos algunos emigrados desde muy jóvenes, y frecuentemente también sus hijos, mantienen en cualquier caso una relación con el país de origen, que en muchos casos terminan para formar mediante el recuerdo, propios y de otros, y sobre su búsqueda; una búsqueda tendiente a llenar un vacío, una ausencia, que aflora. Este recordar –que en Sebald pasa a través de testimonios, escritos y foto (la fotografía tiene un rol no de simple enriquecimiento, sino de complemento, con valores similares, de la escritura: una sugerencia útil también para el investigador que se proponga indagar sobre integración, que se encuentra para poderse valer de otro medio sintético de descripción– los conduce, sin embargo a ser víctimas de la memoria, los melancoliza y los destruye. Ella frecuentemente los separa, en vez de acercarlos, tanto por el contexto en el cual viven, como por aquel hacia el cual sienten un vínculo; pero los resultados son diferentes: por ejemplo al intentar establecer contacto con un país que no es el propio, o no lo ha sido nunca en términos oficiales, representa un modo para vivir mejor en el colectivo en el cual se integra (la sociedad de arribo o aquella en la cual es nacido como descendiente de inmigrados), teniendo a disposición un espacio de fuga, aunque solo potencial o mental, en el cual refugiarse en perspectiva, cuando las interacciones sociales actuales no ofrecen los resultados esperados.

cuestión (por ejemplo los confines del Estado o los confines externos del complejo de países miembros de la entidad sobre estatal constituida por la Unión Europea) que al mismo tiempo son considerados oficialmente miembros para todos los efectos de aquel colectivo (ciudadanos). Esto también si en diferentes casos los destinatarios son todos residentes independientemente de ser ciudadanos o, en otros todavía, solo todos los ciudadanos también no residentes (esta última posibilidad es por ejemplo la de los ciudadanos que residen de manera estable fuera de los confines estatales, pero que pueden ejercer el derecho político de voto en las elecciones nacionales del país del cual tienen la ciudadanía –mientras tal derecho no es concedido a aquellos que viven y trabajan legalmente en el Estado en el cual son inmigrados y del cual por diferentes motivos no han adquirido la ciudadanía)[9]. Pero en algunos casos se puede llegar a pensar que destinatarios potenciales de algunas medidas sean todos los seres humanos. Esta variabilidad muestra la diferente y mutable extensión que asume la sociedad de la cual se desea la cohesión a los ojos de los decisores públicos y frecuentemente de sus "miembros" y de los observadores. A veces se busca introducir medidas de integración para una sociedad de ciudadanos (en referencia a la herencia histórica del estado nación pensada y construida en términos étnicos y de presuntos lazos de sangre), a veces para una sociedad de residentes (comprensiva de la inmigración ilegal, en parte seleccionada, pues una sociedad con aperturas transnacionales, o extra comunitarias, en referencia a vínculos territoriales; aquí en algunos sectores se arriba a comprender también a los inmigrantes irregulares y clandestinos), frecuentemente para una sociedad de ciudadanos-residentes, a veces para una sociedad global, hoy siempre más se trata también de políticas locales para sociedades locales, de nuevo concebibles según modalidades diversas. Los pasajes de una categoría a otra de fruición son posibles por ejemplo siguiendo la adquisición de la ciudadanía: esta última es un instrumento necesario y no suficiente de integración, un instrumento que hoy está en transformación y que actualmente está en fase de re conceptualización por parte de los estudiosos[10].

[9] Cfr. Zincone (2006) para el caso italiano.

[10] La literatura sobre el tema de la ciudadanía es muy amplia y está en continua actualización, a través de contribuciones que van desde el derecho a la filosofía, de la sociología a la ciencia política, y no es pues aquí posible dejar de mencionar como se ha hecho, para subrayar la adquisición de ciudadanía como útil instrumento de

Aquí se trata la ciudadanía para recordar que puede asumir diversas adjetivaciones, que echan luz sobre los posibles ámbitos de aplicación (estado nacional, supranacional, transnacional, postnacional, global flexible, etno regional, y local) de las diferentes categorías de derechos-deberes que ella podría conferir (civiles, políticos, sociales, de "cuarta generación"[11] y culturales), formalmente y sustancialmente, asumiendo así, en referencia a ellas, también otras cualificaciones (como por ejemplo la ciudadanía multicultural o societaria) según el tipo de derechos, de perspectiva teórica de quien efectúa la descripción, el tipo de actores llamados hacer efectivos tales derechos (Estado en sus diversas articulaciones, Mercado, Privado social), según el sentido en el cual los derechos son entendidos y el tipo de relación que tienen con los derechos humanos. La integración pasa también por vías diferentes de la concesión del estatus de ciudadano y del paquete de derechos conectados, pero dado el todavía relevante significado simbólico representado por un estatus que denota la pertenencia a una comunidad política, se quiere poner de relieve como la renovada actualidad y transformación del tema de la ciudadanía sea frecuentemente el fruto de mutaciones sociales, económicas, políticas y culturales, producto de fenómenos ligados a la más reciente fase de globalización: por ejemplo la parcial erosión de la soberanía del estado-nación y de la homogeneidad de la composición de las sociedades europeas, la formación de ordenamientos y solidaridades internacionales, el debate sobre la tutela de los derechos humanos, la interconexión de las comunicaciones y la producción de esferas públicas locales, las dificultades de los sistemas tradicionales de Welfare y la mutación del trabajo, el libre comercio, las oportunidades y la necesidad de participación política democrática, la aceleración de la movilidad y las migraciones, la reacción de la lógica nacionalista en dirección localista. En tal contexto, Zanfrini (2007) nos permite recordar que la idea de que hay una verdadera frontera que separe naturalmente ciertos individuos y poblaciones de otros se ha consolidado en la imaginación (cfr. también Anderson 1991/2000) a través del desarrollo de los modernos aparatos estatales, durante el cual

integración. Nos limitamos pues a recordar algunas de las lecturas que han contribuido a influir la sustancia de este texto Zanfrini (2007), Caniglia (2005), Aleinikoff e/y Klusmeyer (2001), Schnapper (2001), Donati (2000), Kymlicka (1995/1999), Baglioni (2016).

[11] Son derechos de "cuarta generación" por ejemplo el derecho a la privacidad o el derecho a vivir en un ambiente sano.

se reforzó ulteriormente la construcción formalizada del extranjero. El Estado y la nación se habían saldado en una constelación de referencias cuyos estrechos vínculos hoy no pueden en cambio seguir siendo dados por descontados: identidad nacional, homogeneidad cultural, territorio, soberanía, confín, ciudadanía y Estado no se superponen. A este punto, el sentido de pertenencia no coincide con los confines de los estados, los atraviesa o simplemente los sobrevuela pasando desde un punto a otro del planeta, se trata de identificaciones post o transnacionales (Appadurai 1996/2001), o *diaspóricas* y *desterritorializadas* (por ejemplo son los clanes familiares de la actual diáspora inmigratoria managerial china quienes organizan la solidaridad y el sentido, social y no territorial, de pertenencia) con fronteras percibidas en movimiento continuo, uso y concepciones flexibles de la ciudadanía, relaciones e intereses simultáneamente en diversos ámbitos espaciales (Ong 1999/2002 e 2003/2005; Wieviorka 2007/2008). Siguiendo estos desarrollos, las migraciones contribuyen a poner nuevamente en discusión el rol de la ciudadanía, mientras a su vez diferentes regímenes de ciudadanía conducen a diferentes definiciones de membresía y a diferentes modelos de incorporación, de distribución de recursos, de posibilidades de participación política de los inmigrados y de sus descendientes.

En tanto es cada vez más recomendada la facilitación del acceso a la ciudadanía, hay hoy derechos (sobre todo sociales y en buena medida no políticos, en particular no referidos a la posibilidad de participar en las elecciones políticas nacionales del país de llegada) atribuidos también a los no ciudadanos inmigrados, regularmente por bastante tiempo residentes; esto a través de formas de *denizenship*[12] que ofrecen un paquete de derechos que confieren una especie de "membresía social", estatus intermedio entre extranjero y ciudadano. Tales derechos son atribuidos en el interior de un Estado delimitado territorialmente. También la "ciudadanía cívica"

[12] Cfr. Hammar (1990). Tales paquetes de derechos podrían ser también más amplios y alcanzar la atribución de algunos derechos políticos, como ocurre –potencialmente (está por ejemplo presente una cláusula de reciprocidad)– para los ciudadanos de estados de lengua portuguesa que cuenten con el permiso para residir de modo permanente en Portugal: una situación ligada a la formación de la comunidad transnacional "imaginada" – pero desde cierta perspectiva también concreta (por ejemplo, en 1996 fue creada la comunidad de los países de lengua portuguesa)– de los lusófonos, considerados de este modo menos extranjeros que otros (Marques, Dias, Mapril 2005; Machado 2005) y con un estatus particular. Esto mostraría, además, que la lengua común es considerada un elemento importante de integración, idealmente abierto a todos aquellos que alcancen a hablarla.

prevista por la Comisión Europea desde el 2000 se refiere a una extensión de derechos al aumentar el tiempo de residencia legal en el territorio. Pero en ambos casos se trata de derechos potencialmente revocables, por ejemplo con el mutar de la situación económica de los inmigrados y de las legislaciones en la materia. Los inmigrados regulares no gozan de todos los derechos de los ciudadanos, mientras al mismo tiempo, por ejemplo en el sur de Europa, hay derechos atribuidos también a los inmigrados irregulares, como la asistencia sanitaria urgente o esencial, y la instrucción obligatoria para los menores sin permiso de estadía. La compleja relación entre inmigración y Welfare está estrechamente conectada con la integración de una colectividad, dado que el temor por la posible competencia entre ciudadanos y residentes para la protección social –una protección que se abre cuando más se forman establemente las segundas generaciones– puede provocar reacciones xenófobas, poniendo en acción un elemento desintegrador de la sociedad potencialmente comprendida dentro de tal protección (cfr. Zanfrini 2007). Las expectativas generadas por un Welfare eficiente implican potencialmente el riesgo de crecimiento de la demanda, y por lo tanto de sobrecarga, y por último, de difusión de temores a su vez potencialmente conflictuales.

Siguiendo las transformaciones que la acrecentada movilidad, real y virtual, induce en la personalidad y en los referentes de identificación de los individuos contemporáneos, por ejemplo de los siempre más numerosos migrantes circulares, también entre más de dos países, es posible concebir formas de ciudadanía transnacional en las cuales los derechos atribuidos son válidos en más de un Estado (por ejemplo la doble ciudadanía), o de ciudadanía post nacional (Soysal 1994; Sassen 2008), en la cual los marshalianos derechos civiles, políticos y sociales están desterritorializados, desligados de la nacionalidad y enganchados al ser humano, pues están comprendidos en los derechos humanos, que no están estrechamente vinculados con la ciudadanía o relacionados a acuerdos internacionales basados sobre la reciprocidad, pero que se aplican cada vez más a los residentes no ciudadanos. La expansión del derecho internacional, la expansión de la capacidad individual de recurrir a autoridades judiciales supranacionales, las convenciones y las cartas sobre los derechos humanos tienden a poner en profunda discusión el rol del Estado-nación para la atribución de derechos y la misma idea tradicional de ciudadanía (Benhabib 2006/2008), en efecto habla de desagregación de la ciudadanía, es decir, de sus componentes tradicionales como un todo aparentemente inescindible: identidad colectiva, pertenencia política, posibilidad de gozar de derechos sociales. Se difunden normas e instituciones cosmopolitas, como la Corte penal internacional, y las prerrogativas estatales son ejercidas dentro de vínculos jurídicos externos siempre más fuertes, que parecen dejar mayormente abierto el pasaje de la ciudadanía estatal a la ciudadanía cosmopolita[13], si bien la cuestión se complica con la consideración de la relación entre derechos humanos individuales y derechos a la diferencia cultural (que en algunas sociedades son pensados como colectivos), cuya tutela es retomada a su vez en la idea de "desarrollo humano". La misma concepción de integración mutaría cuando es vista desde esta óptica: migrar a través del mundo y detenerse en modo más o menos duradero en un punto, disponiendo de un paquete amplio de derechos universales de base de la persona (que desde el voto municipal podría llegar también al voto nacional, último baluarte de una ciudadanía vinculada a una pertenencia nacional), que sea posible hacer valer como seres humanos, agilizaría el recorrido de inserción en el colectivo de permanencia y llegada, respecto de una situación de conquista larga y difícil de las condiciones para la integración. La residencia se convierte así en el criterio guía y el Estado asumiría una naturaleza identitaria neutral, elementos que se mantienen juntos por el procedimentalismo democrático (cfr. Caniglia 2006). Se trata obviamente de condiciones lejanas de la realización a nivel estatal (y también supranacional) y potencialmente postnacionales europeas, (donde para acceder a la ciudadanía europea se requiere obtener la de un estado miembro, respecto a la cual la primera es agregada, por ejemplo en el momento en el cual se separa del modelo habermasiano del patriotismo constitucional de intentar sustancializar la identificación europea a través de ideas como la muy debatida, de la identidad cristiana de Europa, o cuando se orienta a la limitación de las posibilidades de ingreso para los trabajadores migrantes y se ponen en discusión las instituciones de refugio político y de protección humanitaria, en dirección de una Europa como fortaleza en la que se da prioridad a una inmigración circular, y pues temporaria, respecto al cuidado para

[13] Habermas (1998/2000) ha imaginado el desarrollo posnacional de una solidaridad entre extraños en el plano cívico y procedimental y Beck (2003), en actitud a veces crítica respecto al primero, hablaba de cosmopolitización de las conciencias, de las instituciones, y de las esferas públicas.

la integración de quien reside en los países de la Unión (aspectos que en cambio podrían ser atendidos a la par).

En el caso de la arriba recordada "integración postnacional", se integraría en colectividades delimitadas por instituciones políticas, habrían recorridos de integración socioeconómica, pero la "identidad" del integrando y de su eventual comunidad de referencia sería puesta en contacto no con una identidad colectiva nacional esencializada con la cual contratar una adaptación, sino con un núcleo de procedimientos propios del Estado de Derecho al cual conducir respecto, y cuyo contiendo

> no debe comprometer la neutralidad del derecho respecto al pluralismo de las diferentes comunidades éticas integradas a nivel sub-político. Ello debe en cambio intensificar el sentido de la pluralidad e integridad de las varias formas de vida coexistentes en una sociedad multicultural. […] En las sociedades complejas, el conjunto de los ciudadanos no puede seguir siendo integrado de acuerdo a un consenso sustancial sobre los valores, sino sólo por un consenso sobre los procedimientos relativos a una legítima producción jurídica y a un legítimo ejercicio del poder (Habermas 1996/2001, 94-95).

Por lo tanto, hay pues un primer nivel de integración (societal) basada en el consenso procedimental, lo más abstracto posible por cuanto se refiere a personas con diferentes orientaciones de valor, y un segundo nivel de integración (comunitario) subpolítico, en el cual cada persona es considerada "como miembro de una comunidad que está integrada en torno a una determinada concepción del bien" (ivi, 93). El segundo está desenganchado del primero, que en cambio incluye en igual medida a todos los ciudadanos. Tal procedimiento parece basarse sobre una serie de transformaciones parcialmente realizadas, pero todavía lejanas de pleno cumplimiento, en dirección de una progresiva cosmopolitización de las conciencias, del pensamiento, de las categorías interpretativas, del actuar y del participar, de los problemas y de las instituciones, que tenderían a trascender la dimensión europea para llegar a la mundial de una patria-Tierra (Morin 1993/1994). Aquí la integración se configuraría como asunción recíproca de responsabilidad de cada uno en relación con todos los otros, como capacidades de cada uno de comprender y contribuir a resolver problemas y desafíos globales (por ejemplo, los ecológicos) de cuyas soluciones parece depender la cohesión de la colectividad humana (dispuesta a disgregarse, todavía por ejemplo, frente a la competencia por recursos escasos) y la reconceptualización del orden social.

No obstante, frente a este deseable universalismo, no se puede al mismo tiempo olvidar el localismo de las raigambres de los migrantes y el a veces necesario control de las fronteras y de los flujos de migrantes irregulares, frecuentemente impulsados a moverse por guerras activadas por peligrosas, a veces obtusas, políticas internacionales gestionadas por grandes potencias occidentales. Derechos humanos, derechos de asilo y acceso a los servicios esenciales vuelven a ser periódicamente puestos en discusión en los lugares relacionados por elevada migración, mientras en el ámbito local resulta frecuentemente ser el ámbito concreto de ejercicio de la ciudadanía y de las políticas para los inmigrados (cfr. Penninx, Kraal, Martiniello y Vertovec 2004; Penninx y Martiniello 2006; Spreafico 2006). A esto se agrega que los "procesos decisionales de ciudadanización" (Ambrosini 2016), a través de los cuales la ciudadanía es adquirida complementariamente cada día desde abajo (gracias a las prácticas sociales cotidianas de la participación –en diferentes formas– al mercado de trabajo, o de la participación sindical y asociativa, o de la participación en movimientos de protesta, o de las relaciones de vecindad, o con los médicos, los docentes escolares de los hijos, los comerciantes de los negocios donde se hacen las compras, con el sistema sanitario y asistencial, o de la adquisición de títulos o certificaciones de cursos, estancias, etc.), maduran frecuentemente en el espacio público local.

Cohesión social solidaria e integración multidimensional de ciudadanos globales

Para comprender plenamente la interconexión constante entre la dimensión de la cohesión de un colectivo y la de la integración del individuo en el primero es por último necesario recordar que la integración colectiva es también una condición de la integración individual (de las partes en el conjunto): "más grande y más fuerte es la integración del todo, más fuerte y más grande es el poder integrador de este grupo, [...] más fácil de realizar es la integración en este grupo de sus partes [...], viejas o nuevas" (Sayad 1994, 12); partes cuya integridad no obstante no se disuelve en el conjunto. En referencia a las partes, se puede entonces distinguir la adopción de rasgos culturales del colectivo de inserción por la conformidad a las normas existentes, por la participación activa en su vida social hasta la participación en la invención de nuevas normas sociales. Y esto nos permite mostrar la interconexión en sentido inverso: nos permite ver cómo sentirse partícipes de la construcción de reglas por observar contribuye a favorecer el sentido de integración de los individuos en la sociedad y los impulsa a producir cohesión, gracias a la creciente propensión a respetar y hacer respetar tales reglas.

Problemas nacen en el momento en el cual en un colectivo se forma un emplazamiento que afirma la insuficiente integración de un segundo emplazamiento (por ejemplo, ciudadanos franceses que revisten cargos políticos afirman que ciudadanos franceses descendientes de (más reciente) inmigrantes no estarían suficientemente integrados en la sociedad francesa, de la cual forman parte con el mismo título que los primeros) reorientando sus políticas de integración que inevitablemente terminan por estigmatizarlos como grupo diferente y que requieren colmar una ausencia: razonamiento que es a veces percibido como dispuesto a presuponer una diferencia de poder entre dos partes, una de las cuales establece las presuntas lagunas de la otra (cfr. Lapeyronnie 2003), y que puede implicar en esta última un rechazo de la idea de integración, que es percibida en términos de desequilibrio en las relaciones sociales. Ello no resta utilidad a políticas de integración que no permanecen sobre la carta, pero muestra cómo ellas deben ser propuestas como referencias al mejoramiento de las condiciones de los destinatarios – en modo de ponerlos en condición de participar mayormente en la vida colectiva de la cual son parte- pero ahora gracias a su previa participación y consenso. Cuando las políticas de integración atañen a la dimensión cultural es necesaria no obstante mayor cautela, dado que frecuentemente el objetivo deseado por los destinatarios no es referido al logro de condiciones formales y sustanciales de mayor igualdad, sino de respeto y reconocimiento por la diferencia, en condiciones de paridad con los otros; esto comporta la comparación entre identificaciones diferentes construidas. Al mismo tiempo, sin embargo, se recuerda como políticas de integración socio económicas pueden terminar por resguardar destinatarios similares según rasgos de naturaleza cultural: la intervención del Estado social en determinadas ocasiones, orientado al objetivo democrático de la igualdad real, se particulariza y toma en consideración especificidades étnicas geográficamente concentradas (Schnapper 2002).

Los fundadores de la sociología se preocuparon ante todo por la integración en el sentido más amplio, de cohesión de la sociedad, de permanencia de vínculos sociales, sometidos a las diferentes presiones disgregadoras que cada uno individualiza en determinados aspectos de la modernidad[14]. La existencia de comunicación interpersonal, de intereses en fructífera competencia, de contratos sociales, de vínculos comunitarios, de sentimientos, pasiones y creencias comunes, de valores comunes, de normas sociales, de confianza, de intercambios, de interacciones, de especialización y complementariedad de las funciones, de pertenencia a grupos intermedios, de conflicto con elementos externos, de símbolos en los cuales se incorpora la unidad social, de procesos de socialización, de participación en formas de acción colectiva, de individualización de bienes comunes, de reglas compartidas, de un derechos formal, ha sido cada tanto considerado el factor (individualmente o en relación con otros) capaz de sostener eficazmente la integración.

Entre las innumerables contribuciones, la de Durkheim (1893/1962, 1897/1969, 1912/1963) es particularmente valiosa. En el curso de su obra científica, en efecto individualizó progresivamente algunos de los elementos que parecen fundar la integración social[15] y que todavía hoy sirven de inspiración para las profundizaciones de la sociología contemporánea: las creencias y los sentimientos comunes de la conciencia colectiva; la recíproca complementariedad de los roles y de las funciones en una colectividad diferenciada; la presencia de numerosas e intensas interacciones a través de cuyos círculos el sentido de unidad moral que deriva de la aceptación –y del sentido de producción (también gracias a la acción socializadora y homogeneizadora de la educación)– de valores, reglas y prácticas comunes, un sentido que al mismo tiempo delinea fines colectivos; la relación de los individuos y grupos sociales en presencia de un cierto grado de autonomía de la voluntad; la intermediación entre individuos y colectividades desarrollada por grupos profesionales o corporativos –los cuales favorecen la construcción de vínculos entre individuos– así como de familia y patria (un poco como para los neo-comunitaristas

---

[14] Descender a los detalles significaría recorrer, a partir de autores como Comte y Spencer, hasta a Tönnies, Durkheim, Simmel, Weber y Parsons, para arribar después a nuestros días – la historia de la sociología en torno a uno de sus temas fundantes, cosa que no puede ser hecha aquí; para una profundización véase Schnapper (2007), Pires (2003), Bastenier y Dassetto (1993), Spreafico (2005, 95-110 y 121-141).

[15] Cuando se refería al tema de la participación de los extranjeros y de sus hijos en la sociedad de llegada, el sociólogo francés empleaba en cambio el término "asimilación".

americanos, hay un problema de integración en el interior de los grupos y de integración entre grupos en un ámbito más amplio); la objetivación, en momentos de efervescencia colectiva, de la imagen de la sociedad, del núcleo central de su "identidad" colectiva transfigurada e idealizada, en elementos simbólicos que asumen una naturaleza sacralizada y en torno a la cual se desarrollan rituales donde tal sociedad se celebra a sí misma y refuerza su cohesión; la relevancia de una concepción anti-utilitarista del individualismo, que vincula el individualismo moral con la Declaración de los derechos del hombre y con el respeto de la dignidad humana[16].

Son justamente estos elementos los objetos del debate de la sociología y de la filosofía social, en las cuales viene tematizado el reforzamiento de las capacidades de solidaridad, que a su vez favorece la integración de un colectivo. El problema de la integración, por ejemplo la de los inmigrados pertenecientes a minorías étnicas en el interior de sociedades que se hacen cada vez más multiculturales y desiguales, se acompaña hoy con el declive de los principales actores integrativos de la época fordista, como la gran fábrica, el movimiento sindical, el Estado social keynesiano, los partidos políticos de masa, y también de las tradiciones, de la escuela, de la ocupación plena, de las instituciones políticas, la transformación de la familia, y de la religiosidad. A estas dificultades es posible agregar también el consecuente y creciente sentido de inseguridad (cfr. Sennett 1998/2001) difundido a nivel global, la precedentemente mencionada erosión del rol de los Estados-nación, las dificultades que la tradición jurídica occidental encuentra en el hacer frente a las demandas del derecho a la diferencia por parte de culturas minoritarias. Ello implica una reconsideración de los términos de la cuestión a la luz de los particulares desafíos que hoy se deben afrontar (cfr. Schnapper 2007), también porque se advierte siempre más la dificultad de referirse a valores comunes fuertes, compartidos y unificadores, así como a objetivos e intereses unitarios, y es pues necesario pensar habermasianamente en la inclusión del otro mediante el derecho y la expansión de la racionalidad comunicativa de una esfera pública radicada en la sociedad civil y/o en la compartida reflexión del valor más general del respeto recíproco por la necesidad de reconocimiento[17] (por ejemplo el de la propia diferencia) de cada uno y de la apertura hacia la compatibilidad de las creencias. La construcción

[16] Para profundizar este punto véase Rosati (2002) y Santambrogio (2002).
[17] Cfr. Habermas (1996/2002) para la primera parte y Caillé (2007) para la segunda.

de la cohesión social y de la solidaridad en sociedades siempre menos homogéneas desde el punto de vista étnico, religioso y cultural no encuentra más un fundamento trascendente, un acuerdo sobre valores específicos, pero puede fundarse en la participación común en la vida política y civil (Crespi y Moscovici 2001), sobre una red de relaciones de reconocimiento recíproco de las respectivas diferencias, conscientes de los vínculos entre "identidad", autoestima y actitud solidaria, sobre la recíproca asunción de responsabilidades por parte de todos en relación con los riesgos globales (Beck 1986/2000), por ejemplo ambientales. Hay quien también, como Rosati[18] (2002b), ha subrayado que la solidaridad debe entenderse como igual respeto y cuidado colectivo sobre los procesos de reconocimiento intersubjetivo e institucional para individuos y grupos. La salvaguarda de la dignidad humana de los individuos que conviven en una sociedad, la no humillación de sus relaciones recíprocas, el respeto de las diferentes formas de vida y el cuidado de los procesos de reconocimiento de las diferencias de los individuos y de las comunidades de los cuales se sienten parte, el vínculo entre y con los extraños (Zoll 2000/2003), la lucha contra las desigualdades económicas y por la tutela de las franjas débiles, son todas declinaciones de la solidaridad y al mismo tiempo, objetivos para las políticas de integración y de cohesión social. Nos encontramos pues con la necesidad de articular igualdad y diferencia, de movernos entre requerimientos de apoyo en la pobreza, de participación en el proceso decisional y de reconocimiento por la diferencia cultural, no obstante la conciencia del carácter reductivo inherente a cualquier definición identitaria –que no debe en ningún caso ser absolutizada (Crespi 2004)– vinculada a esta última.

Las dificultades que se encuentran hoy en hacer virtuoso el "círculo de la integración" hasta aquí delineado están dadas por el hecho de que el intento de convertir a los inmigrados en parte activa de la sociedad de llegada choca contra el ya presente impulso desintegrador en movimiento en tales sociedades y visible, por ejemplo, en la difusión de la flexibilidad, precariedad o desempleo. Como recuerda Touraine (1997/2002), el riesgo es que los inmigrados deban sufrir y gestionar la insuficiente presencia de oportunidades de participación socio-económica (además de la política) en presencia de un impulso a la adopción de modelos culturales de vida

---

[18] Al final del recorrido de revisitación de la literatura en esta materia, una literatura que pasa por ejemplo por Honneth y Margalit.

que no pueden ser sostenidos, que presuponen calificaciones y rentabilidades que tanto los inmigrados como sus descendientes frecuentemente no poseen. Para evitar consecuentes clausuras comunitarias sería necesario conjugar, a nivel personal- individual, la participación en la racionalidad instrumental con la defensa de las diferentes identificaciones culturales. Justamente en la proyección de una equilibrada integración pluridimensional se concentra pues el difícil desafío de evitar tanto la difusión de los conflictos urbanos (cfr. Melotti 2007), que se propagan en diferentes partes del planeta y que comprometen la interacción de integración de la colectividad y de integración en ella de sus nuevos potenciales participantes, como de las radicalizaciones potencialmente terroristas (Spreafico 2015).

Dado que el proceso de integración no compromete solo al individuo o al grupo sino al entero tejido social e institucional del contexto en cuestión, refiriéndose, por ejemplo, a las viejas pero siempre actuales relaciones sobre la integración de los inmigrados analizados por Zincone (2000 e 2001)[19], la integración de los inmigrados puede ahora, por último, ser observada bajo el perfil político institucional y relacionada al respecto de una serie mínima y pluridimensional de puntos como: a) la no discriminación y la inclusión de las diferencias; b) la contaminación y la experimentación de nuevas formas de relaciones y comportamientos; c) la convivencia equilibrada y constante de particularismos y principios universales; d) la prevención de situaciones de marginación, fragmentación y guetización que amenazan la cohesión social; e) la afirmación de principios universales como el valor de la vida humana, de la dignidad de la persona, de la libertad de las mujeres, del cuidado de la infancia, sobre los cuales no es posible conceder omisiones en nombre del valor de la diferencia; f) una interacción positiva entre inmigrados regulares y autóctonos (a nivel individual y colectivo), garantizada por la seguridad proporcionada por el común respeto de las reglas del ordenamiento jurídico en base al cual cada uno no ve en el otro sino un peligro para la propia integridad y buena vida, sino alcance instaurar con ello relaciones incorporados en la convivencia pacífica y no en la sospecha y en la estereotipo recíproco; g) un "buen gobierno" que , teniendo en cuenta el sistema político de referencia y de sus tradiciones jurídicas y culturales, además de las experiencias de los países de más antigua inmigración, alcance a crear las condiciones en base a las cuales los diferentes com-

---

[19] Y también el documento programático de la ley italiana n. 40 de 1998.

ponentes de una sociedad puedan confrontar e instaurar intercambios, gracias a un balance entre la exigencia de reconocimiento de las diferencias culturales y las legítimas aspiraciones de ser asimilados en términos de iguales perspectivas de avance social y ocupacional (por ejemplo con el contemporáneo apoyo para el aprendizaje de las lenguas del país de llegada y de aquel de origen); h) un ambiente socio-institucional que tutele la dimensión privada y pública de la existencia de los inmigrados, garantizando el respeto de los derechos fundamentales de la persona, incluidos los irregulares (por ejemplo, los derechos a la salud, incluidos los cuidados ambulatorios y hospitalarios urgentes o en cualquier caso esenciales, o los derechos a la educación, con la obligación escolar para los niños, etc.), permitiendo un acceso pleno y sustancial a los diversos derechos de ciudadanía para los regulares, incluidos el respeto al pluralismo de sus identificaciones religiosas, y reforzando el estatus jurídico de los residentes de largo período (también gracias a la simplificación de los procesos administrativos a los que deben someterse); i) una apertura a las formas de integración indirecta actuable a través de la acción subsidiaria de las asociaciones de la sociedad civil y el rol del privado social. Podemos decir, pues, que la ciudadanía es un recorrido ideal, un proceso en devenir continuo, cuyos objetivos de fondo persisten en el tiempo mientras los detalles se adaptan a las transformaciones globales.

Bibliografía

Aleinikoff T.A. y Klusmeyer D. (eds.) (2001), *Citizenship Today: Global Perspectives and Practices*, Washington, D.C., Carnegie Endowment for International Peace.

Ambrosini M. (2016), *Cittadinanza formale e cittadinanza dal basso. Un rapporto dinamico*, en "SocietàMutamentoPolitica. Rivista italiana di sociologia", 7, 13, 83-102.

Anderson B. (1991), *Comunità Immaginate. Origini e fortuna dei nazionalismi*, Roma, Manifestolibri, 2000.

Appadurai A. (1996), *Modernità in polvere. Dimensioni culturali della globalizzazione*, Roma, Meltemi, 2001.

Baglioni L.G. (comp.) (2016), *Citizenship of Our time / Cittadinanze del nostro tempo*, en "SocietàMutamentoPolitica. Rivista italiana di sociologia", 7, 13, 3-451.

Barth F. (1969), *I gruppi etnici e i loro confini*, en Maher V. (comp.), *Questioni di etnicità*, Torino, Rosenberg & Sellier, 1994.

Bastenier A. y Dassetto F. (1993), *Immigration et espace public. La controverse de l'intégration*, París, L'Harmattan.

Beck U. (1986), *La società del rischio. Verso una seconda modernità*, Roma, Carocci, 2000.

Beck U. (2003), *La società cosmopolita. Prospettive dell'epoca postnazionale*, Bologna, il Mulino.

Benhabib S. (2006), *Cittadini globali. Cosmopolitismo e democrazia*, Bologna, il Mulino, 2008.

Bosniak L. (2008), *The citizen and the alien. Dilemmas of contemporary membership*, Princeton, Princeton University Press.

Caillé A. (dir.) (2007), *La quête de reconnaissance. Nouveau phénomène social total*, París, La Découverte.

Caniglia E. (2005), *Cittadinanza e immigrazione. Europa e Usa a confronto*, en "Queste Istituzioni", 136/137, 28-49.

Caniglia E. (2006), *Cittadinanza e postazioni in Europa*, en Foradori P. y Scartezzini R. (curr.), *Globalizzazione e processi di integrazione sovranazionale: l'Europa, il mondo*, Soveria Mannelli (Cz), Rubbettino.

Caniglia E. y Spreafico A. (curr.) (2003), *Multiculturalismo o comunitarismo?*, Roma, Luiss University Press.

Caniglia E. y Spreafico A. (2007), *Gli italici: a proposito di identità postnazionali*, en "Queste Istituzioni", XXXIV, 146-147, estate-autunno, 13-30.

Caniglia E. y Spreafico A. (2008), *Prefazione* a "Occidente e multiculturalismo" di J.R. Searle, Milano - Roma, Il Sole 24 Ore - Luiss University Press.

Cassano F. y Zolo D. (curr.) (2007), *L'alternativa mediterranea*, Milano, Feltrinelli.

Cellini E. y Fideli R. (2002), *Gli indicatori di integrazione degli immigrati in Italia. Alcune riflessioni concettuali e di metodo*, en "Quaderni di Sociologia", XLVI, 28, 1, 60-84.

Corradetti C. y Spreafico A. (2005), *Oltre lo "scontro di civiltà": compatibilità culturale e caso islamico*, Roma, Fondazione Adriano Olivetti.

Crespi F. (2004), *Identità e riconoscimento nella sociologia contemporanea*, Roma-Bari, Laterza.

Crespi F. y Moscovici S. (curr.) (2001), *Solidarietà in questione. Contributi teorici e analisi empiriche*, Roma, Meltemi.

Cuche D. (2001), *La nozione di cultura nelle scienze sociali*, Bologna, il Mulino, 2003.

Dewitte P. (dir.) (1999), *Immigration et intégration. L'état des savoirs*, París, La Découverte.

Donati P. (2000), *La cittadinanza societaria*, Roma-Bari, Laterza.

Donati P. (2008), *Oltre il multiculturalismo*, Roma-Bari, Laterza.

Durkheim É. (1893), *La divisione del lavoro sociale*, Milano, Edizioni di Comunità, 1962.

Durkheim É. (1897), *Il suicidio*, Torino, Utet, 1969.

Durkheim É. (1912), *Le forme elementari della vita religiosa*, Milano, Edizioni di Comunità, 1963.

Favell A. (2001), *Integration policy and integration research in Europe: A review and a critique*, en Aleinikoff T.A. y Klusmeyer D. (eds.), *Citizenship Today: Global Perspectives and Practices*, Washington, D.C., Carnegie Endowment for International Peace.

Galli C. (comp.) (2006), *Multiculturalismo. Ideologie e sfide*, Bologna, il Mulino.

Gallino L. (1978), *Dizionario di sociologia*, Torino, Utet. Voce: "Integrazione sociale".

Gozzo S. (2016), *Immigrati e cittadinanza. Una questione di accoglienza?*, en "SocietàMutamentoPolitica. Rivista italiana di sociologia", 7, 13, 323-340.

Habermas J. (1996), *Lotta di riconoscimento nello Stato democratico di diritto*, en Habermas J. y Taylor C. (2001), *Multiculturalismo. Lotte per il riconoscimento*, Milano, Feltrinelli.

Habermas J. (1996), *L'inclusione dell'altro. Studi di teoria politica*, Milano, Feltrinelli, 2002.

Habermas J. (1998), *La costellazione postnazionale. Mercato globale, nazioni e democrazia*, Milano, Feltrinelli, 2000.

Hammar T. (1990), *Democracy and the Nation State. Aliens, Denizens and Citizens in a World of International Migration*, Avebury, Aldershot.

Joppke C. (2010), *Citizenship and Immigration*, Cambridge, Polity Press.

Kymlicka W. (1995), *La cittadinanza multiculturale*, Bologna, il Mulino, 1999.

Lanzillo M.L. (2005), *Il multiculturalismo*, Roma-Bari, Laterza.

Lapeyronnie D. (2003), *Quelle intégration?*, en Loche B. y Martin C. (dir.), *L'insécurité dans la ville. Changer de regard*, París, Les entretiens de Saint-Denis, L'œil d'or, essais et entretiens.

Machado F.L. (2005), *Des étrangers moins étrangers que d'autres ? La régulation politico-institutionnelle de l'immigration au Portugal*, en Ritaine É. (dir.), *L'Europe du Sud face à l'immigration. Politique de l'Étranger*, París, Puf.

Marques M.M., Dias N., Mapril J. (2005), *Le "retour des caravelles" au Portugal : de l'exclusion des immigrés à l'inclusion des lusophones ?*, en Ritaine É. (dir.), *L'Europe du Sud face à l'immigration. Politique de l'Étranger*, París, Puf

Melotti U. (comp.) (2007), *Le banlieues. Immigrazione e conflitti urbani in Europa*, Roma, Meltemi.

Merton R.K. (1957), *Teoria e struttura sociale*, Bologna, il Mulino, 1959.

Mesure S. y Savidan P. (dir.) (2006), *Le dictionnaire des sciences humaines*, Paris, Puf. Voces: "Intégration" (Richard J.-L.), "Histoire de l'immigration" (Blanc-Chaléard M.-C.), "Sociologie de l'immigration" (Richard J.-L.).

Mipex – British Council y Migration Policy Group (2007), *Index de Políticas de Integração de Migrantes*, Lisboa, Fundação Calouste Gulbenkian.

Morin E. (1993), *Terra-Patria*, Milano, Raffaello Cortina, 1994. Con la colaboración de A.B. Kern.

Nathan T. (1993), *Fier de n'avoir ni pays, ni amis, quelle sottise c'était. Principe d'ethnopsychanalyse*, París, La Pensée Sauvage.

Ong A. (1999), *La cittadinanza flessibile dei cinesi in diaspora*, en "aut aut", 312, 115-145, 2002.

Ong A. (2003), *Da rifugiati a cittadini. Pratiche di governo nella nuova America*, Milano, Raffaello Cortina, 2005.

Penninx R., Kraal K., Martiniello M. y Vertovec S. (eds.) (2004), *Citizenship in European Cities: Immigrants, Local Politics and Integration Policies*, Aldershot, Ashgate.

Penninx R. y Martiniello M. (2006), *Processos de Integración y Políticas (Locales): Estado de la Cuestión y Aigunas Enseñanzas*, en "Revista Española de Investigaciones Sociológicas", 116, ottobre-dicembre, 123-156.

Pires R.P. (2003), *Migrações e Integração. Teoria e aplicações à sociedade portuguesa*, Oeiras, Celta.

Rosati M. (2002a), *La grammatica profonda della società: sacro e solidarietà in ottica durkheimiana*, en Rosati M. y Santambrogio A. (curr.), *Émile Durkheim, contributi ad una rilettura critica*, Roma, Meltemi.

Rosati M. (2002b), *Solidarietà e sacro. Secolarizzazione e persistenza della religione nel discorso sociologico della modernità*, Roma-Bari, Laterza.

Santambrogio A. (2002), *Verso un modello di solidarietà riflessiva*, en Rosati M. y Santambrogio A. (curr.), *Émile Durkheim, contributi ad una rilettura critica*, Roma, Meltemi.

Sassen S. (2008), *Towards Post-National and Denationalized Citizenship*, en Isin E.F. y Turner B.S. (eds.), *Handbook of Citizenship Studies*, London, Sage.

Sayad A. (1994), *Qu'est-ce que l'intégration ?*, en "Hommes & Migrations", 1182, décembre, 8-14.

Schnapper D. (2001), *Qu'est-ce que la citoyenneté ?*, Paris, Gallimard. Avec la collaboration de C. Bachelier.

Schnapper D. (2002), *La démocratie providentielle. Essai sur l'égalité contemporaine*, París, Gallimard.

Schnapper D. (2007), *Qu'est-ce que l'intégration ?*, París, Gallimard.

Sebald W.G. (1992), *Gli emigrati*, Milano, Adelphi, 2007.

Sennett R. (1998), *L'uomo flessibile. Le conseguenze del nuovo capitalismo sulla vita personale*, Milano, Feltrinelli, 2001.

Simmel G. (1890), *La differenziazione sociale*, Roma-Bari, Laterza, 1982.

Simmel G. (1908), *Sociologia*, Milano, Edizioni di Comunità, 1989.

Soysal Y.N. (1994), *Limits of Citizenship*, Chicago, University of Chicago Press.

Spreafico A. (2005), *Le vie della comunità. Legami sociali e differenze culturali*, Milano, Franco Angeli.

Spreafico A. (2006), *Politiche di inserimento degli immigrati e crisi delle banlieues. Una prospettiva comparata*, Milano, Franco Angeli.

Spreafico A. (2011), *La ricerca del sé nella teoria sociale*, Roma, Armando.

Spreafico A. (2015), *L'attentato a Charlie Hebdo: una riflessione sociologica*, en "SocietàMutamentoPolitica. Rivista italiana di sociologia", 6, 11, 237-254.

Spreafico A. (2016), *Tracce di "sé" e pratiche sociali*, Roma, Armando.

Touraine A. (1997), *Libertà, uguaglianza, diversità. Si può vivere insieme?*, Milano, il Saggiatore, 2002.

Vitorino A. (comp.) (2007), *Imigração: oportunidade ou ameaça? Recomendações do Fórum Gulbenkian Imigração*, Estoril, Princípia.

Wieviorka M. (2007), *L'inquietudine delle differenze*, Milano, Bruno Mondadori, 2008.

Zanfrini L. (2007), *Cittadinanze. Appartenenza e diritti nella società dell'immigrazione*, Roma-Bari, Laterza.

Zincone G. (comp.) (2000), *Primo rapporto sull'integrazione degli immigrati in Italia*, Bologna, il Mulino.

Zincone G. (comp.) (2001), *Secondo rapporto sull'integrazione degli immigrati in Italia*, Bologna, il Mulino.

Zincone G. (comp.) (2006), *Familismo legale. Come (non) diventare italiani*, Roma-Bari, Laterza.

Zoll R. (2000), *La solidarietà. Eguaglianza e differenza*, Bologna, il Mulino, 2003.

www.ingramcontent.com/pod-product-compliance
Lightning Source LLC
Chambersburg PA
CBHW081513250726
48659CB00009B/2798